西方传统 经典与解释

Classici et commentarii

HERMES

U0369771

HERMES

在古希腊神话中，赫耳墨斯是宙斯和迈亚
的儿子，奥林波斯神们的信使，道路与边
界之神，睡眠与梦想之神，亡灵的引导
者，演说者、商人、小偷、旅者和牧人的
保护神……

西方传统 经典与解释

Classici et commentarii

HERMES

启蒙研究丛编

刘小枫 ● 主编

斯宾诺莎的自然法革命

Spinoza's Revolutions in Natural Law

[葡] 坎普斯（Andre Santos Campos）● 著

张清江 ● 译　　林志猛 ● 校

华东师范大学出版社

·上海·

华东师范大学出版社六点分社　策划

古典教育基金·"传德"资助项目

"启蒙研究丛编"出版说明

  如今我们生活在两种对立的传统之中,一种是有三千年历史的古典传统,一种是反古典传统的现代启蒙传统。这个反传统的传统在西方已经有五百多年历史,在中国也有一百年历史。显然,这个新传统占据着当今文化的主流。

  近代以来,中国突然遭遇西方强势国家夹持启蒙文明所施加的巨大压迫,史称"三千年未有之大变局"。一百年前的《新青年》吹响了中国的启蒙运动号角,以中国的启蒙抗争西方的启蒙。一百年后的今天,历史悠久的文明中国焕然一新,但古典传统并未因此而荡然无存。全盘否定"五四"新文化运动以来的反传统的传统,无异于否定百年来无数中国志士仁人为中国文明争取独立自主而付出的心血和生命。如今,我们生活在反传统的新传统之中,既要继承中国式的启蒙传统精神,也要反省西方启蒙传统所隐含的偏颇。如果中国的启蒙运动与西方的启蒙运动出于截然不同的生存理由,那么中国的启蒙理应具有不同于西方启蒙的精神品质。

  百年来,我国学界译介了无以计数的西方启蒙文化的文史作品,迄今仍在不断增进,但我们从未以审视的目光来看待西方的启蒙文化传统。如果要更为自觉地继承争取中国文明独立自主的中国式启蒙精神,避免复制西方启蒙文化传统已经呈现出来的显而易见的流弊,那么,我们有必要从头开始认识西方启蒙传统的来龙去脉,以便更好地取其精华、去其糟粕。事实上,西方的启蒙传统在其形成过程中也同时形成了一种反启蒙的传统。深入认识西方的启蒙与反启蒙之争,对于庚续清末以来我国学界理解西方文明的未竟之业,无疑具有重大的现实意义和历史意义。

　　本丛编以译介西方的启蒙与反启蒙文史要籍为主,亦选译西方学界研究启蒙文化的晚近成果,为我国学界拓展文史视域、澄清自我意识尽绵薄之力。

古典文明研究工作坊

西方经典编译部丁组

2017 年 7 月

目　　录

致　　谢

[vi]正如许多写实作家和奥斯卡获奖者充分认识到的那样，一份成果的做出会欠下很多人情，想要把他们一一列出来并不容易。对笔者来说，如果要考虑写作期间所有值得记念的帮助，那感激的话可能会永无止境。为了避免这种艰巨任务，我将只向那些没了他们本书不可能成为现在这样的人，表达我的感激之情。

本书的某些看法和论证已经在别处发表，名为《斯宾诺莎政治哲学中国家的个体性》（'The Individuality of the State in Spinoza's Political Philosophy'）（*Archiv für Geschichte*，vol. 92 [2010]：1- 48），以及《法或力量》（*jus sive potentia*）（Lisbon：CFUL，2010），因此，我要感谢读者提出的意见，感谢各位编辑惠允它们在此重印。

此外，很感激里斯本大学的马尔克斯（iriato Soromenho-Marques），桑托斯（Leonel Ribeiro Santos）和费雷拉（M. J. Carmo Ferreira）诸位教授，他们提出了深具洞见的评论，并给予了很多支持。也很感谢麦克米伦出版社的执行编辑吉本斯（Priyanka Gibbons），感谢他信任这个选题，并相信我能够完成它。此外，我要特别感谢奥雷利奥(Diogo Pires Aurélio)教授(里斯本新学院),他是一个人所能碰到最好的学习斯宾诺莎的老师和导师。最后,我还要尤其感谢莫斯卡(Teresa Mósca),因为她对我持续不断的鼓励——如果还有其他什么感谢的话,感谢她是其所是。

导　　言

[1]看起来，数个世纪以来的斯宾诺莎研究，几乎无一例外地围绕着形而上学问题展开。不过，这种状况在过去几十年间开始发生变化——这主要受到 20 世纪 60 年代法国新马克思主义者研究的激发——因为人们已经认识到，有一种原发性的政治哲学深深植根于斯宾诺莎的本体论中。尽管如此，迄今仍很少有研究明确关注一条轴线（axis）：围绕它可以清楚阐述［斯宾诺莎思想］体系的两个维度。此轴线可体现在"法，或者力量"（law, or power）这一说法中，而这个说法本身，一开始就是一种全新现代自然法口号的缩影。本书的首要任务是，从该轴线内部解释和论证斯宾诺莎的自然法概念。因而，本书是一部关于斯宾诺莎自然法理论的著作，而且很可能，它是第一部完全从斯宾诺莎形而上学与政治学内在关联的角度讨论其法哲学的专著。由此，本书在性质上必须跨学科，它涉及的内容，从基本的形而上学前提到具体的政治目标，并包括重建那些通常跟现代自然法传统相关的概念（例如个体、权利、自然法则［law of Nature］、国家、社会契约、自由等）。总起来说，这些内容显现了斯宾诺莎自然法革命的范围。

本书的核心问题是：斯宾诺莎在法与形而上学之间所做的关

联,如何有助于产生一种自然法理论,不仅看起来与传统对正义的道德要求毫无关系,而且必然导致一种激进的新型伦理、政治和法律? 对于我们当代的思考来说,这个问题或许非常重要。要追寻这个问题的答案,按斯宾诺莎自己的哲学方法,必须从他对自然法的明确界说开始。在这些界说中,[2]法总是表现为自然(Nature)通过个体性(individuality)的生产过程。正是从这个基础出发,本书计划主要探讨斯宾诺莎哲学的法律和政治维度,其哲学是作为一种"法的本体论"。

在展开过程中,本研究试图说明,斯宾诺莎的自然法概念,相当于一项有着持续因果关系的设计(project),而个体的自然权利是个体不断造就自身的过程。斯宾诺莎对自然法所做的主要变革,其最终结果是,个体(individual)转变为不断个体化(individuation)的过程。最终,这又暗含了一种新的民主概念——这种民主不是对政治制度的轻视,相反,它的正当性仅在于,它是针对每一个人类个体的普遍设计,可以在事实上增加他或她的自然权利。当然,对于自然法中个体性的这些最高表达,正义是一个可能的名称,但并非唯一的名称。实际上,斯宾诺莎有关自然法的激进说法,将起源于一个早已确定并已多样化了的概念框架内部。正是在此,斯宾诺莎将展现出自己思想的革命性。

作为内在重建的革命

斯宾诺莎哲学与常识语言之间有着复杂的关系。他的哲学体系开放给每一个具有理解能力的人——无论贤哲还是凡夫,尽管如此,其哲学体系仍有很多受限的领域,无法让那些坚守在日常常识领域的人理解。这不仅是因为,正如斯宾诺莎在《伦理学》(*Ethics*)结尾所说,达到体系顶点所需的卓越(excellence),大多数人极少具备、无法达到，此外，要到达顶点也非常艰难。困难就在于，它要求人们改变在常识领域的固有状态，并能够超越常识领域。困难不仅在于要尽力达致卓越，而且要尽力获取和运用那些达致卓越的手段。通常来说，这些手段在本质上是语言学的，这意味着，要进入斯宾诺莎的哲学，就需要考虑到，常识语言已经寿终正寝，要越过这种语言。显然，斯宾诺莎似乎认为，日常语言用法中出现的概念，并不足以发展出他的哲学体系。他的哲学阐释，不是依靠统计那些可以用来充分表达其思想的最常用术语，[3]而是通过努力去克服那些受常识辖制的常用术语——从一开始，斯宾诺莎的哲学就是一种指向再概念化（reconceptualization）的努力。

然而，术语上的纯粹变化，要冒着终结哲学思考（philosophizing）行为的风险。如果哲学的演进只能伴随一种新语言的发明，而这种语言无法确知自身的起源，那么，哲学思考将会变得空洞无物，甚至不会思考其自身。结果，哲人也会面临无人可说而只能跟自己交谈的风险。如果一个人想要构建一种对他人开放的哲学体系，那他必须避免这种风险。相反，再概念化意味着要发展一套新的术语，同时，它又承认存在需要克服的旧术语——它是从旧语言出发的重新概念化。因而，借助常识的旧手段可确保体系的开放性——尽管这个体系的建构靠的是赋予那些旧手段以一种新的功能——可以克服已寿终正寝的旧术语。由此，再概念化等同于重新表意（resignifying）。

这意味着哲学思考始终伴随着对语言的不断重塑。哲学演进的每一步，必定伴随一种首先体现在常识语言中的概念工具，为的是邀请体系之外的那些人能够理解这种演进。同时，体系向一切有能力理解之人发出的邀请，也伴随着一个对常识术语不充分性的警告。因此，这邀请必然导致一个重新表意的过程，通常是一个概念上的转换。由此，斯宾诺莎的整个哲学，更像是对于常识术语的一种翻转。

对于一个特定术语的翻转,并不仅仅是赋予其一种新的意义,而是赋予其与常识语言含义相对立的意义。在斯宾诺莎哲学中可以很容易解释这一点。对于斯宾诺莎来说,语言不过是一套不充分的图像(《知性改进论》[*TIE*],89/24;《伦理学》[*E*],第二部分,命题四十七,附释),陈腐含义的持续性代表了这种不充分性的持续存在(这有些类似于无知之人的固有状态)。通过哲学思考发展真理,恰恰是要打破这种固有状态,并因此恰恰是要反对那里所有基本术语的含义。在这一点上,斯宾诺莎仍然认为,哲学语言无非是一套特定图像,但现在,这种不充分性受到很大贬低,对语言的重塑要走向一种对真理几近完全的反思。

对术语含义的这种翻转(赋予其正相对立的意义),明显遍布斯宾诺莎的作品,[4]尽管它对重塑语言这种连续工作的依赖仍然非常隐蔽。因此,这种翻转经常要么被解释为一种简单的术语上的含混,①要么被视为一种隐秘的战略:通过使用含糊其辞这种技巧,并置两种不同的说法,以谨慎地将斯宾诺莎的真正哲学思想加密。② 然而,斯宾诺莎那里既没有术语上的含混,也不存在两种对立说法的并置。要设想含混性,需要承认两种对立的含义同等重要,但斯宾诺莎仅仅诉诸第二种含义,这种含义是对第一种含义的翻转,翻转的原因恰恰是因为第一种含义有很大的不足和不充分性。此外,为了掩饰一种哲学思想的秘密意图而并置两种相对立的说法,需要承认两种已然完备的不同说法相互冲突。然而,斯宾诺莎的哲学思考并非滞留于某个特殊的概念框架内部,而是伴随着不断澄清概念形成了一个智力旅程。

---

①　Ferdinand Alquié, *Le Rationalisme de Spinoza*, PUF, 1981, p. 132.

②　Leo Strauss, "How to Study Spinoza's *Theologico-political treatise*", in *Persecution and the Art of Writing*, Chicago: University of Chicago Press, 1988, pp. 142 – 220。[译注]中译文参施特劳斯,《迫害与写作艺术》,刘锋译,北京:华夏出版社,2012。

斯宾诺莎最关心的东西,是事物的真正本性,也即哲学在事物形成中的实际内容,而不是仅仅学习语词的适当含义。① 斯宾诺莎认识到,常识意义上的术语,是对其所指向之客体和主题的不充分反映,因此,他想要通过翻转它们[的含义]来修正这种术语。由此,他进行的是一种语义学革命(semantic revolution)。

斯宾诺莎的主要意图,并不是要通过一种理智活动贬低并由此摧毁旧的术语,以此来颠覆常识已经设定的东西。颠覆意味着从根基上改变(破坏基础),也就是说,通过对被颠覆对象进行外部刺激,使其地基翻转为顶棚、顶棚变为地基。斯宾诺莎的语义学革命走得更远:在探寻事物的真正本性时,他首先深入到常识术语之中,然后,通过推进这种探寻,他修正了常识术语。要建构一种对所有人开放的哲学体系,需要使用大众语言,②目的是从这种语言内部出发,发展出对真理的理解。如果斯宾诺莎的哲学阐释表现出一种语言的贫乏,或一种"词汇的缺乏"(《书信集》[EP],61/776),那是因为他深入到了常识语言"词汇的缺乏"中。斯宾诺莎在术语上的翻转不只是一种颠覆,而主要是一种内在重建。

基本上,这就是斯宾诺莎展开哲学思考的方法——它想要摧毁一种已然存在的结构,[5]并试图用一种新的结构取而代之,同时,它要保持先前那个结构的外观。笛卡尔(Descartes)有一个著名的比喻,将旧的信念系统比作一栋必须推倒的旧房子,其残留物将被用于去建造一栋全新的房子。跟这个比喻很像(虽然对于笛卡尔来说,毫无疑问,他真的是要夷平旧房子,而不是[指出]概念在真观念面前的不足)(《笛卡尔哲学著作》[CSM],卷一,页125),斯宾

---

① 斯宾诺莎对"语言哲学家"的批评正是,"他们是从名称来判断事物,而不是从事物来判断名称"。《形而上学思想》第一篇,第一章。[译注]参中译本《笛卡尔哲学原理》附录,王荫庭、洪汉鼎译,北京:商务印书馆,1980,页134。

② 用斯宾诺莎自己的话说,"言语必须使众人可以理解"。《知性改进论》,十七,页6。

诺莎是在旧房子所在的地方，开始着手建造新房子，不单是通过学习以新的方式使用旧材料，而尤其是通过为那显然陈旧的门面提供一个新的、更坚固的根基。通过重新改造，建筑师能够翻新一栋旧房子，同时仍然保留其（改良过的）门面，同样，斯宾诺莎也相信，他能够重新改造某些旧的东西，同时保留其（改良过的）门面。那就是他在概念框架中的努力，是他概念内在重建的具体过程。①

　　正是在这个基本意义上，斯宾诺莎可被称为一位革命性的、激进的思想者——革命性是因为他重新改造，激进是因为有时候他的重建跟以前的东西正相对立。然而，在启蒙运动中，斯宾诺莎的激进变革并不是与过去的简单决裂，而是对正在浮现的现代传统的内在重建。他所使用的那些概念，有着明确的传统含义，尽管也有着全新的（通常是相反的）含义。对于一个传统基本概念的内在重建，在于辨认出此概念的最根本基础，为的是通过重构（reconstitution）其含义而授权给它［使其能够继续使用］，从这种重构中可能产生［概念的］充分性。基本上，这就是斯宾诺莎对其几个概念所做的工作，比如自然、神、个体性、灵魂、善、想象、自由或力量。而且，这也正是他最终对自然法传统所做的事情。

自然法传统

　　说斯宾诺莎对自然法传统进行了内在重建，其中隐含两个要点。首先，存在着一个自然法传统这样的东西；其二，斯宾诺莎可

---

① 我发现很有意思的是，Wolfson 在追溯斯宾诺莎哲学的中世纪根源时，谈到斯宾诺莎对拉丁文本的阅读，他说这些阅读带给斯宾诺莎的只是"旧观念的新词汇"，也就是说，当斯宾诺莎从中提取出正相对立的内容时，那就是新观念的旧词汇。参 Harry A. Wolfson, *The Philosophy of Spinoza. Unfolding the Latent Processes of His Reasoning*, 2 vols. Cambridge: Harvard University Press, 1934, p. 13。

以被视为这传统的其中一员。不过,这两点都存在争议。

　　关于第一点,似乎存在　种大体印象:自廊下派(Stoics)以来所有讨论自然法的那些理论家,显然形成了一个连贯一致的概念框架,虽然他们实际上并没有这么连贯一致。这种印象的原因很可能在于,几个世纪以来异常显著的是,在法律和哲学的探索中,自然法理论共同具有某些具体要素。但这种印象多少有些误导人。[6]当早期希腊学者在自然法的名义下开始讨论自然与法之间的关系时,他们关心的是要为个体行为建立一种伦理语境,不是从政治公民的角度,而是从自然宇宙论的角度——例如,廊下派伦理学的基础是,人类在自然秩序中的共同参与。与廊下派观点相一致,一些罗马法学家如乌尔比安(Ulpian)最终提供了一种对自然法的法律界说:自然法(jus naturale)是所有动物在自然的支配下去做的事情;万民法(jus gentium)是各民族的理性法;而公民法(jus civile)则是制度化的实证法(positive law)。但其他人如盖乌斯(Gaius)认为,自然法不是在一种宇宙论语境中与法律系统并列发展的道德原则,而是作为法律概念本身合法性的决定因素:自然法与万民法是同一个东西,因为它们构成了同一个法律基本原则的渐进决定因素,这个原则会应用到公民法中。因而,即使在一开始,对于概念的学科范围,自然法诸理论之间也并不相同——有些人认为自然法是一种道德理论,另一些人则将其视为一种法律理论。

　　随后,这些争论甚至更进一步。作为罗马法的其中一个因素,自然法非常重要,但除此之外,在某些早期基督教思想家的作品中,比如亚历山大的克雷蒙(Clement of Alexandria)和奥古斯丁(Augustine)那里,借由重新论述廊下派自然秩序观的方式,自然法也开始出现。这为一神论框架中的自然秩序概念奠定了基础,并因此为自然法进入神学铺平了道路。自然法在中世纪呈现出了几个不同面相——要么在罗马法的影响下,将之作为有效实证法的决定因素,要么从神学解释上,将之作为神对人的命令;或者在圣典学者对于有效教会法的更早判断中,将之作为两者的混合物。例如,通过系统阐释其中神学与形而上学、法学的东西,理论与实践的东西,道德与政治的东西,阿奎那(Thomas Aquinas)很可能最终建构了中世纪最为精巧的自然法理论。此时,一种超越道德和法律的全然神学的视角,取代了早期廊下派提供的有关自然法的宇宙论视角。

随着文艺复兴和早期现代性的展开,由于发生了几个变化,自然法变得更加灵活。首先,亚里士多德学派的预设和神学创造论,都支持自然目的论概念,但由于数学和机械论观点的流行,这种目的论概念开始逐渐消失。数学和机械论要求自然科学不能简单地从神学中寻找其正当性,而是应该从一种可论证的方法中去寻找。[7]其次,既然对于理论知识来说,神学基础已经变得不充分,那同样,对于实践知识来说,神学基础也变得不再充分。这意味着,道德、法律和政治也需要在可论证的方法中寻找它们的正当性——它们必须变得理性,而不能仅依据神学进行取舍,亦即,在认识论上,它们要集中在知识主题上,而不是神学的神圣性上。第三,整个欧洲都爆发了宗教冲突,这意味着,那些普世道德的拥护者们必须建立一种所有不同宗教运动都一致认可的道德基础——最终,这需要发展出一种独立于宗教信仰的道德哲学。所有这些变化催生出,要为政治生活寻找一种共同的自然根基:一种共同的人类(理性的)天性。自然法的概念框架恰好提供了这点,虽然在天主教的语境下,一些学者——比如苏亚雷兹(Francisco Suarez)和瓦斯奎兹(Fernando Vasquez)——仍然在亚里士多德和阿奎那的框架中讨论它。

因此,以现代进路去处理自然法,再一次改变了它的范围——基本的视角不再是宇宙论或神学的,而是个体主义的。此外,其跨领域的特征再次得到验证:自然法的断层线(fault-lines),同时是哲学的、道德的、神学的、形而上学的、政治的、科学的和法律的。自然法的弹性也同样具有历史相对性,因为在不同的地方,以及在接下来的几个世纪中,这些断层线的差异极为巨大。

这使得人们很难简单断言说,存在一个自然法传统。即使17、18世纪的新教(Protestant)现代自然法理论家,也很难确定何者可以毫无疑义地被称为传统,这有两个原因:首先,在作为道德理论的自然法之内容上,他们的看法各不相同;第二(可能是更重要的理由),因为他们有不同的自然概念作为其自然法理论的基础。这使得对自然法的不同运用之间产生了紧张和难题,而不是一种概念上的连贯一致。①

此外,这个简明的历史概况表明,自然法似乎就像一把巨大的概念之伞,其下出现了很多不同的理论和观点。它可以包括一组义务论陈述,这组陈述符合一种预先设定的自然秩序模型(由一位超验之神或由论证之理性所预先设定),也可以是施加于一种正义观念的诫命,这种正义观念为法律和政治秩序提供了正当性;可以是现代契约论(contractarianism)诸价值的一种法律或道德投射,也可以单纯是对一种"法"的任何理论建构,这种"法"的"自然性"(naturalness),足以让人将之视为一种"自然法理论"。

[8]然而,正如博比奥(Norberto Bobbio)正确指出的,②在提到自然法时,现代学者想指的是,一种古典的、中世纪的概念框架

---

① 在这个意义上,参 Knud Haakonssen, "Natural Law Without Metaphysics: A Protestant Tradition", in Ana Marta González ed., *Contemporary Perspectives on Natural Law*, Hampshire: Ashgate, 2008, pp. 67 – 96。

② Norberto Bobbio and M. Bovero, *Società e stato nella filosofia politica moderna*, Milan: II Saggiatore, 1979, p. 15.

之再生、发展和传播,这发生在 17、18 世纪的新教欧洲。一方面,即使在这个时期,对这个框架的使用也并不连贯一致,这个事实意味着,站在一个统一的思想理论流派的意义上来说,并不存在一个[自然法]传统。但另一方面,存在一个具体的概念框架这个事实又恰恰证明,在那些理论中存在共同的因素:这个框架建立了一种形式上的自然法传统。

求助一种现代自然法概念(尽管此概念具有弹性)总是意味着,借助一些起源于古典罗马法的司法概念,比如法、义务、权利、契约和财产,试图去解释一个特定领域(不管是道德领域、政治领域,乃至形而上学领域)的基础。结果是,人们可以说,存在一种自然法传统,它由一种义务论的概念框架构成。由于这一概念框架为一种多元宗教语境所分享,因而,相比新教自然法理论和天主教自然法理论之间单纯基于信仰告白的区分,它的范围更加宽广——它为所有人共有。但是,因为这个形式框架的实际内容有极大的不同,关于一些哲学家是应该包括进还是排除出这个自然法传统,评论者经常产生分歧,这恰是因为他们认为自然法传统是一种特定、连贯一致的理论体。这有助于解释,为什么一些人认为斯宾诺莎是自然法理论家,而另一些人则认为他是法律实证主义(positivism)的先驱。①

---

① 斯宾诺莎作为一位自然法理论家的资格,通常源自认为他的哲学接近霍布斯哲学:参 Robert Duff, *Spinoza's Political and Ethical Philosophy*, Glasgow: J. Maclehose and Sons, 1903; Frederick Pollock, "Spinoza's Political Doctrine with Special Regard to His Relation to English Publicists", *Chronicon Spinozanum* I, 1921, pp. 45 – 57; R. H. M. Elwes, *The Chief Works Of Benedict de Spinoza*, "introduction", New York: Dover, 1951, pp. v – xxxiii. 然而,一些评论家似乎更多地把斯宾诺莎描述为一种法律实证主义者,虽然他仍然用着自然法的术语:见 Don Garrett, "Was Spinoza a Natural Lawyer?", *Cardozo Law Review* 25(2), 2003, pp. 627 – 641。

作为自然法学家的斯宾诺莎

　　至于"斯宾诺莎属于一种自然法传统,在他重建它的时候"这个说法的含义,最要紧的不是他用了跟古典罗马法相关联的司法和义务论概念,而是他联结法律和自然这一做法的完整意义。当斯宾诺莎谈到法的时候,这个指涉[的含义]不能单纯在传统司法概念的总体语境中加以解释,相反,必须首先在其占有压倒性地位的自然概念这个总体语境中去解释。

　　对斯宾诺莎来说,哲学是在实体因果生产力的范围内人类理解的动态过程——它是一种系统思考,其焦点持续集中在:何为一个无限而完满的整体,这个整体内部存在什么。他称这个整体为自然。因此,从哲学维度对任何特定概念的研究,总是在追问其中自然的东西是什么,[9]或者是要判定其实际表达了多少自然性,不管这个概念属于哪个学科的范围,由此,所有知识都是有关自然的知识。对于任何特定的哲学概念(比如"法")来说,不可能抛开一种有关自然的本体论或一种系统形而上学而找寻其中实在的东西。

　　通常,斯宾诺莎在其政治作品中关心的是,提供一种显然与其自然概念联系在一起的法的概念。在《神学-政治论》(*TTP*)中,当这部作品开始更多地讨论政治而非圣经神学时,自然法被说成是"起点",其功能是作为解释政治的基础;在《伦理学》中,只有在第四部分明确出现政治的地方,自然法才变得突出,而在第一部分的本体论,第二部分的物理学和形而上学,第三部分的人类学或第五部分的伦理学中,它根本不重要;在《政治论》(*TP*)那里,在开始从哲学上深入讨论"政治实际是什么"的那章,自然法是其基本主题。这意味着,自然法是一篇政治论文的基本概念,而很少是一篇法学、形而上学或伦理学论文的基本概念。从这个角度来说,斯宾诺莎的自然法似乎仅仅涉及其政治思想。那么,在研究斯宾诺莎的自然法时,人们应当集中关注哪里? 是关注其系统形而上学,还是他的政治思想?

斯宾诺莎自然法概念这种学科上的不确定性,源自其哲学体系内部类似的方法论的不确定性,在现代斯宾诺莎研究中,这种方法论的不确定性是其政治思想所遭受的。直到 20 世纪早期,人们仍普遍认为,斯宾诺莎的政治思想不过是霍布斯政治学(Hobbesian politics)的民主制说法,直到一些学者——像索拉里(Gioele Solari)和施特劳斯(Leo Strauss)①——开始竭力扯下遮蔽斯宾诺莎政治思想与其自然本体论之间断裂的帷幕。随后的反应导致斯宾诺莎的政治思想如此远离霍布斯哲学,以至于它实际上跟斯宾诺莎的自然本体论融合在一起。同时,他的政治作品,以前只不过被看作霍布斯作品的补充,但现在,它们被分散融入了《伦理学》开头几部分的纯粹本体论中。② 一旦这种转变尘埃落定,就有可能在斯宾诺莎的哲学中发现一种原发性政治思路的存在,这尤其要归功于 20 世纪 60 年代那些受阿尔都塞(Louis Althusser)研究影响的法国评论家。于是,《神学-政治论》、《伦理学》第四部分的某些部分,还有《政治论》,被视为事实上相互关联的政治文本,而非只是为了让形而上学文本中隐含的东西显现出来而产生的衍生物。对斯宾诺莎政治文本这种关注方向的改变,一方面可使人们

① Gioele Solari, "La dottrina del contratto sociale in Spinoza", *Studi Storici di Filosofia del Diritto*, Torino: G. Giappichelli, 1949, pp. 119 - 156; Leo Strauss. *Spinoza's Critique of Religion*, trans. E. M. Sinclair, Chicago: The University of Chicago Press, 1997.[译注]中译本参施特劳斯《斯宾诺莎的宗教批判》,李永晶译,北京:华夏出版社,2013。

② Edwin Curley, *Behind the Geometrical Method: A Reading of Spinoza's 'Ethics'*, Princeton: Princeton University Press, 1988, pp. 4 - 6.

认为,[10]在现代政治思想史中,斯宾诺莎哲学包含着一种原发性的政治维度,另一方面又不得不借助其形而上学理解他的这种政治思想。

对于评论者来说,归给斯宾诺莎政治文本之间的这种新的关联性,并没有完全解决其政治思想在学科上的不确定性这个问题。事实上,相比那些把斯宾诺莎政治思想融合到其形而上学的做法,有些人采取了恰好相反的路子:他们选择认为,斯宾诺莎的形而上学和本体论,要放入其政治思想中[加以理解]。因此,如果不把斯宾诺莎的神理解为生产性的内在者,而更多地理解为破坏性的超越者,那么,这种神就只是形而上学的工具,旨在政治上颠覆神义论的神;如果不把斯宾诺莎的自然理解为一个总体上必然包含存在和实有的东西,而更多地理解为因果创造论观念的破坏者,那么,这种自然仅仅是一种形而上学的工具,旨在政治上颠覆启示宗教的神;如果不把斯宾诺莎的灵魂概念理解为身体中运行的表达永恒的观念,而更多地理解为一种会随着身体朽坏的人格同一性,那么,这种灵魂只不过是形而上学的工具,为的是在政治上颠覆神学家所声称的死后赏罚的框架。①

无论低估还是高估斯宾诺莎的政治思想,这两种极端看法似乎都依据某些误导性的观念。那些把斯宾诺莎政治思想融入其形而上学的人,似乎并不懂得斯宾诺莎有关政治的思考实际上是如何采用多学科概念的,例如,像内在、必然原因这些概念,为了将之应用于政治学作为基础支柱,需要跨越形而上学领域和现实领域之间的鸿沟。如果认为斯宾诺莎的政治思想首先并且最主要体现在其形而上学文本中,那么,不仅他的政治作品注定几乎是毫无必

---

①　Matthew Stewart, *The Courtier and the Heretic. Leibniz, Spinoza and the Fate of God in the Modern World*, New York：Norton, 2006, pp. 156 – 182.

要的,而且显示了一条道路,可把那种政治思想归约为仅仅是评注家和解释者的创造力——假若这样的话,就不存在真正原发性的政治思想,而只不过是应用到政治上的形而上学。但如果认为可以首先并最主要在斯宾诺莎的政治文本中找到某种原发性的政治思想,而这些政治文本反过来又会影响和发展形而上学文本中确立的某些概念,那么,在一个相互关联的哲学体系中——这个体系不是分割为几个相互独立的格子,而是只有一个格子,在其中,不同概念在不同科学学科之间交替使用——政治就成为一个重要因素。

[11]另一方面,那些把斯宾诺莎的形而上学融入其具颠覆性之政治目标中的人,似乎没有完全明白他的一些核心概念,以及他哲学思考的方法。对斯宾诺莎来说,不同于其笛卡尔主义者(Cartesian)的知交和朋友,所有哲学的起点不是怀疑,而是一个真观念,从这观念发展出一切知识。在《神学-政治论》和《政治论》中,斯宾诺莎以对自然法的实证界说作为其政治作品的开篇,这些界说是对本质的肯定,而不是对偏见的否定。同样,他对传统神学的拒斥,对创造论超验上帝的拒绝,是依据他所认为的真前提得出的相反推理(a contrario)。因此,这些拒斥大部分出现在《伦理学》第一部分的附录中,而不是出现在序言或论证过程中。最后,斯宾诺莎的灵魂概念源自神的内在性,而不是来自不充分的神学规范体系。如果斯宾诺莎的形而上学能够完全放入一个具有颠覆性的政治工程中加以解释,那该如何解释一个内在神的存在?又如何解释斯宾诺莎在《神、人及其幸福简论》(Short Treatise)中对灵魂不朽的明确拒绝?这部作品的写作,比其任何政治文本都早很多年。还有,对神学传统中某些手段的有用性,比如规范体系、最小信条,或国家获得合法性的准宗教(quasi-religious)方式,斯宾诺莎给予了明确辩护,这又该如何解释?

　　因此,在斯宾诺莎的哲学中,形而上学不只是政治学的衍生物,就像政治学也不是形而上学的衍生物一样。这两者是同一个哲学体系内彼此独立的领域。它们既不相互排斥,也不相互吸收,而是共享某些核心概念,对这些概念的证实,发生在它们各自的领域内,或者作为形而上学的概念,或者作为政治学概念。

　　所以,在斯宾诺莎的整个哲学体系中,法①似乎占有一个非常特殊的地位,起到非常特殊的作用:它一只脚踏着系统形而上学,另一只脚踏着哲学政治科学;它的作用是,成为联结本体论与政治学相互之间的桥梁。在自然之内并从自然出发,它变得可以理解。同时,通过在概念上把自然解释为构建政治过程的表达,它让政治变得容易理解。对法的研究,必须只有通过本体论才能进行,但在政治学视域内,又不能让它失去成为建构性概念(constitutive concept)的能力。只有在自然的表达中,才能认清法到底是什么,这些表达不是假设性或想象性的,而是作为实体真实的自我生产。因而,从法的历程这个角度,可以接受说,斯宾诺莎的本体论中有政治学,[12]就像也可以说,斯宾诺莎的政治学中有本体论一样。如果在斯宾诺莎那里存在法哲学这样一个东西,那它也只是一种自然哲学,在其自身的视域内,这种自然哲学借助法而与政治连在一起。这样一种法哲学,必然涉及对自然法的关注。

---

①　英语对拉丁文 jus 的翻译有很大问题——它可以译为“法”(law)或“正义”(justice)或“权利”(right)。另一方面,拉丁文中 jus 和 lex 的区别,在英文中并不存在,在英文中,“法”(law)可以指一种道德法,可以指法律理论所研究的观念,指一种法律体系,这种法律体系的各个部分,或者指一种规范/描述性宣告。为了避免这种混淆,当我用“法”这个词的时候(像在“自然法”、“法哲学”或“法学院”中),我指的是 jus(我偏爱它胜过“权利”,原因会在第一部分结尾阐明);当我用复数的“法则”(laws)时,我指的是 lex 或 leges(像在“自然[诸]法则”中);由于“权利”这个词似乎含有一种相关的道德价值,跟“不当”(wrong)相对立,因而,只有在仅仅指主体性自然法(像在“自然权利”中)的时候,我才会用它。这些用法将始终贯穿本书。

体系内跨学科的自然法

斯宾诺莎对法的界说,决定了法总是作为自然法;同样,通常认为,他的自然法概念只是理解其形而上学的辅助要素,这些概念的根本点,是要专门用于理解其政治学。正是出于这两个原因,现在很少能看到从法学理论或道德理论的角度集中讨论斯宾诺莎自然法的研究。相反,它几乎专门成了斯宾诺莎政治理论研究的主题之一。① 实际上,不管是在神学-政治论文中,还是在纯粹的政治论文中,只有在竭力为其政治旅程提供某种自然性的时候,斯宾诺莎似乎才会明确提到自然法。按照这种思路,对斯宾诺莎自然法的研究,就不得不成为对其政治理论之一部分的解构——自然法将成为其政治哲学的一个主题,而非道德哲学或法哲学的主题。

尽管如此,相比通常承认的看法,斯宾诺莎的自然法包含着更多东西。在《神学-政治论》的序言中,斯宾诺莎介绍了明确讨论政治的章节(第十六到二十章),他这样说:"为证明我的论点,我从个人的自然法出发。"(《神学-政治论》"序",《全集》III/11)② 在一开

---

① 斯宾诺莎的法概念的重要性并不仅仅是对其政治理论而言的,在为数不多关注这点的文本中,参 J. H. Carp, "Naturrecht und Pflichtbegriff nach Spinoza", *Chronicon Spinozanum* I, 1921, pp. 81 – 90; Huntington Cairns, "Spinoza's Theory of Law", *Columbia Law Review* 48(7), 1948, pp. 1032 – 1048; Gail Belaief, *Spinoza's Philosophy of Law*, The Hague: Mouton, 1971; Manfred Walther, "Die Transformation des Naturrechts in der Rechtsphilosophie Spinozas", *Studia Spinozana* 1, 1985, pp. 73 – 84; "Natural Law, Civil Law and International Law in Spinoza", *Cardozo Law Review* 25(2), 2003, pp. 657 – 665。

② 大部分英文翻译将这里的 jus naturalis 表达为"个人的自然权利"。我希望到第一部分结尾的时候能够澄清,为什么这里我倾向于坚持使用"自然法",虽然这里意指的是个体本性所表达的某种东西。[译注]中译文参斯宾诺莎,《神学政治论》,温锡增译,北京:商务印书馆,1996,页 16,有改动。下文引用,随文标注页码,不再一一注明。

始,斯宾诺莎把自然法描述为发挥两种不同功能的东西——它既是一个起点,又是一个论证元素。《神学-政治论》宣称,它想首先证明政治自由对哲学思考的重要性,而这正是自然法作为证据要证明的论点。因而,自然法的范围超出了纯粹政治领域——它是一种广义自然概念的表达,这种自然概念涉及一种必然性的因果决定论(necessitarian causal determinism),同时,通过推理论证,它也证实和支持了一种自由,这种自由不是简单的政治自由,而是使哲学得以可能的现实条件。在一个证明和支持所有实体知识的单程推论链条中,法-自然-原因-政治-哲学是连体步骤。因而,自然法要证明的论点,比单纯政治的个体自由更宽广——最终,它需要斯宾诺莎的整个哲学体系。

[13]此外,任何特定的论证,都是按照恰当的道路和方法展开的思维运动——它是一个过程。它本应提供坚实的基础,要证实的论点必须安立在这基础上,既然如此,那它必须有一个起点,以作为这个过程的最初推动力和论证基础。这个起点的正当性在于,它必须包含最低限度自我解释的属性——这是使其成为基本原理的东西。自然法应该履行这一功能,这是斯宾诺莎将之作为起始的原因:自然法是旅程的起点,这个旅程伴随着实体的生产,目标是涉及人类的那些实用方面。然而,自然法本身并没有自我解释的属性——对于一种论证方式来说,只有论证在事实上正在展开,自然法才是真正可靠的起点;也就是说,它只是论证一个特定论点的起点,如果那个论点实际上在最后得到证明的话。作为起点,自然法并没有随着论证的展开而退出,而是随着每一步的前进逐渐变得坚固——它必须经历自身的同步发展过程,以便吸收一些自我解释的属性,支撑起初论证的论点。这个过程存在于对自身自然性的寻找之中——也就是说,它自身在自然因果关系中的参与,因为在斯宾诺莎那里,原因和解释之间有内在的关联。只

有以这种方式,自然法才能作为起点,才能成为那个论证过程的理由,成为其辩护的支撑和场所。

因此,加上它的应用领域不只限于单纯的人类经验领域(下面会看到这点),斯宾诺莎的自然法就超出了人类学和政治学,也涉及本体论、形而上学,还有自然知识的发展过程(在斯宾诺莎的语境中,这种自然知识不是单纯的认识论,而主要是伦理学)。在这个意义上,斯宾诺莎的自然法概念构成了一种法哲学,这种法哲学立于自己的根基之上,而不是隐含在形而上学的、神学的、道德的或政治的思考中。相反,它是斯宾诺莎整个哲学体系的重要组成部分,而它的明晰性,正在于其在整个体系中进行的概念游移。斯宾诺莎的法哲学天生就跨学科,这不是因为它的自然法概念隐藏在体系的其他分支中,而是因为自然法的出场和表现涉及一种自然的本体论(而且只能在这样一种本体论中去考虑它),而当焦点集中到人类个体的时候,它还涉及伦理和政治的维度。

这意味着在斯宾诺莎的哲学体系中,自然法必然是跨学科的。因而,对斯宾诺莎自然法的研究也必须跨学科。[14]但由于他的法哲学存在于自然法在整个体系中的游移,因而,它必然涉及对法之本性的分析,这种分析要在一种有关自然的哲学内部进行,同样,它还要把这种分析应用到哲学的主要兴趣——人——身上。因而,除非这种法哲学也移入伦理学和政治学——在这种情况下,伦理学和政治学更像是斯宾诺莎法哲学的必然发展,而不是相反——否则,它就永远不够完备。于是,斯宾诺莎的自然法革命,同样只能是在体系内跨学科的。

法或力量

斯宾诺莎试图对概念进行内在重建,不仅是为了让大众可以理解一种哲学——这种哲学坚持认为，日常的常识概念并不充分——而且，他这样做的最重要目的在于，以一种可能的最充分方式，表达他对自然的颠覆性看法。他在概念上的内在重建，力图让自然的呈现不再依赖一个来世或另一个超验时刻（超自然），而是体现在此时此地世界的实在中，以人类的生存经验为其衡量尺度。这些内在重建天生要面对一种既定的意义传统，与这个传统的决裂，不过是下述行为一个不可避免的结果：斯宾诺莎主义的哲人大概会进入这个世界的概念框架，然后发现这框架并不足以充分表达自然的实在性。

如果斯宾诺莎的法哲学，确实是一种借助法的自然哲学（a philosophy of Nature through law），那就意味着，他对自然法的形式概念框架进行了一种内在重建——不是因为他想要颠覆或推翻一个所谓的自然法传统，而是因为从自然概念中产生的法，截然不同于形式自然法框架中那些法的概念。通常，斯宾诺莎的自然是一个无所不包的自因生产力，展现为无穷多样的属性和样态，也就是说，它是一种为自身而存在的本质力量——法是这种力量的概念形态：由此，斯宾诺莎的法哲学就转换成了"法或力量"（jus sive potentia）这一公式。通过探究法的自然性，斯宾诺莎追问，作为那样一种为自身而存在的本质力量，法可能拥有什么——因为在前人对法和自然的所有关联中，他没有发现这点，所以，他不得不为这种关联重建一种新的意义。而这存在于对自然法概念框架的一种内在重建中。

对于那些镶嵌在形式自然法传统之中的所有自然法理论，斯宾诺莎的自然法包含着一种决裂，[15]但这不是因为对法和自然之间一般关联的解构——这种关联使用了特定的义务论概念。相反，这种决裂只不过是由他对法的建构产生的结果，斯宾诺莎把法建构为自然力量的一种显现，这种建构类似于一种重构。这种对法的哲学思考,在衡定其自然性的意义上,并不在意去寻找"法"这个词的最恰当意义——相反,它关心的是,在自然表现出来的力量之内,法的实际本性是什么。斯宾诺莎的法哲学,是在自然的本体论领域对法律的持续再概念化——它是一种本体论上的实证法。换句话说,它是法的本体论。

既然法能够表达实体,那它必然与自然相连,因为自然构成了实体存在的理由。因此,不能简单地将法称为"自然的",因为仅就这个概念本身来说,虽然其中包含着错误和不充分,但它已然出现在一个自我生产的自然内部,这意味着,有关法的任何特定观念都已经是"自然的",因其产生于自然的进程之中。同样,法也不是纯粹的自然之法(Nature's law),就好像作为整体的自然可以吸纳有关法的全部观念似的,因为如果是那样的话[译按:指如果法只是纯粹自然之法],对法的研究就会被化约为一种整体的本体论,而对人类没有任何实际意义。相反,它是事物真实本性借助法而进行的表达。斯宾诺莎的自然法,等同于自然(制造)的一种法(a law [made] of Nature)。用一个更复杂的说法,斯宾诺莎的自然法理论,是自然事物本性法则之生产力的哲学化。在这种努力中,斯宾诺莎的自然法最终割断了与以前自然法概念的所有联系,同时也试图达到斯宾诺莎所相信的一种自然法传统的实现状态。他的"法或力量"之所以可以被视为是对自然法的一种内在重建,这就是原因所在。

个体化设计

斯宾诺莎彻底变革了自然法的传统概念框架,但这个事实并不意味着说,他首先下大力气摧毁旧的概念,然后再努力建立起一个新的概念。如果是那样的话,他的主要意图就会是解构、摧毁和克服一种具体的概念传统。换句话说，[如果是那样，]他的自然法理论就会仅仅是一种工具，是为了颠覆某些既定的东西——它就会是对各种理论的否定，而不是对一种新学说的肯定。

然而，不能以这种方式看待斯宾诺莎作为内在重建的革命。他进入了一种形式概念框架，因为他似乎相信，哲学不能与世隔绝，[16]不能对大众封闭——否则，它就不会再有生命力。但是，他对那些含义——即那个概念框架组成部分的那些含义——所做的变革，并非其主要的哲学意图。那些变革更像是他在寻求事物真正本性过程中的副产品。因此，他的文本不管是否以几何学的顺序写作，都是按照一种论证的方式进行，并且必然以他所相信的真观念（true idea）为起点；紧随论证而出现的一切东西，似乎都是在推进人类对这个第一真观念的理解。因此，他首要的努力，是要建立一种关于某物的真概念——如果那需要摧毁旧的概念，需要彻底革新一种概念框架，那就顺其自然；但它并不必然需要这样。

在某种意义上，由于自然法被视为起点，它的功能就是作为一种第一真观念。斯宾诺莎首要的努力，是去发现法的真正概念，而要达到这个目标，他只能在生产性的自然（productive Nature）这个概念中找到支持。因此，他的第一真观念（尤其是在政治作品中）是自然法，而他致力于推进这个真观念的过程，最终需要对形式自然法传统进行实质变革。这也是《伦理学》最初那几个概念的情形——它们是对"事物是什么"肯定性的原初叙述，而不是对"事物不是什么"的解构。同时，它也有助于解释，为什么在他的政治作品中，作为起点的自然法也以界说的形式展现——是肯定性的原初叙述，而非理论的否定。在《神学-政治论》中，他说：

> 所谓自然法与自然秩序，我只是指每个个体事物本性的原则，因为有这些原则，我们认为每个个体都为自然所限，在

某种方式中生活与活动。(《神学－政治论》第十六章,《全集》
III/189;[译注]参中译本,页212,有改动)

自然法被说成是每个个体事物本性的原则(rules)。在一开
始的设定中,个体就是法的发展领域,这意味着在法的本性中,个
体性成了一个不可避免的因素。此外,自然法涉及个体的本性,因
为它可以做出宣告,并受特定原则的限定。这些是自然的原则,尽
管它们是在个体领域具体表现出来的。因此,个体性和自然的原
则或法则,是斯宾诺莎自然法概念的最初两块基石。

另外,在《政治论》中,斯宾诺莎重述了自然法的界说:

我把自然法视为据以产生万物的自然法则或原则,亦即
自然的力量(potentia)本身。[17]因此,整个自然的自然法,
从而每个个体的自然法,都同它的力量所及范围一样广大。
(《政治论》,第二章,第四节,《全集》III/277)①

自然法表达了存在的出场,因为后者力量强大,也就是说,它
是自然因果关系的参与者。因而,尽管个体是自然法的发展领域,
但赋予斯宾诺莎的法这个概念以自然性的事实是,法表达了自然
的力量,在斯宾诺莎那里,这种力量涉及必然性的因果决定论。不
同于后来康德主义(Kantian)的框架(康德将自然和必然领域与实
践理性的领域加以区分,由此,他分开了决定论、本体论的东西与
属于理性意志和义务论的东西),从一开始,斯宾诺莎的自然法就
将伦理学、自由、法学和政治学设定在一个决定论的因果框架之

---

① [译注]中译文参斯宾诺莎,《政治论》,冯炳昆译,北京:商务印书馆,1999,页10－
11,有改动。下文引用,随文标注页码,不再一一注明。

内,他有关自然力量的新形而上学概念产生了这个框架。因此,力量构成了斯宾诺莎自然法理论第三个基石。

既然看起来,斯宾诺莎的自然法是一种自然哲学,在其自身的视域内,这种自然哲学借助法与政治连在一起,那么,接下来的内容就分成两部分。第一部分将深入分析斯宾诺莎自然哲学这三个基石,因为只有这样才能开始呈现它们的真正哲学意义。第一章处理斯宾诺莎的个体性概念;第二章关注他对自然法则到底是什么的看法;第三章处理力量(potentia)在斯宾诺莎那里完整的形而上学范围。所有这些基石,代表着斯宾诺莎自然法革命的三个不同步骤。它们各自都是在概念上的革新,虽然都是在自然法这把普遍之伞下面。

此外,在其自然法理论中,斯宾诺莎并不是简单地在法和自然之间做了关联(否则的话,法或自然[Jus sive Natura]之间的关联,就会跟传统的神或自然[Deus sive Natura]一样恰当)——他是明确在个体性这个主题内做出这种关联。由此,斯宾诺莎的个体为法的整个主题讨论设定了基调和中心。个体不是纯粹一开始就完全给定的某个东西,它被视为真实和可理解的东西,是因为它天生受到规定,并且是力量的一种表达。因而,个体性必须放在第一部分第一章,因为它可被视为斯宾诺莎自然法的首个基石。在某个意义上,随着自然法的发展,斯宾诺莎的个体在不断进行建构——同样,自然法的本性似乎就是个体化的整个过程。

[18]但是,在其自身的视域内,斯宾诺莎的自然法似乎总是包含着政治,因此以这种特殊次序排列的这三个基石,也必须具体应用到他的政治理论。这会在第二部分进行。显然,这并不意味着斯宾诺莎的政治理论最终吸收了自然法——这甚至不可能成立,因为下面会看到,个体性领域远远超出了人类个体的范围。相反,正是在政治那里,法之渐进自然一致性(progressive natural con-

sistency)的设计才聚焦在人的身上,从自然法的角度来看,这必然导致政治学只是其效果的一个具体形态。换句话说,在涉及人之自然性的时候(并且只有在这个时候),自然法必须是一种政治的自然法。在这个背景下,第二部分会开始聚焦人类个体,通过民众这个基本(而强有力)概念,他们力图建立一个政治社会——这是第四章的目标。第五章将通过国家(State)和民法(civil law)的现实建构,关注自然法则的政治等价物。第六章关注的是,在一个伦理和政治的语境中,何为人类力量(potentia),亦即自由的问题——在斯宾诺莎对人类自然法的渐进展开中,自由可能是其顶峰。

人既是自然个体,又是政治个体。无论自然还是政治,都是实体在自身制造中的发展,也就是说,它们都是实体的生产过程。自然法涉及原因的生产过程,具体到人而言,就是政治的生产过程,也就是说,是一个人类个体化的设计。成为一个个体,就是要带有法律自然性的标记,而由于法必然也是一个过程,因而,通常成为一个个体就在于,变得天然合法,亦即让自己成为自然法的一个表达。由此,斯宾诺莎在自然法方面的主要变革,最主要在于一个人类个体化的设计。斯宾诺莎自然法的顶峰,同样也必定是这个人类个体化设计的顶峰。

斯宾诺莎的自然法革命意味着,他的概念无关乎对正义的道德要求,而毋宁是指一种设计,该设计使个体成为他们可能成为的最自然存在。下面的论述将按照一种渐进结构,很像斯宾诺莎法律的发展。论述起于一个几近空洞的概念——个体——进而逐渐以动态性(dynamism)和因果关系加以充实。政治活动的出现,是自然法对人的重要性所产生的结果,此时,它们的起点,是《神学-政治论》中的孤立个体,后来的作品用共时性(simultaneity)、多样性(multiplicity)和组织(organization)充实了这个概念。这些论述最后会形成斯宾诺莎哲学中有关人类个体的最完备设计:最自由民主制度下的明智个体。[19]因此,斯宾诺莎的自然法理论,等于一种渐进因果关系的设计。所谓的个体自然权利,是人不断造就自身的一个过程:斯宾诺莎在自然法方面的主要变革(除了对形式自然法概念框架中几个要素进行的改变之外)在于,个体转变成了一个渐进、持续的个体化过程。他的自然法理论不是实现正义的设计,而是自然个体化的制造过程,这个过程同时发生在形而上学、本体论、心理学、法学、伦理和政治等维度中。

第一部分

自　然　法

第一章　个　体　性

[23]斯宾诺莎能进入形式自然法的传统之中,似乎主要是因为他探讨了霍布斯的政治构架。因此,多年以来,他的政治理论总被视为霍布斯理论的一种民主制分支(甚至有一些属于斯宾诺莎核心圈子的人[也这样看],就像他第 50 封信表明的那样)。在早期现代契约论中,霍布斯的政治构架概念非常出色,根据他的构架,法和政治都跟某种形式的个体主义(individualism)有深刻关联。斯宾诺莎相信这种关联,并让个体性成为他即将进行彻底变革的自然法理论的基石之一。

然而,尽管只是在早期现代哲学中,个体性才变得与自然法传统相关联,但斯宾诺莎的变革却远不止如此。一方面,他的个体性概念,本质上似乎天生就是跨学科的,而且这个概念完全建立在强烈的形而上学基础之上,以致它事实上为自然法传统吸收了历史上的一些相关概念,比如"位格"(person)概念。另一方面,斯宾诺莎不会认为,个体是完全不能分割的单位,而是相反,他把个体性设定为自然因果关系有限表达的领域——由此,个体与一个渐进的建构性设计产生关联。个体代表一种基础,由此出发,斯宾诺莎整个有关法的议题都会浮现出来。就此而言,他对个体性的内在重建,标志着他对自然法的第一个变革。让我们一步步来看。

对位格性的吸收

在个体性这个总主题中,个体(individual)和个体化(individuation)代表着历史上两个不同的问题环节:个体是一个要素,明确跟不可分性(indivisibility)和统一性(unity)联系在一起,[24]而个体化则是一个过程,为的是在一个总的类别或范畴中,通过差别(differentiation)寻找和确定每个个体。一方面,个体问题彰显了一种统一性原则:是什么让某物成了一个不可分的单元(unit),而非可分的多种成分的复数? 另一方面,个体化问题表明了一种差别原则:是什么让一个特定的单元成为那个特定的单元,不仅让它区别于其他单元,而且让它有别于它所由之选出的那个总体范畴?个体问题似乎在于,寻找某种形式的不可分性;而个体化问题似乎在于,寻找某种形式的可区分性。

直到现代早期,个体性依然通常由个体化问题组成。自古希腊哲学以来,那就是它的哲学内容:具体来说,它属于形而上学(甚至可以说,它专属于形而上学),它的主要任务是,在一个先验实体内部找出某种独特的东西。忒修斯之船(Theseus's ship)的经典悖论(它提出了这个问题:如果组成某物的所有部件都被替换掉了,那从根本上来说,这个东西是否还是原来同样的东西[①]),主要就是一个通过差别讨论个体同一性的问题。

---

① 这个问题可以这样表述:由于船上的旧木板腐烂,忒修斯用新的、更结实的木板替换了它们,那么,忒修斯的船仍然是跟原来同样的船吗? 还是一条全新的船? 这个故事记载在 Plutarch, *Theseus*, in *Plutarch's Lives*, trans. Bernadotte Perrin, vol. 1, The Loeb Classical Library, London: William Heinemann, 1914, p. 49。

一般而言,个体是个体性概念的中心点,而且,它从本体论上表达了一个可区分之单个事物(differentiated singular)的存在——之所以是单个事物,是因为它本身不可再分,而可区分是指它有别于其他事物(按阿奎那的说法就是,自身不可分,但区别于其他存在[inseindivisum, abaliis divisum])。在柏拉图的语境中,可区分之单个事物属于一个特定种类,而在亚里士多德的语境下,重要的则是它通过质料或形式表现出的差别。

对个体性的主要挑战,在于如何辨别出一个单元,这意味着从一开始,个体就是某种完全不同于多样性的东西。因此个体性的第一步是不可分,因为如果某种东西不能被分成几个部分,那它就只能被认为是一个整体,而不是几个部分的总和。西塞罗揭示了这第一步的重要性,他用拉丁文的"个体"(individuum)一词去描述德谟克利特(Democritus)的原子论(atomon),在词源学的意义上,这个拉丁词语指"某种不可分的东西"。① 不过,不可分性本身并不足以作为个体的决定因素。例如,亚里士多德认为,一个不可区分的个体不能称为实体,即使已经不可能再对它进行分解——看起来,要获得一个个体,实体的可区分性和特殊性是绝对必要的。[25]根据亚里士多德的说法,可区分的单元是原初实体,非本质属性(accidents)可以添加到这些实体上。它们是单个实体。使可区分单元产生的东西主要是,一种特定形式作为统一原则,支配着所有的特定质料。因而,在亚里士多德对个体性的讨论中,形式、质料和非本质属性是发挥作用的三个概念。既然形式(而不是材料、能力或目的等原因)是忒修斯之船的形式因,决定了它与其他船只的差别,那看起来,在亚里士多德的个体化原则中,形式是

---

① Cicero, *On Moral Ends*, ed. Julia Annas, trans. Raphael Woolf, Cambridge: Cambridge University Press, 2001, vol. 1, p. 17.

决定性因素。①

　　此外,非本质属性只有在作为先验原初实体的非本质属性时,似乎才可区分。因此,它们的个体性看起来总是由它们所属的那些实体所赋予。正因如此,后来所有在亚里士多德语境下对个体性的讨论,都将形式和质料作为基石。这有助于解释,为何在中世纪晚期哲学中,个体化问题变成了要确定如下问题:实体的差异是通过质料发生,还是通过形式产生。例如,对于阿奎那来说,存在(being)必然是质料和形式的结合,正是后者[译按:指形式]而非前者赋予了存在不可分的统一性。但由于形式本身不能让那个不可分之单元区别于其他物,形式便是普遍性(universal)的基础,而非个体性的基础。这意味着,个体化只能通过差别发生,并且只能通过质料达到。② 在恰恰相反的意义上,司各脱(Duns Scotus)把形式理解为一种具有数量普遍性的数值单元,这表明,如果个体化被看作统一性与多样性之间的某种数学问题,那么,差别在形式领域就已经出现——此外,他认为,形式不只是一个普遍性的东西,而且个体之为独特存在,即个体之所以是这个个体,形式是其现实特性的决定性起点;通过赋予个体"此性"(thisness[haeccitas]),形式给了个体特殊性。

　　在这一点上,个体已然接手掌管了形而上学的中心舞台。唯

---

① 不过,这仍然是个有争议的问题:一些人认为,质料在亚里士多德那里的角色,正是提供一种个体化原则;另一些人认为,使个体化发生的,是形式(因为形式因重要的独特作用);还有人认为,在亚里士多德的作品中根本没有个体化原则。有关这些争论的进一步讨论,以及亚里士多德《形而上学》(*Metaphysics*)中讨论这个主题的相关段落,参 W. Charlton, "Aristotle and the Principle of Individuation", *Phronesis* 17(3), 1972, pp. 239-249; S. Marc Cohen, "Aristotle and Individuation", *Canadian Journal of Philosophy*, Suppl. Vol. 10, 1984, pp. 41-65。

② Thomas Aquinas, *Summa Theologiae*, trans. Fathers of the English Dominican Province, New York: Sheed & Ward, 1988, I, q. 14, a. 11, co.

名论者(nominalist)的典型主张是,不存在一个真正的普遍性这样的东西,对于这样的主张,奥卡姆(William of Ockham)的最终结论是,所有实在都必定是个体性的。这个断言的目标,是要终止这一种讨论:对于作为个体化方法的差别来说,到底质料重要,还是形式重要。因为根据这种断言,个体化是神圣创造(divine Creation)的实际效果行为,通过这种行为,个体事物获得了存在性。

个体在形而上学中的突出地位,很可能在苏亚雷兹对奥卡姆的追随中达到顶点。[26]根据苏亚雷兹的看法,要辨别任何特定的形而上单元——他称之为"超越的单元"(transcendental unit)——个体概念都是关键。苏亚雷兹的个体确实是一个"超越的单元",不仅是因为它具有某种典型的不可分性,或是因为某种由外在(无论质料还是形式)决定的差别,而且还因为,个体化被视为形而上的差别和物理原则,只有在一个实体真实的内在肯定中才得以可能。换言之,苏亚雷兹的个体概念,只能在存在领域展开。至于统一性,本质和个体是一(one),是同样的东西。对于一个特定的本质来说,个体绝没有增加任何新的东西,而只不过是这个本质外显的、确定的单元。这不是简单的神所意愿的东西,像某种神学意志论(voluntarism)提出的那样,而是一种必然的理性洞察,反映了苏亚雷兹在个体性问题上的理智主义(intellectualism)——按他自己的说法,即使上帝也无法阻止"真正的实体,因为它存在于自身之中,是独一无二的个体",①这个说法早于格劳秀斯(Grotius)后来有关自然法的假设(etiamsi daremus)主张(根据这种主张,无论上帝是否存在,自然法的理性命令都必然正确)。

然而,有趣的是,在个体性这个总主题下,无论道德、法律或政

---

① Francisco Suarez, *Disputationes metaphysicae*, ed. S. R. Romeo, S. Caballero Sánchez and Antonio PuigcerverZanón, Madrid: Gredos, 1960, Vth, I, 5.

治等理论,通常都没有处理不可分性(作为个体问题的主要焦点)和可区分性(作为个体化问题的主要焦点)的问题。一直到现代早期,个体从没有真正成为这些领域的相关概念,一方面,因为它们[译按:指道德、法律、政治等理论]通常专门讨论人的问题,而个体化不是;另一方面,人只有在一个特定社会和政治的复合体内部才能得到理解,这意味着,对于社会统一体来说,个体性本身不可能成为其根源或基本原因,除非认为人类是加到社会组织中的非本质属性,而不是社会组织的本质成分(在这种情况下,政治社会是单个的原初实体,而它们的居民只是非本质属性——那么,在多样性而不是单一成分中,会有更多的统一性和可区分性[因而,有更多的实体])。这种观念可以在亚里士多德的政治学中找到,在那里,政治社会先于人,就像整体先于部分一样。也就是说,如果不先有一个身体的观念,就不存在手,同样,如果不先有一个政治社会的观念,也就没有人。不然的话,按照亚里士多德的说法,他就不是一个人,而是非神即兽。①

相反,实用学科提到不可分性和可区分性,是通过一种不同于个体性的概念语境。[27]在实用学科那里,占据中心位置的不是个体,而是位格。在形而上学和本体论中构成个体性的东西,在道德、法律和政治的探究中则构成了位格性(personality)。

从传统来说,拉丁文的 persona 一词,描述的是可以放入罗马私法所限定的任何特定关系(尤其是所有权[dominium]和统治权[imperium])中的人,这最终意味着,所有不能被归约到物②这个范畴中的人,都可以视为位格。这个词的源头,可以追溯到伊特鲁

---

① Aristotle, *Politica*, ed. W. D. Ross, Oxford: Oxford University Press, 1962, I, 1235a9-29.

② 奴隶在罗马法中有一种特殊地位,因为他们是物(res),虽然也是人——因此,他们不是"只是物",而是"人类物"(human things),或者说"位格-物"(persons-things)。

里亚语(Etruscan)的 phersu 和希腊语的 πρόσωπον,它们的深层含义是,演员在舞台表演时使用的面具——位格就是那些使用面具的人所代表的角色。换言之,照字面意思来说,位格代表某种新东西,它不是已然在那的(位格进行的是一种"再现"[re-presentation])。传统法律对这个词的使用,发挥了同样的功能:它让一个人在特定的法律关系中出场,不管在法定时刻这个人的身体是否在场。正是在这个意义上,霍布斯在《利维坦》(Leviathan)中使用了位格概念,用来解释政治中的代表,同时,也是在这个意义上,当指称某人在日常生活中扮演了某个角色时(就像在戏剧中一样),日常语言会使用"位格"一词。不过,在基督教神学吸收位格这个概念之前,这些对于位格性的用法,都没有真正达到形而上学或本体论的深度。

　　早期基督教思想家把上帝视为一个位格,他们实际想达到的效果是,将上帝跟世界的关系类比为父亲与家庭、儿子之间的关系,就像罗马私法对父权家长制(paterfamilias)中所有权和支配权的限定一样。据说,通过与世界的关系,上帝的位格不断显现(再现)。但早期基督教神学家走得更远:位格性不仅使上帝不断地显现于世,也为这个世界所形成的上帝观念提供了统一性。在界说位格的时候,波爱修斯(Boethius)提到了个体性领域中的他或她,此时,他说,位格是"具有理智天性的单个实体"(naturae rationalis individua substantia)——位格性中融入了实体形而上学的不可分性,这意味着它不可能是存在的附加物,或是一种非本质属性(好像一个面具那样,人既可以带着,也可以拿掉),而是存在的真实呈现。因而,位格需要一个本体论向度。

　　当上帝被构想为三重位格时,在其多重经验中,上帝是独一的位格——位格性变得与多样性兼容。位格不再单纯是处于某种关系中的东西,它事实上可以是与自身的关系。[28]神圣三位一体的观念,涉及作为一种独特实体的上帝之位格性,它由存在(hy-postases)的三个层面构成,这种观念使位格性可以被视为一种本体论要素,在其中,关系和多样性可以共存于同一面旗帜下。一方面,位格包含了本体论上的统一性,而另一方面,它也包括了可区分性,不管是他或她自身,还是他或她的组成部分的可区分性。他或她能够达到个体性在形而上学领域所达到的东西。

正是由于具备了这些特征,位格进入了随后的法律和政治研究之中。在罗马古典法律和中世纪法律中,当时所处的帝国时代决定了,一个人可以像父权家长享有对家庭、儿子的所有权和支配权那样享有对公共领域的所有权和支配权。这让后来的神学家可以说,君主制反映了上帝与其所造世界之间的关系。由此,上帝成了世界的君主,而每个政治上的君主成了上帝的统治在地上的形象("上帝的形象"[imago Dei])。在其多重经验中,现实的政治统治者成了一个独特的位格,亦即,他的政治位格性与多样性变得兼容,正如圣三位一体的上帝之位格:现在,政治统治者既是一个人的位格,同时也是一个君主的位格。他的统治具有合法性,因为重现了上帝对世界的统治,以及家长对其家庭的统治——只有当君王(king)重现上帝的位格性,并且"再现"他的"公共家庭"时,君王才能成为一个君主的(Monarchical)位格,而反过来,君主统治又赋予了君王以统一性和可区分性。因而,君王有两个身体:他自己的肉身,其位格指向重现上帝和父权家长的位格性;一个神秘的政治身体,把整个国家统一到"神秘位格"中。[①] 这两种身体是政治

---

① Ernst Kantorowicz, *The King's Two Bodies : A Study in Medieval Political Theology*, New Jersey: Princeton University Press, 1957, pp. 42–313. 在那些不断宣称政治集合体构成了"一个神秘身体"的人中,Suarez 是其中之一,见 Francisco Suarez, *De Legibus ac Deo Legislatore*, ed. Luciano Perena, 5 vols. Madrid: Consejo de Investigaciones Científicas, 1975, vol. 3, II, 4。

位格性的不同向度。

显然,这并不意味着,神或人的位格性变成了中世纪政治理论的根本基础。一方面因为,晚期的经院哲学家(Scholastics)像阿奎那、奥卡姆、马西利乌斯(Masilius of Padua)和苏亚雷兹等人,他们的道德和政治研究似乎远离了纯粹为神圣辩护的意志论,而是要强调一种实用理智主义(practical intellectualism),以此证明政治集合体应当不只是单纯地合乎神意。另一方面是因为,所有这些中世纪的学者,都仍然坚持采用亚里士多德政治学的方法进路,即认为整体总是优先于部分,并有助于解释其各个部分——政治集合体在概念上仍然优先于其中的人类臣民,这意味着,这些集合体不能由一种人类位格性的概念产生,也不能从这种概念获得正当性。[29]然而,如果存在某些主要特征可以用来区分中世纪与早期现代的话,那正是在于:纯粹的神圣意志论丧失了解释力;对于科学知识来说,归纳实验式的推理变得意义重大,这种推理所需的方法论进路,使得特殊优先于整体,是特殊构建出整体,而非为整体所构建。这些特征事实上是跨学科的——它们涵盖了认识论、自然科学、心理学、形而上学、伦理学和政治学等。这需要对个体性和位格性两者都进行必要的改造。

在政治理论中,标示早期现代性的显著特征是,所有对政治的理解,都需要首先从前人对其各部分的看法开始。解释政治社会的过程,要从下面这个问题开始:它们起初是如何形成的。神的创造意志已经不再是充分的理由,这意味着必须有更多东西来说明这个政治形成过程。如果据信,最高统治者的正当性最终来自其要素在构成上的主动性,那么,他必定被赋予了某种东西,这种东西不是源自这个统治者自身,而是来自他的臣民。格劳秀斯的法律概念框架提出了一套手段,使其大多数早期现代的继承者能够去处理这些问题。在他的界说中,"法"(jus)是不义的反义词,是一个规范性的宣告,最重要的是,法是一种人的机能——他提到了某些司法背景,在其中,为了把法应用于政治的起点,已经使用了一种主体身份去界定法律。因此,对一个人来说,自然权利(natural rights)的说法似乎是恰当的,即使他目前仍未被政治整体所接纳。不过,对他来说,权利并不必然是内在固有的,因为这些权利只能是政治的起点,它们可以转让给政治整体,或者转让给可以做代表的任何人。为了从现代方法论的角度确定并且最终证明政治统治者的可靠性和正确性,格劳秀斯借助了法之可靠性和正确性的传统特征。随后,被转让的东西构成了通常所说的统治者的所有权和支配权,因此,正是这种所有和支配的能力,是人一开始拥有而最终转让出去的。于是,在格劳秀斯的框架中,自然权利基本上是位格性的(personal)人权。①

在这个历史描述中值得注意的是,不同学科对统一性和可区分性的关注,集中在不同概念上:在形而上学领域,是个体性,而在道德和政治领域,则是位格性。这些对概念的不同使用,貌似毫无关联,[30]但最终,它们开始彼此接近。在早期现代性中,它们有时相互交织,甚至相互混淆:在物理学、心理学甚至道德和政治理论的用法中,个体成了一个形而上学概念;相反,位格也不再仅仅用于神学、道德或政治学,而且在某些认识论和心理学理论中,它也成了核心元素。

在笛卡尔和霍布斯那里,这种交织尤其显著,而他们是斯宾诺莎哲学背景的核心。对笛卡尔来说,广延和思想是上帝创造的不同实体——不过,在这两种实体中,统一性、不可分性和可区分性

---

① 进一步的讨论,参 Andre Santos Campos, "Grotius's Interdisciplinarity between Law and Political Philosophy", *Philosophical Frontiers* 4(2), 2009, pp. 3-20。

不是同等发生的,因为身体的合成物似乎总是可以无限分割。这表明,笛卡尔的物理学没有给原子留下任何空间,①而灵魂似乎总是不可分的,总是一个整全的单元。笛卡尔明确地说:"心灵和身体之间有很大的不同,身体从本性上来说总是可分的,而心灵却是绝对不可分的"(笛卡尔,第六沉思,见《笛卡尔哲学著作》,卷二,页 59)。

关于个体性,笛卡尔反对两种不同的传统。一方面,不同于亚里士多德的看法,他认为,原初实体并不等于个体,因为存在肉身化的实体和精神性实体,只有后者才似乎达到了某种个体性。另一方面,不同于晚期经院哲学家比如苏亚雷兹的看法,笛卡尔认为,对实体的设定,不再必然足以产生对个体的设定,因为身体的本质,并不能决定这身体本身是一个不可分的身体。笛卡尔引入个体性领域的,是个体性跟灵魂或思想实体的专有同一性(exclusive identification)。灵魂的本质与生俱来的事实是,它是一个灵魂,其各种思想不能与之分割或分离。我思故我在(cogito ergo sum)证实了灵魂的存在,并由此证实了一个完满个体的存在——能够赋予身体以统一性和不可分性的唯一方式是,这个身体与一个思考的实体相关联。由于思想似乎为人所独有,笛卡尔的个体概念便是对人的专属表达——个体性介入的领域,似乎是位格性作为主要概念的那些领域。这意味着,现在,人既是一个个体,同时也是一个位格。按笛卡尔的看法,个体性不再仅仅是一个形而上学的主题,它更主要属于人类学。

霍布斯比这更前进了一步。他深受笛卡尔理性主义及其方法论要求的影响,这种方法论主张,科学和知识应当遵循一个"综合"(compositive)的次序。[31]但霍布斯拒绝认为,广延和思想具有

----

① René Descartes, *Principles of Philosophy*, II, 20 ([*CSM*], vol. 1, p. 231).

同等的实体价值。既然身体似乎代表着一种科学知识的范式（这是他首先写作《论物体》[*De Corpore*]的原因，也是他政治上的最初意向会聚焦于身体政治的原因），那么，所有实体性的东西本质上都应当是有广延的。如果世界中真存在实际的、实体性的可区分单元，那么，笛卡尔认为应当在人类灵魂中寻找这种单元的看法，就必然是错误的。但这并不表明，霍布斯把个体性专门放到了广延的领域。原因首先在于，他追随笛卡尔的看法，认为知性（understanding）和意志（will）之间不存在完全的同一性。看起来，在霍布斯那里，正是后者而非前者，总是被作为单一整体（single wholes）来看待。因此他说，身体中存在运动，其直接原因是意志（"自觉运动"[voluntary motions]）。其次，他也同样追随笛卡尔说，质料不能拥有一种人类思想完全不能分解的基本单元。霍布斯的物理学也没有为原子留下位置。因而，应当从一个新的视角处理个体性。

对这个问题的关注，引导霍布斯走向忒修斯之船这一经典悖论。根据他的观点，这个悖论实际上表明，个体化的发生，不能通过形式、质料或附加的非本质属性。关于形式，他引入了一个更深的问题，即，如果把忒修斯之船上替换下来的所有板材都收集起来，并用这些板材建造一艘完全不同的船，那么，是否不会有同样形式的两艘船？在这两艘船中，哪一艘（如果二者择一的话）是忒修斯原来的船？关于质料，霍布斯说，身体成分的不断变动提出了这样的认知问题：人类的身体如何为自己的行为接受惩罚？如果一个罪犯被控犯了伤害罪，城邦的反应通常是，施加暴力在这个罪犯的身体上，不管监禁、酷刑、强制劳动还是流放，甚至是处死，但是，这个罪犯在伤害别人时身体的组成质料，跟他受到惩罚时身体的组成质料是否相同？如果个体化是通过质料发生，惩罚是否不会施加到一个非伤害者本人的不同个体身上？在忒修斯之船这个例子中,一个个体停止存在,并在其他地方重建,这是否可能? 在形而上学、本体论和物理学中,个体性只不过是次要的主题——个体既非实体的内在天赋,也不是形式、质料或附加的非本质属性所赋予的东西,而只是一个名义上的范畴,是由人类语言加于形式和质料二者之上的。

[32]霍布斯的个体只不过是一个名称(name),人类理智会把能够从广延实体中区分出来的所有东西归到这个名称之下(霍布斯《论物体》,第十一章,《霍布斯英文著作》卷一,页137-138)。对于个体性这个主题来说,强调名称所导致的,事实上是跟位格性主题的混淆。对霍布斯来说,一个位格

> 要不是言语或行为被认为发自其本身的个人,便是其言语或行为被认为代表着别人或(以实际或虚拟的方式归之于他的)任何其他事物的言语或行为的个人。(霍布斯,《利维坦》,IV,*EW* III,21;[译注]中译文参霍布斯,《利维坦》,黎思复、黎廷弼译,杨昌裕校,北京:商务印书馆,1986,页122)

在"作为一个位格"(being a person)与"被位格化"(being personified)之间,在"代表一个位格"(representing as a person)与"被代表为一个位格"(being represented into a person)之间,存在着差别。代表基本是位格化的,通过言语或行为发生。这必然导致的结果是,有可能不使用言语(words)去代表某人或某物,虽然绝不可能离开语言(language)去代表,因为代表者和被代表者同样必须能够命名。代表的必要条件,是那使人不同于动物的东西,是那联结人的身体与意志的东西:语言。如果恰当的名称,是那些指称个体和单个事物的名称,那么,所有可命名的个体都可以位格化,由此,所有自然位格必定都是个体。因而,既然人是最重要的自然

位格,那么,即使个体统一于名称之下,在名称中获得可区分性,并由此获得特定单个事物的资格,但是,人类位格性的基础支撑仍然是人[而不是个体]。霍布斯整个哲学的主要特征是人,人从未简单地被称为个体或位格,而毋宁是二者的结合:个体位格。①

霍布斯吸收了源于笛卡尔哲学的"分解 - 综合"(resolutive-compositive)方法,这引导他从部分的角度去思考整体的构造。由于人类似乎总是生活在政治集合体中,这些集合体统一和区分着人类的各种关系,因而,政治制度最终再现着每个自然个体位格:它们建构了一个人造位格,这位格也是一个类似于人造人的东西,因此也是一个人造的个体位格。霍布斯在个体与位格之间进行的关联,使个体性超越了笛卡尔的人类学品格,即,他是在法律和政治上进行的思考。霍布斯并非第一个使用自然权利语言的人,也不是第一个从各构成部分去解释政治集合体的人,但他是集中关注法律和政治中之个体性这个主题的第一人。[33]基本上,霍布斯将个体确立为自然法概念框架的基石之一。

在进入早期现代哲学的图景中时,斯宾诺莎认为,正是这个概念框架需要重建。不过,受自然主义(naturalism)所迫,斯宾诺莎的形而上学概念贯穿了所有处理因果实在性的哲学学科,最终包括了物理学、伦理学、法学、政治学和神学。由于传统形而上学的主题是个体性而非位格性,在斯宾诺莎的整个体系中,正是前者而非后者将会变成跨学科的。在斯宾诺莎哲学中,如果要处理位格性问题,就必须总是涉及个体性问题,而不是相反。为了简化问题,斯宾诺莎创建了一个巨大的个体概念,以至于他最终认为,位格性是政治、法律和神学研究中的非必要主题。事实上,关于神

---

① *Leviathan*, XV, *EW*, vol. 3, p. 136; XXX, pp. 322–323; XXXVIII, p. 440, p. 448, p. 450; XLII, p. 506; XLIV, p. 625.

学,他甚至断言说:

> 我们熟悉"位格性"这个词,神学家通常用它来解释这个问题。但尽管我们知道这个词,我们却不知道它的意义,也无法形成对它的任何清晰、明确的概念。(《形而上学思想》[*CM*]II,8/200)

斯宾诺莎非常清楚神学家和常识语言通常如何使用这个词,但那些用法在他自己的哲学体系中找不到任何位置。就好像他在说,"在我关于自然和实在的知识中,没有位置留给神学家所认为的位格性",或者是,"在我关于自然和实在的知识中,没有位置留给对位格性的通常理解"。斯宾诺莎思想跟位格性的不相容,指的不仅是传统的那些含义——他发现,所有归于位格性的含义,在他的体系中都可以被一个更相关的先验概念(即个体性)所满足。

这并不必然导致说,斯宾诺莎体系中的所有东西都是纯粹形而上的,没有必要去处理那些通常讨论位格性的领域,比如法学、神学和政治学。相反,由于所有事物都关联到一个宽广的自然概念,每个概念(它们主要是在"自然为何"这面大旗下被理解)都必须有助于支撑所有的自然之物。形而上的概念支撑着这个体系,但当这些概念被用于解释形而上学特定领域之外的那些领域时,它们也需要新的学科向度。在同一哲学体系内部,有些概念能够成为一个跨学科的解释概念,个体就是这类概念之一,[34]这使得个体这个概念能够获得新的向度,不管是处理物理学、上帝、人、法律还是政治。不同于最初早期现代思想者那里出现的情况,个体与位格不再为了交互的解释效果而结合在一起——个体性的范围,极大地超越了纯粹的形而上学,以致它最终克服并吸收了位格性。对斯宾诺莎来说,前面一切围绕位格概念为中心展开的讨论,都必须包括进个体性问题之中。

此外,如果个体性是自然的主要方面之一,那么,由于它在斯宾诺莎的自然法界说中起着主要作用,因而,除了在其自然主义中确立的那同一个个体概念之外,斯宾诺莎的自然法理论没有其他主角。这意味着,斯宾诺莎的个体概念对自然法框架进行了一种形而上的扩展。斯宾诺莎的个体概念不是特别针对人类本性的——这点在下面会更加清楚——同样,他的自然法框架也不专门针对人类本性。斯宾诺莎的自然法理论,没有特定的人类学基础。

而且,斯宾诺莎的个体性不再被化约为一个统一的不可分割性问题,或者一个可区分性问题。统一性、整全性与可区分性,仍然是个体性的主要特征,但它们不能完整表达出个体的本质。在自然主义哲学占压倒性地位的情况下,只有在那个独特而又无所不包的自然之内,个体性才能出现。因此,个体不可能事先给定,也不能简单地从一个绝对普遍的起点演绎出来。斯宾诺莎的自然概念,涉及持续进行的自身生产(self-productivity)(神或[即]自然是它自身的内在原因),个体是这种生产的必然表现,尽管它们在表现上是受限的。统一性、不可分性和可区分性不可能包含这种与众不同的受限生产,而缺乏这种生产,就根本不会有个体的存在。个体性关注统一性、可区分性,可能还关注某种形式的不可分性,但它最关心的是,如何用确定的、可计量的方式去表达自然的自身生产。只有在自然主义的因果语境下,个体和个体化的问题才有意义。

尽管在斯宾诺莎的思想中,个体可以被视为一个单一本质,但仅仅通过设定一个既定的、可区分的本质,并不能得到个体:[35]为了让个体性浮现出来,从本体论上来说,需要自然的实存性(existential)生产活力。个体性是一个名称,用来指称个体如何产生。

看起来，斯宾诺莎最终不仅使个体成为他大部分哲学的核心主题，而且也似乎让他的哲学变成了一个制造个体的设计。

起点是原因，核心是人

说个体居于斯宾诺莎大部分哲学的核心，同时又是一个积极个体化（positive individuation）的设计，这需要更进一步的解释。首先，这是因为，对于一个陶醉于神的人（诺瓦利斯［Novalis］的说法）来说，其哲学设定了一种宇宙进化论，在其中，人是某种要素的结果，而不是这种要素的原因——即，这种要素存在的准则或理由——而这根本不能被轻易说成是有一个核心，更不用说有个单一核心。其次，个体和个体化的传统问题，最终而言，是其范围上的方法论问题，要在斯宾诺莎哲学中澄清这些问题，必须首先追问：他的哲学思考方法是否围绕着一个中心点展开？其哲学的起点是否存在一个已然设定的个体概念，或者一个可以由之推论出差异的普遍范畴？

关于起点的问题，斯宾诺莎将《伦理学》第一部分命名为"论神"，这个事实似乎已经揭示了某些东西。笛卡尔相信，从思想自身的可疑经验出发能够获得真知识，但斯宾诺莎对此并不相信。相反，对斯宾诺莎来说，真观念只能从一个先验的真观念中得出，不是通过对连续观念的无穷逆推，而毋宁是从一个原初观念出发，这个观念的真实性，可以由作为其天赋工具（innatum instrumentum）的知性来确定（《知性改进论》，39/11）。由于所有真知识都是从这个原初真观念中得出，都依赖于它，因而，在一种对所有连续关系——例如那些自然的因果关系——的反思方法中，哲学得到展开。如果自然是一个涉及因果进程的存在（用《伦理学》开头的说法，就是"自因"），那么，自然的次序与知识的次序之间，就存在某种一致性：伴随着哲学思考出现的产物,是以这种思考为原因而产生的结果,而非这种思考结果的原因。斯宾诺莎的方法主要是综合,而非分析;它是从原因走向结果,而不是从结果走向原因。然而,这个原初真观念并非某种规定的东西,其确立涉及一个自身呈现的含蓄过程(《知性改进论》,49/13),在某种意义上,这个过程遵循一种分析的步骤。不过,显而易见,斯宾诺莎的方法仍然是综合,[36]只有那个原初真观念的出现涉及一个含蓄的分析步骤而已。这个方法在程序上的第一步,是原因的自身呈现。神被视为自然存在的原因,也被认为是哲学思考的原初真观念。这有助于解释《伦理学》第一部分的标题。对斯宾诺莎来说,那些采取分析方法的人,

> 没有遵循哲学思考的(恰当)程序。因为神的本性本来应该首先加以考察,因为就知识的次序和事物的次序来说,神的本性都是在先的,而他们却把它放在最后,反而相信,所谓感官对象的事物是在一切别的事物之先。(《伦理学》第二部分,命题十,附释二)①

这就是为什么莱布尼茨会说,"大部分哲学家以被造物为出发点[进行思考],笛卡尔从灵魂,斯宾诺莎则从神开始",这话不是没有理由的。②

根据黑格尔的看法,正是通过这种方式,斯宾诺莎颠倒了哲学思考的恰当方法,尤其是在《伦理学》中,因为通过着手展示那些界

---

① [译注]中译文参斯宾诺莎,《伦理学》,贺麟译,北京:商务印书馆,1983,页53,有改动。下文引用,随文标注页码,不再一一注明。

② 这个说法出现在《与齐尔恩豪斯谈斯宾诺莎〈伦理学〉》(*Conversation avec Tschirn-haus sur l'Éthique de Spinoza*)中,日期为1689年12月28日,参 Ludwig Stein, *Leibniz und Spinoza*, Berlin:G. Reimer, 1890, p. 283。

说和一个具有绝对统一性的神,斯宾诺莎会将这个至高综合体视为起点,也就是说,将之视为仅仅在其自身之中(in itself)的真知识,而不是同时为了其自身(for itself)的知识。由此,任何假定从这个起点实现自身的特定实体,尽管没有承认任何缺乏或否定,却只能贬低自身:哲学思考的展开,只能从其诸要素的绝对性中演绎。它将只是实体的丧失,而不是克服。为了不被贬低,在斯宾诺莎大楼一开始的大门那里,神就已经被完全设定,而对黑格尔来说,除了这扇门之外,这栋大楼没有其他组成部分——他指责说,斯宾诺莎的大楼是静态的,封闭在自身的普遍性中,陷于自身之内,而没有离开并返回自身。在黑格尔那里,具体之物是个体性开始的标志,而斯宾诺莎在展开讨论神的时候,没有对它[译按:指具体之物]进行任何辩护;它没有任何行动要返回到普遍;它只是神退化到统一体领域[的结果]:糟糕的个体性。① 黑格尔认为,在西方世界,斯宾诺莎是统一体绝对同一性这一东方概念的某种代表。这也正是黑格尔对犹太教的批评,因为犹太教融合了东方世界[的概念]:它缺乏一种特殊的具体个体性,而实际上,这种个体性在绝对中是真实的。②

　　黑格尔的批评基于两个假设。第一,斯宾诺莎方法的起点,是界说或对真理的设定,是表现为最初真观念的神。第二,根据黑格尔的看法,斯宾诺莎在其主要作品中采取的方法,是几何学的方式,[37]因为这种方法符合从一个原初的普遍中演绎得出结论[的方式]。然而,这两个假设似乎全都不完全正确,即使专门针对《伦理学》而言。一方面,看起来,斯宾诺莎的界说,确实对那些揭示

① Hegel, *Lectures on the History of Philosophy*. 1825—6, trans. Robert F. Brown and J. M. Stewart, Oxford: Clarendon Press, 1999, vol. 3, pp. 119-130.

② Hegel, *The Philosophy of History*, trans. J. Sibree, New York: Dover, 1956, pp. 196-197.

"知识次序"(ordo cognitionis)的论证开放。但这些界说有一个具体功能：它们同时既是名义上的，又是真实的，①正是由于是名义上的，所以不能把它们视为是完成了的，因为这使得它们可以在随后的论证中发挥作用。这些界说包含着真实和正确的东西，但并没有完全穷尽所要界定之物的实在性。相反，它们是建构真理的真正基本工具。正如"自然次序"(ordo naturae)发生在其自身存在的持续因果关系中一样，"知识次序"发生在一个对其自身真理性进行的持续论证中。真实之物不是在起初的界说中就完全限定，其论证也不是通过分解之前的真理而进行的解释或证明，相反，它是真理现实的活性成分，而在先前，这真理仅只被一瞥而见。

　　斯宾诺莎的方法(体现在其大部分作品中，但最重要表现在其《伦理学》中)，内在于知识的实际动力学中，并与之同时发生：既不在先，也不在后。这种方法不是一种自主的形式结构，可以对一些内容削足适履，使之符合这个结构；它也不是一种条件或环境，可以心甘情愿地在其核心之处接受后来的知识；最后，这种方法也不是对最初真观念知识的反思(比如，要认识一物的本质，需要解构其真观念的诸属性)。恰恰相反，初始界说表达了一个首要观念的确定性，并表达了其自身在一种建构性方法(constitutive method)之内的功能。斯宾诺莎的界说，既是一个本质性的宣称，同时也是一个方法论的断言。因此，知识的展开，不是单纯通过证明或发现那一开始就已然设定的东西——这会要求设定的东西是静态的，而不是生产力的表现。

---

① 每个界说都必须用理智去认识，因此，界说是一个名义上的界说；同时，它也必须包含一种对实在性的阐明，也就是说，界说在一开始要确定事物本身，且要不证自明，因而，界说也是关于某物的界说。参《书信集》[EP]，9/781-3。关于这种区分，参Martial Gueroult, *Spinoza：I-Dieu(Éthique I)*, Paris：Georg Olms Verlag, 1968, pp. 20-26；Pierre Macherey, *Introduction à l'Éthique de Spinoza. La Première partie, la nature des choses*, Paris：PUF, 1998, pp. 28-54。

相反，知识作为知识的产物，它伴随着实体自身的生产。

不同于黑格尔公开表露的观点，斯宾诺莎哲学为新知识留有余地，因为它通过推进（progressing）而不是倒退（regressing），巩固了初始界说的真理性。斯宾诺莎的几何学方法不是单纯的演绎。要巩固初始界说，需要对推进的接受，而且事实上不是对科学的经验主义（experimentalism）的接受，或是对假设（这假设是在先前明确表述的）分析的接受，就像伽利略（Galileo）的科学方法那样。起点的位置并不是一个我，这个我构想出一种假设，[38]然后通过实验去验证假设，从而寻找问题的解决方法。相反，起点在于一个真观念，这个观念不是真理的一种可能性，而是已经得到展开的实际真理。正是因为斯宾诺莎的方法存在推进，界说就不单单是出现在一开始，也非常频繁地出现在论证过程中，例如，《伦理学》对个体的界说即是如此（《伦理学》第一部分，命题十三，界说）。斯宾诺莎的几何学方式似乎完全仿效了欧几里得（Euclid）的方法，除了那些界说的地位之外。不同于欧几里得，斯宾诺莎的界说，实际上优先于他的公理，并且完全不依赖于公理。它们之间的相互关联，不是以一种形成有机整体的方式，它们也没有穷尽被界说之物的本质。例如，单纯通过了解《伦理学》第一部分包含的界说，人们并不能确定实体、神和自因之间的关联，这种关联只有到了命题七中才得到阐明。此外，第三部分对各种情感的界说，看起来更像是一种演绎的到达点，而不是其出发点。

总之，斯宾诺莎的界说，不是单纯通过盲目肯定初始界说而获得的发现，相反，它们是对第一真观念肖像的强化。事实上，知识开始于对那个用肯定性界说明确表达的真观念的直觉。如果这个界说包含了被界说之物的整全真理，那对于获得整全知识而言，它就是自明、自足的。它不需要任何后来的想法，也不需要进行实际的哲学思考。那它将是与生俱来的，而不是工具性的：是对真理的肯定,而不是对方法的肯定。果如此,则哲学也将变成庞大静止石板中的一块石头。

另一方面,斯宾诺莎对几何学方法的接受,因此也并非出于从一个封闭的静态整体中演绎出知识的需要。笛卡尔已经在数学中接受了几何学方法(作为"综合"),但不是在形而上学中,因为笛卡尔认为,只有数学能够使那些在演绎开始时直觉到的真理得以完全(《笛卡尔哲学著作》,卷二,页 110-111)。然而,斯宾诺莎拒绝几何学方法的所有静态特征,这正是因为他并不打算在界说中囊括被界说之物的整全真理。相反,此真理展现在一个渐进的动态过程中,就像适合数学观念一样去建构实体。斯宾诺莎用动态过程补充他的几何学方法,因为他认为,动态论和几何学都是"哲学思考次序"(ordo Philosophandi)的天生属性——这是他几何学次序(ordo geometricus)的全貌。

[39]此外,如果神的本性必须在"一切别的事物之先"(ante omnia)加以思考(《伦理学》第二部分,命题十,附释二),因为神是实际上的最初真观念,那么,奇怪的是,在《伦理学》名为"论神"的这部分,斯宾诺莎的第一个界说并不是神,而关注的是"自因"(causa sui)。事实上,对"自因"的界说,是神性的实际基础,神的本性被称为神圣,只是因为它在自因中拥有自己存在的理由。自然不是因为神圣而成为自己的原因,相反,正是因为是自己的原因,自然才是神圣的。不是神界定了自因,而是自因界定了神。成为自己的原因,就是让自己成为自身存在的一个结果,是不需外在思考就把自身的存在与自身的本质相关联——它不是单纯地不存在一个外在原因,而是自身生产的真实呈现。① 对斯宾诺莎来说,

---

① 自因的这双重向度——或者是消极的,或者是积极的——已经可以在笛卡尔的《第一答复》(*First Replies*)中看到,见 *CSM* II, pp. 79-80。

"事物的观念或界说应当表现它的动因（efficient cause）"（《书信》60/913），这是必然的，因此，几何学方法并不能保证说，离开因果关系的前提，一个可界说整体（definable totality）的真理能够产生知识。界说就是去确定因果关系的步调，就是去安置生产力。因此，对于因果关系的绝对性来说，神的本性是恰当的。《伦理学》中出现的第一个词是"原因"（causa），这不是在一个因果关系的环境中，而是因为正是这个词代表了第一观念，对这个观念真实性的证明，将会在这部著作的剩余论证中完成。正是"原因"为《伦理学》设定了基调：作为一部原因的历史。而且，在题为"论神"的文本开头，原因实际上是"自因"，因而，更具体地说，它为《伦理学》设定的基调是：一部以神为因（God's causality）的历史。

与黑格尔的说法相去甚远，斯宾诺莎的起点不是神，不是实体，不是整体——因为对第一观念真实性的直觉，必定包含对其原因的肯定。斯宾诺莎犹如牵着手一样引导着其读者（《伦理学》第二部分，绪论），从那个优先性令人难以置信且自相矛盾的实在开始：最高原因。正是在那里，斯宾诺莎致力于讨论实在的知识运动，这一运动与实在的生产运动相平行。

如果转换到个体性这个主题，斯宾诺莎的起点表明，他接受的既不是个体问题，也不是个体化问题。事实上，斯宾诺莎的起点既没有预设一个已然存在的个体，可以去探究其本质，也没有预设一个已然存在的普遍，从中可以推论出有差别的单元。原因作为起点必然导致，活动的生产力是出发点，并会导致诸个体的本性，或者诸个体组成的统一整体的本性。在这个意义上，斯宾诺莎似乎成功融合了个体问题和个体化问题。[40]展开讨论"个体是什么"，并不预设个体的现实存在，也没有预设个体在特定普遍性中的某种变异形式——尤其是因为，实体并不单纯是普遍的，而是起实效的实在整体。相反，个体主要是神在某种限定（determination)中的自我生产——存在物之无限性的一种可区分效果。

既然斯宾诺莎的个体被看作是积极的个体化,那它就不是从一个普遍的类到一个可区分单元的分解,毋宁说,它是单元在其自身持续生产中的一种本体论参与。这种个体更像是"形成中的个体"(becoming individual),这就是说,它跟静态的单个事物毫无关系。相反,通过参与自然的进程——通过这种进程,无限实在得以存在——个体获取了其自身的个体身份。这意味着,正是通过摆脱一个完全自我封闭的单个事物,个体才事实上是一个"形成中的个体"。因而,在斯宾诺莎的哲学中,个体化与形成自身之间有着某种动态的内在关联——直到斯宾诺莎为止的数个世纪之中,充斥个体这个概念之中的,不是废除那种不可分割、可区分的单个事物,而是从个体性到多样性领域的转换。个体化意味着效力(effectiveness),而且,由于摆脱了自我陷阱,它也同样意味着解放。如果原因一开始就为哲学思考设定了基调,即原因之历史,尤其是对神的思考和在神之中的思考,那么,所有哲学思考的发生,都以效力之历史为形式。如果个体化只不过就是效力,如果这就是斯宾诺莎个体的真正本质,那么,全部哲学思考就存在于个体的发展中,或者存在于个体的解释性实现之中。那么,斯宾诺莎哲学就是对个体性的持续(再)肯定。

因此,说个体是斯宾诺莎哲学的核心主题,确乎是合理的。然而,这并不意味着,那个自我生产、无所不包的自然(神)围绕着一个固定轴(个体)旋转。事实上,这会导致认为,斯宾诺莎是一个激进的人类中心论者,而这很可能是最终可以描述斯宾诺莎的说法,尤其因为《伦理学》第一部分的附录。斯宾诺莎的"神或自然"在其自身生产中偏离了中心,但个体始终是破译这一自我生产的关键。哲学思考的每一步都包含着个体性的幽灵,在知识的中心舞台上,个体性是主要的特征。说"斯宾诺莎的个体是其大部分哲学核心主题",这就是其意涵所在。

　　实际上,在现代哲学中不能说有一个[统一的]个体性论题。笛卡尔的人类学个体、[41]霍布斯名义上的个体与斯宾诺莎的自然个体之间存在差别,反映了看待个体性问题的不同视角。但他们都分享一个共同特征:人。确实,从笛卡尔到斯宾诺莎,人逐渐失去了对个体概念的独占,但这并不会必然导致,专门针对人类的个体性设计消失不见。最终而言,斯宾诺莎可能会接受说,所有单个事物都可以包含在个体概念中,但即使这样,在个体性这个大题目之下,他仍然聚焦在人身上。在探究人的本性问题时,他赋予了个体以构建第一形而上学真理的作用。说人不是自然个体的唯一类型,并不意味着降低其在个体性论题内的重要性,相反,这是斯宾诺莎从一个更大胆的自然概念那里重新聚焦到自己人学上的需要。

　　这不能混同于人在一个无限整体之中的优越性。人是斯宾诺莎自然的一部分,并使得个体概念得以实现,就像自然的所有其他部分一样:人在自然中没有特权,他不是实在的中心。斯宾诺莎拒绝对自然的拟人化(anthropomorphic)看法,这必然导致放弃人类是其他事物的原因、目的或尺度这样的看法。由此,一种新的宇宙论战胜了文艺复兴(Renaissance)的人类学思想,这种宇宙论重新塑造了有关人及其在自然中地位的整个观念。笛卡尔在实体思想的不可分割性那里设定了个体的实在性,但即使这样,他也拒绝认为,人是神造之物的尺度。不过,实在的人类中心主义是一回事,哲学的人类中心主义(让人成为哲学的基本兴趣)则是另一回事。在斯宾诺莎的哲学中,有趣的是认识到,摒弃前者如何实际上是后者的必要条件。

　　在自然问题上,斯宾诺莎可以接受中心或非中心视角这整个系列。一方面,通过重建古希腊文化,实在的所有产物都包含在实体的存在中,实体的无限外延可以称为宇宙,这意味着斯宾诺莎的实在概念涉及某种宇宙中心论。此外,通过重建中世纪思想,在实体的自我生产中,神与自然成为同一个东西,这也意味着宇宙即神,并且在神之中,因而,这必然导致说,任何特定的宇宙中心论,必须同时也是某种神中心论(theocentrism)。再则,通过重建文艺复兴的思想,哲学似乎成了在知识领域相伴出现的伦理设计,不管自然的生产领域发生了什么。因此,一旦人有了通向知识的入口,也就有了通向实在之生产方式的入口,[42]而这必然导致,哲学思考的中心主题构成某种人类中心论。另一方面,在外延上,人类不是自然的中心(这是追随哥白尼的看法),同时,跟其他生命有机体相比,人类也不是发挥生物岛(biological island)作用的高级个体(这是达尔文观点的前奏);而且,人类的理性也不能贯穿所有心理和认知过程(这是弗洛伊德看法的先驱)。然而,这并不和"人是哲学的基本兴趣"这一事实相冲突。

　　如果斯宾诺莎的个体等于个体化,个体占据了其哲学的中心,那么,他引导这一中心转向关心人类特质这个事实,表明存在一种伦理上的人类中心论(ethical anthropocentrism),在其中,作为人等同于"成为一个人类个体"。① 由于个体化涉及摆脱本体论上的自我束缚,人也同样是摆脱本体论自我束缚的人化(humanization):个体-人(individual-man)主要是个体化-人化(individuation-humanization),这使得那看起来似乎纯粹是实在哲学的东西,变成了一种解放哲学。作为起点的原因与作为核心的人,最终都必然导致对渐进解放的详细阐述,无论是在方法论领域,还是在伦理和政治领域——斯宾诺莎从束缚走向自由的道路,在其哲学体系中同样也是跨学科的。

---

① Alexandre Matheron 说,斯宾诺莎从未真的说过人"本身"为何物,可能是因为他并不真的知道人是什么。然而,我要指出的是,如果认为,个体性是"形成中的个体"这个意义上的个体化,那么,人就等同于"形成中的人"——他本身是一个"成为人类"的过程。如果人的本质是一个开放的过程,那么,它就无法明确界定——要理解人是什么,需要一个过程,而不是一个明确的发现。

窗户大开：个体的关系本体论

斯宾诺莎的作品对个体的处理远非一视同仁。在《知性改进论》(斯宾诺莎的早期著作之一，大约写于 1661 年)中，至善是人的心灵与整个自然相一致的知识，要获得这种知识，唯有通过一种渐进的方法去充实那第一真观念，这必然导致，个别事物只有被视为更大整体的一部分时才是真实的。这个自然整体吞噬了个别事物的整个领域，而个体最终正是属于个别事物这个领域——个别事物弱化到这样，即，它的存在只是因为它是之前特定普遍物的一部分，这普遍物是在各种持久经验中分解出来的。自然整体的存在是永恒的，永不改变，但个别事物的存在只有特定周期，是可变灭的。从永恒的角度来说，个别事物的现实领域并不存在积极决定论(positive determinism)。在这个领域，只有不太像个别物、更像普遍物时，个体才是真实的。也就是说，个体的真实性在于，它们显得像是它们实际不是的东西。这就是为什么斯宾诺莎会说：

> 这些固定永恒的东西，虽是个别的，但是因为它们无所不在，并具有弥漫一切的力量，[43]在我们看来，即是变灭无常的个别事物的界说的类或共相，而且是万物的最近因。(《知性改进论》101/27)①

斯宾诺莎讨论笛卡尔《哲学原理》及其附录的著作《形而上学思想》(两年后出版)，并没有真正脱离这种倾向，即不认为个体是

---

① ［译注］中译本参斯宾诺莎《知性改进论》，贺麟译，北京：商务印书馆，1986，页 55，下引该书，随文标注页码，不再一一注明。

一个真实的概念。然而，在他 1670 年出版的《神学－政治论》中，这似乎发生了变化。在以前的作品中，斯宾诺莎几乎没有提及个体这个术语，但在《神学－政治论》那里，这个术语明确出现，并特别承担了支撑自然法观念的概念角色。个体获得的这种新的明确性，引发了一些相应后果。首先，也是最重要的，具有决定作用的个体性被视为自然法之所从出的领域，这意味着无论何地，只要决定性力量发挥作用，自然法和个体就会出现。个体被设定为法律和政治学的适当概念，虽然它可以贯穿数个不同科学学科领域——个体性是法律和政治发挥效用的地点，但通常来说，它是一个形而上学概念，因为它的范围远远超出单纯的人类领域，它可以应用到所有自然实在物上，不管是有机物与否。

看上去，这仍然很像霍布斯出于政治目的对个体的使用。霍布斯将个体理解为仅仅是一个名义上的单元，但斯宾诺莎力图超越霍布斯的个体概念。其次，抱着这个目的，斯宾诺莎说，自然法不仅对个体是恰当的，它对个体的自然本性（nature）也是适宜的。由于斯宾诺莎在所有作品中总是用自然本性作为本质（essence）的同义词，他就接受个体是一个形而上学概念，在自然整体的存在中具有本体论上的连贯性。因此，如果个体在《神学－政治论》中是一个基础的形而上学概念，可以应用于那源于自然整体的一组无穷的个别事物，那么，它就不再是一个单纯归属到个别事物身上的名称，也不单纯是可区分的不可分割之物，而是关于任何特定本质统一体（essential unity）——某种有本质的东西，并且有着真实的本体论向度——的现实概念。在斯宾诺莎开始写作《神学－政治论》（这部书大约 1665 年开始写作）之前的几年，莱布尼茨已经说过很类似的一些话。莱布尼茨称，个体化原则必定是某种内在、基本的本体论要素，它使个体转变成为一个"整全实体"（entitas tota）。

斯宾诺莎借助《神学－政治论》中的个体概念，是为了吸收所有那些特性：在道德、神学、法律和政治语境中，这些特性通常被归之于位格，直到现代。不过，个体这个语词在《神学－政治论》中只出现了八次——而且，[44]尽管它似乎是自然法的概念基石之一，但斯宾诺莎从未真正界定它。《神学－政治论》承认个体的积极限定因素，但只是含蓄地承认。它并没有"肯定世界"——至少，它不足以让我们认为，《神学－政治论》文本包含一种个体化理论。只有到《伦理学》那里，个体积极决定论的羞涩才将得到克服。

到 1675 年《伦理学》终稿完成，斯宾诺莎前后花了十年多的时间写作这部著作。在其中，个体不再单纯只是露个面而已。实际上，它是《伦理学》的主题之一。要理解这点，必须放弃那些对斯宾诺莎《伦理学》的陈旧解读，那些解读认为，《伦理学》是对一种基于形而上学的完整哲学体系进行的几何学综合，相反，必须代之以对标题全面的概观——将之作为一部伦理学作品。当然，在这个意义上，《伦理学》的主题也不是个体性本身，而是个体性的具体角色之一：人类个体。"神或自然"不是《伦理学》的主题，虽然它是这部作品在起点之后即刻讨论的内容，也是作品经过自由航程之后的终点线。事实上，神是第一部分的主题，因为神构成了自然因果关系的最初推力，换句话说，神是第一真观念的直接要点。但是，一旦确立之后，主要焦点就转向那些在神之中的东西，即那些"足以引导我们犹如牵着手一样达到对于人的心灵及其最高幸福的知识的东西"（《伦理学》第二部分，前言）。①

---

① 有意思的是，斯宾诺莎的所有其他文本都有序言，只有《伦理学》第一部分例外。《知性改进论》（*TIE*）保留了一个简短导言式的个人说明；《笛卡尔哲学原理》（*PPC*）和《形而上学思想》（*CM*）有 Meyer 写的前言；《神学－政治论》（*TTP*）有斯宾诺莎自己写的前言；《政治论》（*TP*）第一章构成了全书的导言，正如斯宾诺莎在《书信集》84/959 所说；《伦理学》第二到五部分前面都有一个简短的导言文本。只有《神、人及其幸福简论》（*KV*）的第一部分（这部分斯宾诺莎从来没想出版）和《伦理学》第一部分没有序言。关于后者，似乎斯宾诺莎认为，这第一部分实际就是《伦理学》的导论——如果是这种情况，神就不是《伦理学》的主题，而是对其主题的介绍。

正如真正的第一观念并非一开始就已经完全设定,同样,神也不是一开始就完全设定。因此,斯宾诺莎是通过启发读者的第一真观念,来"犹如牵着手一样"引导其读者的。《伦理学》既是一部以神为因的历史,同时又是一部人类个体化的历史,这二者毫无矛盾。在第一部分过渡向第二部分时,这种双重特征更加受到强调,那里指定了神作为原因的一种特定样式:人类个体。《伦理学》中没有断裂,而是始终聚焦于人类个体的自然生产力,并朝着完全接受自然整体生产力的方向前进。《伦理学》呈现出原因的一段旅程,从神开始,朝向人的特殊性前进,渐渐地,《伦理学》将原因的旅程理解为以神自身为原因。不存在视角的转换,没有断裂,有的只是间歇,为的是让人喘口气。

正是在以神为因的历史具体化为人类个体化历史的那一刻,斯宾诺莎需要一个概念,这个概念要能够在整体的生产本体论与作为其组成部分的人之间建立关联。这样的概念仅有个体,别无其他。这有助于解释,为什么恰恰是在第一部分转换到第二部分的那里,斯宾诺莎处理了个体性问题。

[45]他这样做,是在第二部分命题十三和十四之间那个有关物理的简短纲要中。然而,在第二部分一开头,他提供了对单个事物的界说,将之界定为"有限的且有一种确定的存在的事物",因而,"如果许多个体事物共同做出一个动作,以致它们同时都是某一结果的原因",那么这些事物会被认为是"一个个体事物"(《伦理学》第二部分,界说七)。这意味着斯宾诺莎将合成物包括进了个别物领域,由此跟先前的传统看法产生了矛盾,传统认为,个别物是不可再分的领域。在这个界说中,个体只是表现为单个事物的组成要素:基本上,它在这里只不过是单个事物成分的一部分,就像人体血液中的寄生虫一样(这是斯宾诺莎1665年所写的第32封书信中提到的比喻)。单单根据这个界说,单个事物被理解为朝

向同一结果的原因，而个体不过是这个因果决定论的一部分。在这个界说中，个体并不是在自身中确定，而是某种为了他物并在他物之中确定的东西。很可能因为这点，斯宾诺莎接下来需要继续给出对个体的界说。

在第二部分有关物理的简纲中，通过使用一种渐进-建构的方法，斯宾诺莎首先谈到了简单物体，继而谈到了复杂物体。在他开始处理复杂物体时，他对个体的界说出现了：

> 当许多具相同或不同体积的物体为别的物体所压迫，而紧结在一起时，或当许多物体具相同或不同速度在运动，因而依一定的比率彼此传达其运动时，则这些物体便可以说是互相联合，而且总结起来便可以说是组成一个物体或一个个体，它和别的个体的区别，即在于它是多数物体所联合而成。（《伦理学》第二部分，命题十三，界说；[译注]参中译本，页59，有改动）

这是整个物理简纲中出现的唯一界说。这个界说必然导致，只有复合事物才参与到自然的生产中（而不是简单事物），同时，这里所界说之物，将会被视为斯宾诺莎物理学的核心观念。斯宾诺莎明确地将实在的不同层面归为简单事物和复杂事物，并主张后者，因此，他明确拒绝那种个体概念，即认为个体涉及某种不可分性和单一性。首先，通过界说复杂物体而不是简单物体，斯宾诺莎设定前者是自然生产发生的时刻，[46]由此使复杂物体有了获得本体论比重（ontological density）的可能性。其次，斯宾诺莎说，复杂物体之间的区分，不仅是由于它们的运动和速度（就像他有关简单物体所说的那样），而且也由于它们的体积，这意味着它们既不是抽象观念，也不是一瞬间的假设，而始终是具有广延的实际单元。第三,复杂物体是彼此传达之物间的联合,也就是说,它们是那些运动间的联合,这些运动在共识或冲突的混合过程中达成一致。这意味着它们有着某种理性的东西(即使只是处于次要位置),因为在斯宾诺莎那里,要达成一致,必然需要理智(reason)。第四,据说,这些复杂物体间的一致,构成了"一定的比率"(certa quadam ratione),而不是简单物体各自具有的种种运动和速度,由此确保了复杂物体的某种持续性存在(与其本体论向度相应),而非像简单物体那样连续发生变化。

这四个理由将个体性引入成为物理学的一个主题,并使其带有某种本体论比重。但根据界说,个体之间是相互传达的,所以,如果个体性向本体论敞开,那它就离单一性和不可分性很远,要是按照前斯宾诺莎时代处理个体时赋予它们的意义的话。它毋宁是某种关系的本体论。实际上,运动的相互传达是这种依一定比率联合之物的实际本性——它是复杂物体可识别的存在。因此,复合物的体积及其自身之内的这种定量传达,让这个物体成为一种关系实在。由此,复合物会表现出双重标准:质料标准,指这个物体组成部分的数量和本质;形式标准,指的是一般模式(pattern),根据这个模式,这些相同成分会相互传达它们的运动。在单个事物的简单堆积与个体本身之间,确立其区别的主要是形式标准,因为这个形式上的比率(ratio)最终是运动的模式,而所有其他组成部分充当了一个单一原因整体的角色。

形式标准让个体概念具有了本体论比重:复合物的不同组成部分彼此约束,①由此,在碰撞和紧张的相互适应中,它们形成了

---

① 斯宾诺莎从没真的论证说,简单事物有本质,故而,个体的本体论复杂性无法在简单事物那里确立。因此,简单物体不能组成复杂物体。相反,较小的复杂物体构成了较大的复杂物体。简单物体不具有支持个体本质的本体论力量。

一个联合体；一个固定、确定的比率，据说，通过这个比率，神作为原因得以展开。在神这个本体论原因内部，这个所谓个体的复杂联合体，既是几种传达的结果，又是更大范围传达的原因。由于个体是这种本质生产的一种样式，[47]它便是一个关系中的个体存在。① 从本体论角度出发，传统经院哲学家通常会贬低关系，他们认为，关系是一种有缺陷的存在样式，跟他们不同，在斯宾诺莎那里，更复杂、更圆满的存在形式是关系中的个体。斯宾诺莎对关系问题（根据墨菲诺［Morfino］的看法，②这个问题在斯宾诺莎那里并不真正存在）的处理，实际上发生在他处理个体性问题的时候。

复杂物体是关系性的，因此，它们成为个体的范式——"个体，或（sive）复合体"，斯宾诺莎如是说（《伦理学》第二部分，命题十三，公则三）。在集中讨论广延的某些有限样式时，斯宾诺莎在复合物的复杂性中发现了实体受限的第一步。在自然的生产中，通常，受限的样式主要是像某些数量或比率，它们具体说明了无限之物在生产上的不确定，而个体这个概念，正是表示自然生产这个具体过程的最顶峰。因此，虽然个体概念的呈现，是从广延和物理学的视角出发，但对其他属性和其他学科来说，这个概念也同样有效。

在受限之物的领域，斯宾诺莎已经（在整个第一部分，以及第二部分开头）指出三个不同概念：有限物（the finite），就是"可以为

① 个体性一开始被确定为关系，这给个体性这个主题带来了一个全新向度。相反的看法，参 J. Cerqueira Gonçalves, "Individuality and society in Spinoza's mind", in Siegfried Hessing (ed.), *Speculum Spinozanum*. 1677—1977, London: Routledge, 1977。

② Vittorio Morfino, "Spinoza: An ontology of relation?", *Graduate Faculty Philosophy Journal* 27 (1), 2006, p. 113.

同性质的另一事物所限制"的东西(《伦理学》第一部分,界说二);
特殊事物(the particular),就是那些"只不过是神的属性的分殊,
也就是以某种一定的方式表示神的属性的样式"的东西(《伦理学》
第一部分,命题二十五,绎理);个别事物(the singular),就是那些
"有限的且有一种确定的存在的事物",它们是原因(《伦理学》第二
部分,界说七)。紧随这三个概念之后,是具体生产的三个渐进步
骤:有限物是为他物所限制的东西,即,对它的否定,纯粹来自外
部;特殊事物是神之生产属性内的有限之物,也就是说,这种有限
物是以神为因的生产中一种具体、可区分的结果;个别事物既是有
限物又是特殊事物,能够以自身作为原因。换句话说,有限物是对
受限事物的纯粹否定;特殊事物是那些受限之物,它们作为结果,
是以神为原因而产生;个别事物则是那些受限之物,它们是以神为
原因的结果,或是对神作为原因的拒绝,通常在以神为因中,它们
自身也是原因。在这个渐进的具体说明过程中,个体代表着最终
一步:作为受限之物,它同时是有限物、特殊事物和个别事物。但
是,不同于个别事物,在个体那里,复杂性和多样性不再是偶然描
述,而是其本质特征。在神的生产中,个体是否定,是有限的结果、
有限的原因。[48]此外,个体这个概念,也能够达到其他概念无法
达到的东西:它肯定了本体论上的多样性实在。因此,个体不仅仅
是个别事物内部的个体部分(像《伦理学》第二部分界说七表面看
上去那样),而主要是受限之物领域中的个体–整体(individual-
whole),或多样性实在。

　　通过把物体的复杂性与个体性联结起来,斯宾诺莎的个体不
再像以前一样,只是物理学或形而上学的概念,相反,个体继承了
那些拥有或多或少硬度和体积之物的特征。如果个体仍然是一个
依照一定比率的生产性表达,按照这个比率,不同运动之间彼此相
互传达,那么,只要自然原因的表达一直按照同样的一定比率(即

使可能只是数量上的测定），即使各组成部分不断出入变化，它也总是一个相同的个体。复杂物体保持着其同一性（作为那个具体之物），即使其成分物不断变化，或为其他成分所替代。个体概念吸收了复杂物的这一特征，这或许就是为什么斯宾诺莎在《伦理学》中对个体性的处理，主要是在论物理学的那个简纲中：现在，在一种确定的传达关系中，个体是一个原因的统一体，一个多样性的统一体，它承认其构成成分持续地发生着变化或替代。不同于莱布尼茨的单子（monads），个体不是一个带着反光层的巨石。在绝对不可分的传统意义上，莱布尼茨的单子是个体，因而，这些单子是自身封闭的形而上单元——它们"没有使某种东西能够借以进出的窗口"。① 相反，斯宾诺莎的个体是在神的自我生产中可以辨识出来的一栋本体论大厦，这栋大厦窗户大开，借由这窗户，事物总是可以进进出出。

黑格尔称这个概念是一个"糟糕的个体性"，尤其在跟莱布尼茨的单子相比较时。毫无疑问，斯宾诺莎意识到，他的概念没有让单一性达到形而上学的顶点，像莱布尼茨努力将要做的那样——但这并非他本意。相反，斯宾诺莎力图在神之生产总体中将个体具体化，不是通过排斥或否定，而是通过在那个持续的生产原因中进行集中的包容。要将那仍然对自然整体开放的东西具体化，他能够发现的最好方式恰恰是，赋予关系以本体论比重，不管那些关系的参与者是什么身份。

[49]此外，斯宾诺莎充分利用了复杂物的特性去描述其新的个体概念，将个体描述为在一种关系本体论中的有限事物。如果复杂物是在跟外部物体持续发生关系时所具有的同一个确定的传

---

① Leibniz, *The Monadology*, 7, in *Philosophical Essays*, trans. R. Ariew and Daniel Garber, Indianapolis: Hackett, 1989, p. 214.

达比率,那么,这些复杂物就会永远处于一种分解与重组同时进行的过程之中。如果个体也吸收了这一特征,那么,它就不仅是在自身之中的关系,而同样也总是处在跟外部世界的诸关系中:个体是在诸关系之中的关系。

但问题到这里尚未结束。斯宾诺莎仍然需要证实,个体的所有组成部分本身,也是具有个体组成部分的个体,以防止抽象组成部分与具体构成之个体之间出现断裂。为了这一目的,斯宾诺莎在《伦理学》(第二部分,命题十三,附释)中让人想起他早些年所写第 32 封信中已经论述过的内容,在那里他提到,血液中的寄生虫只有在血液中才是在自身之中的某物。个体的作用就像这个寄生虫。他/她不单纯是在诸关系之中的一个关系——他/她同样也是诸关系的一种关系。所有个体都同时既是一个个体-整体,又是一个个体-部分。个体的实在性取决于其组成部分的个体性,在一种"前个体的个体性"中;同时,它处在跟其他个体的关系中,迫使它去形成新的、更大的个体,在一种"后个体的个体性"中——个体是塞克斯特德(William Sacksteder)所称的"中间地带的存在"(mid-region being),①也就是说,个体是介乎实在之不同程度之间的东西。一方面,个体作为一个复合存在,依赖于其组成部分的实在性,并设定这些成分实在性的具体脉络;另一方面,个体这个复合物的存在,取决于它能够被整合进它所帮助构造的更高脉络之中。

因而,在《伦理学》中,个体不仅是一种本体论关系,也是处在诸关系中的一种关系,并构造着更高的关系。个体是"个

---

① William Sacksteder, "Spinoza on Part and Whole: The Worm's Eye View", in John Biro and Robert W. Shahan (ed.), *Spinoza: New Perspectives*, Norman: University of Oklahoma, 1978, pp. 139-159.

体间"(inter-individual),部分也是一种"超个体"(transindivid-
ual),①它在持久存在物中的延续性,在竭力(conatus)这个概念中
获得了本体论上的独特性。个体立刻成了一个积极的成分,一种
合成的运作(composite operation),一种本体论脉络。

因此,任何提到有关自然整体的个体概念之处(例如在《伦理
学》第二部分,命题十三,附释),都只能理解为类比的修辞用法,其
目的是为一个共同特征奠定基础:多样的联合体。首先,斯宾诺莎
一再强调,必须从单一性角度去设想自然(《形而上学思想》5/11;
《伦理学》第一部分,命题十五,附释),但提及个体性却总是在复杂
性的框架中。第二,自然整体既不是一个积极成分,也不是一个合
成运作。[50]它不可能处在综合之个体性的等级链顶端发挥套娃
玩具(matrioshka dolls)的作用,因为这个等级链是无限的。在斯
宾诺莎用以确定个体性的标准中,最高的自然是本体论脉络。因
而,要证实这种类比,只需要用某些通常归到个体身上的特征来规
定自然即可。本体论的脉络化(ontological contextualization)即
是这些特征的其中之一。但同时,当斯宾诺莎提到自然的单一性
时,他对这个术语的使用,似乎跟之前笛卡尔和之后莱布尼茨的用
法相同,即,将之作为不可分性的同义词——在修辞上,这个类比
似乎也将不可分性归到自然整体上,虽然不可分性并非斯宾诺莎
个体概念的主要特征。自然整体不可能完全是斯宾诺莎意义上的
个体,这一事实跟他的自然法理论关联很大,因为这首先意味着,
自然法不是一种可以随时应用于或分化为个别事物的宇宙论向度

---

① 我承认,Étienne Balibar(1997b)的超个体理论非常契合斯宾诺莎对通过整合而逐
渐具体化的个体性之看法。对超个体最初的提出,参 Gilbert Simondon,
L'individuation psychique et collective, Paris: Aubier Montaigne, 1989, pp. 104-
111, 154-161, 199-281。但我很怀疑,它能否契合斯宾诺莎的政治思想,正如下
面第五章将要阐明的。

（好像某些罗马古典法学家发展起来的早期廊下派之自然法概念所表达的那样）。相反，自然法可以由之产生的个体性领域，完全属于生产性的个别事物。

　　这一点非常有趣，需要进一步解释，因为后来未完成的《政治论》一书很少使用个体这个词语。直到斯宾诺莎死后的 1677 年，《政治论》才出版，而这部书的前面几章，主要就是处理自然法这个主题。事实上，拉丁文的"个体"（individuum）一词，在《政治论》中只出现了三次，并且全在第二章中。基本上，这三次的出现都认为，在个体性那里，自然法（《政治论》第二章，第四节）、自然倾向（conatus）（《政治论》第二章，第七节）、神的决定力量（《政治论》第二章，第八节）得以发展。很像《神学－政治论》中的情形，这些对个体性的提及，似乎是被插进来的，意在为所论证的东西提供形而上学的支撑——更具体来说，就是为第二章的主题即自然法提供支撑。

　　这并不意味着，跟《伦理学》相比，《政治论》对个体的思考倒退了一步。有人认为，《政治论》是关于那些已经形成的民众或政治集团［的著作］，而没有涉及其建构过程，[①]这似乎会让人误入歧途。另一些人认为，《政治论》讨论民众和集团，是由于没有将个体性作为相关主题，[②]这似乎也会误导人，因为这隐含着对斯宾诺莎这样的解释，即认为他不仅在《政治论》中拒绝个体性，而且跟他在《伦理学》所表达的看法相矛盾。斯宾诺莎在《政治论》（第二章，第一节）说得非常清楚，他力图在以前著作——也就是《神学－政治论》和《伦理学》——建立的前提基础上处理政治理论。实际上，斯

---

① Laurent Bove, "Introduction", in Spinoza, *Traité politique*, Paris: Librairie Générale Française, 2002, p. 9.

② Marin Terpstra, "An analysis of power relations and class relations in Spinoza's *Tractatus Politicus*", *Studia Spinozana* 9, 1993, pp. 79-83.

宾诺莎打算在政治思想中详细说明思想之基础,这基础他在《伦理学》中就已经设定,[51]在那里,一种解放学说已经将人类个体的概念与建构过程的观念关联在了一起。

事实上,《政治论》似乎处理了跟《伦理学》完全一样的主题:建构过程,积极的多样性,如何通过更加合适的(政治)环境增加自然力量的人类表达,从束缚走向自由———一种政治解放学说。《政治论》远非是与《伦理学》的决裂,而似乎是对其进行的延伸。如果只是在为参与政治进程的个别事物(人类个体)所固有的那些基本概念寻找形而上学合法性的时候,《政治论》才提到个体,那么,看起来,个体性仍然是《政治论》真正的基本出发点,而且,政治活动(被视为一个建构过程)不过是那些方式之一,通过那些方式,(人类)个体化(被视为一个建构过程)得以发生。①

此外,斯宾诺莎论证说,政治生产是多样性的自然力量,如果在整部《政治论》他呈现这个论证的时候,个体性始终消失不见,那么,这很可能并不意味着个体性受到忽视,而毋宁是意味着,政治多样性领域不能用于担负个体性的状况。这在第五章会解释得更加清楚。总的来说,《伦理学》中介绍的形而上学个体,在《政治论》中根本没有消失。恰恰相反,它是斯宾诺莎自然法的正当性背景,没有了它,根本没办法理解政治。

在斯宾诺莎的全部作品中,通过主观自然法(subjective natural law)这个概念,即通常所说的"自然权利",个体始终朝着充分解决"什么支撑着政治生产"这个目标推进。最终,作为生产原因的个体将成为起点,在斯宾诺莎的自然法理论中向前发展。斯宾

---

① 在同样的意义上,参 Alexandre Matheron, *Individu et communauté chez Spinoza*, Paris: Les Éditions de Minuit, 1969, pp. 285–514; Douglas Den Uyl, "Power, Politics and Religion in Spinoza's Political Thought", in Paul J. Bagley (ed.), *Piety, Peace and the Freedom to Philosophize*, Dordrecht: Kluwer, 1999, pp. 135–136。

诺莎在个体性上的变革，在一开始就已经让他成为一位不能用纯粹契约论（contractarian）概念去考虑自然法的早期现代思想家，根据契约论者的看法，政治集合体由一系列孤立、不可分的单元所构成，这些单元的联合，是为了形成一个更大、更有力量的不可分单元。相反，自然法的原初形而上学依据，是一个已然存在的关系，虽然这个关系仍需要参与一个"合成"的过程。不同于早期现代自然法的一般看法，斯宾诺莎的个体不是一个孤立、可区分的（通常是不可分割的）单元。相反，它是一个关系集合体，这些关系发生在诸存在（beings）与一个关系存在（a being of relations）之间。因此，它既不属于传统的个体问题，[52]也不属于传统的个体化问题。在自然法的背景下，诠释斯宾诺莎个体性的恰当方式是，将之视作一个积极个体化（positive individuation）的设计，根据这个设计，个体是在一系列有限因果关系中"正在被制造的个体性"。

第二章　自然的法则

[53]斯宾诺莎在个体性领域的变革,并没有完全改变主观自然权利应当被看待的方式。事实上,有关自然法,斯宾诺莎在定义中说得很清楚,它们主要是自然的法则(laws of nature),虽然对它们的展开无一例外都是在个体性那里。这些自然的法则,通常不会归入自然权利传统中作为其要素,因为这些法则通常被认为是客观而非主观的方面。最终,在早期现代自然法框架中,它们代表了一个新的变革。

这里的"法则"(laws)一词,是用来表达拉丁文的 leges[法律],而非 jures[正当性]。按照传统来说,在法律(lex,[译按]拉丁文 lex 是 leges 的单数形式)这个意义上,"法则"可以表示完全不同的东西:例如,一个用以衡量的标准,统计学调查中的平均数,一种构造的独特原理,或者一种责任。在涉及自然的时候,它保持着意义上的多重性——在自然科学中,按照所表达的内容,它主要指前三种意义;在自然法传统中,它主要指一种道义论品格(deon-tological character)。斯宾诺莎对自然法的界说是,"自然的那些法则或原则,依据它们,万物得以形成"。然而,如果要具体到一个必然决定论的、无所不包的自然概念,就迫使斯宾诺莎在承认前述所有传统用法的前提下,重建一种"自然法则"的新含义。实际上,在斯宾诺莎的自然法理论中,自然法则的意义并非内涵单一的东西。根据所使用的情境,根据所表达的自然实在性的表现程度,它可以表示一种或另一种东西。这种情况也适用于他对"原则"(rules)一词的用法,在自然法的情境中,斯宾诺莎经常把它与"法则"一词互换使用("法则或原则",regulas seu leges,《政治论》第二章,第四节)。接下来的内容将会指出,斯宾诺莎的广义"法则"概念,如何超越指令(prescriptions)和描述(descriptions)而能够包含一种新的原则[54]——我们可以称之为铭刻(inscription)——这种原则可以解释在一种个体化的决定论设计中发现的伦理和法律向度。由此,斯宾诺莎对自然法理论的变革会继续浮出水面。

指令和描述

法则多种含义间的基本区别,发生在一种规范性意义与一种描述性意义之间。这种区别表明了如何用不同的方式去阐释自然的不同概念。自然法传统中所包含的法则,主要是一种规范性的意义,因此,从自然科学所使用的描述性意义来看,自然法传统对法则的用法,是出于一种对自然完全不同的看法。这种区别可以追溯到古希腊有关礼法(nomos)和自然(phusis)的古典争论,这两个概念是智术师(Sophists)思考的两个对立术语,礼法指社会习俗和惯例,表达对正义的相关看法,而自然指普遍、不变的本性。廊下派最先提出明确的自然法原则,然而,在这些原则中,自然法则成了自然命令人按照正确理性和正义去做的事情,这同时既是规范性的,又是自然的。在这个概念框架中,正义的生活就是按照自然进行生活。它之所以是自然的,是因为它基于人理性的自然本性;而之所以是规范性的,是因为理性规定了行为的某些样式,这些样式反映了一种共同的善、价值或正义。而且，对于直到斯宾诺莎为止的整个自然法形式传统来说，这似乎是共同的［看法］。在这里，构成自然之基础的概念，包含了那些决定人类哪些行为可行以及它们如何可能的普遍条件，而自然科学通常处理的自然之基础概念，是那些先行的正义和价值概念，只包含那些必然决定一切存在和发生之事的条件表。

在涉及自然的时候，法则多种含义的主要区别，也反映了不同的自然之基础概念。但由于它们是"自然的法则"，因而也可以被称为"自然法"，这是这两个表达可以互换使用的原因。从传统来说，以及在常识语言的意义上，法则首先具有一种规范性意义，作为那些行为的模式，这些行为聚焦于那些具有理性能力的实体。因此，它们构成了指令，即对一种积极价值的详细阐述，在对人的界说中没有出现这种价值，虽然它可以被放入人的生存行为中。

我选择称呼法的规范性意义为指令，而不是规范（norms），原因在于，斯宾诺莎谈到自然或自然法的时候，从未真正提到规范，虽然规范很像"原则"（rules）或"法则"（laws），有很强的多义性（规范既可以是静态外形，表示在一种常态规定的统计视角下人是什么，也可以是一种动态过程，指向需要实现的理想状态）。此外，当说到真理是一个自明的标准（norma）时，他只赋予了规范一种哲学含义。因此，毫不奇怪，规范并不只有单一的外形，例如在《政治论》中。

［55］规范性法则似乎总是表达了一种隐含的价值理论。因此，衡量一个人的品格或行为是否有价值，要看是否合乎指令所阐述的那些价值。因此，一个指令不仅仅是对一种积极价值的肯定，而是要求人的生存指向这种被肯定的价值。在这个意义上，指令是义务性的（obligatory）：它预告了一种积极价值，在特定的环境下，这种价值会得到实现，但它也包含着一个"命令执行者"，以保

证[行为]与价值实际相一致。只要在一个实践行动的那些基本特征上增加一个评价性见解，义务或责任就出现了——正是这种评价使得行动成为规范性的，即道义论的。这正是法律在整个历史中概念化的基本方式，无论是在希伯来的托拉（Torah）、希腊的礼法、罗马的法律，以及后来对自然法的思考中，无论是在廊下派、基督徒、经院哲学家那里，还是早期现代的思想中。

这并不是暗示，自然法则只有道义论上的表达，或者自然法理论只具有客观规范性。它暗示，传统上归于法则的大部分意义，跟规范性意义相比，都是次要的，因为法则要称为法则，必须具有至少一个跟指令有关的特征。因此，甚至自然必然性也可以用法则来描述，虽然只是比喻性的，这要么是因为[法则]所描述的自然倾向是"它所引发行为的准则，要么是因为它的存在是出于造物主的法则"，用苏亚雷兹的话来说①——描述附属于指令。

因此，在自然法的哲学传统中，描述代表着另一个重要向度。在这种第二位的附属意义上，道义论让位于一种科学本体论。由此，法则构成了本质由以解释的表达方式——它们是对存在和存在之产生的描述。因此，法则不仅不优先于存在，而且不要求一种积极价值去实现它们，因为价值不再是某种目标，而正是所描述之物的本性。描述性的法则必然没有隐含的价值理论。此外，不仅是理性的主体，自然中所有被视为存在显现物的现象，都可以通过这些法则加以描述。这种描述性阐述可以让人理解自然中的必然联系，并理解所有自然实体间的具体决定因素。

在斯宾诺莎《神学－政治论》从总体上讨论法则之本性的那章

---

① Francisco Suarez, *De Legibus ac Deo Legislatore*, ed. Luciano Perena, 5 vols, Madrid: Consejo de Investigaciones Científicas, 1971, vol. 1, p. 12.

开头,法则的这两种含义——指令性的与描述性的——全都出现
了。乍看起来,不同于传统的看法,[56]似乎并不存在一种含义比
另一种更优越:

> 法则这个词,在绝对的意义上,是指个体或一切事物,或
> 属于某类的诸多事物,遵一固定的方式而行。这种方式或是
> (vel)由于物理之必然,或是(vel)由于人事的命令而成的。由
> 于物理之必然而成的法则,是物的性质或物的定义的必然结
> 果。由于人的命令而成的法则,说得更正确一点,应该叫做法
> 令,是人们为自己或别人立的,为的是生活更安全,更方便,或
> 与此类似的理由。(《神学－政治论》,第四章,57;[译注]中译
> 本,页65)

在表达法则两种含义的句子中使用"或……或"(vel…vel),似
乎首先表明了如下前提:道义论和本体论这两个领域可以相互替
代。然而,此后不久,道义论的向度在重要性上似乎超过了本体论
向度,就像他之前的那些学者们所强调的那样:

> 法则这个词好像只是由于类推用于自然现象,其普通的
> 意义是指一个命令,人可以遵守或不遵守。(《神学－政治
> 论》,第四章;《全集》第三卷,58;[译注]中译本,页66)

这里似乎根本没有任何斯宾诺莎本人的东西。不过,斯宾诺
莎在这个句子里表示,将[法则的]描述性[意义]附属于指令性[意
义]"好像是""普通"的用法。这清楚表明,他并不是在实际谈论法
则的本身意义或本性,而只是在解释最通常赋予法则的意义,即指
令性的意义。事实上,在更早的时候,他已经非常明确强调了法则

的本体论向度：

> 虽然（quamvis）我完全（absolute）承认万事万物都预先
> 为普遍的自然法则所规定，其存在与运行都有一固定的方式，
> 我仍然（tamen）要说，我方才所提到的法令是基于人事的命
> 令。（《神学－政治论》，第四章，57；《全集》第三卷，58；[译注]
> 中译本，页 66）

虽然一词强调了斯宾诺莎的预测：这些替代性的含义，可能会
对其读者造成疑惑，因为本体论向度可能最终超过了道义论向度
的重要性；[57]完全一词强调，依赖自然必然性的法则具有毫无限
制、无所不包的特性，因而，它们也可以应用到人的身上；仍然一词
表明，斯宾诺莎并不准备放弃法的道义论向度，这一向度是有限
的、排他的，因而只能应用于自然的某一部分。法则的道义论向度
从未真正废止其更重要的本体论向度，而是需要它，但后者却甚至
可能在完全不提及前者的情况下得到完美理解。因此，《神学－政
治论》第四章开头的可相互替代性，只不过是语义学上的假象，因
为本体论向度无所不包，而道义论向度只有作为本体论向度的一
个（可兼容的）分支才能被理解——换句话说，依赖于自然必然性
的法，具有相对于其他所有意义的优先性，这种法也构成了理解
[法的]其他意义的关键。①

---

① Gail Belaief 说，斯宾诺莎的法（lex）概念并不是真的存在一个可选择的替代物，而
　是一个模棱两可的概念，并且，法在类型上主要是规范性的。但她并没有解释《神
　学－政治论》的这些段落。参 Gail Belaief, *Spinoza's Philosophy of Law*, The
　Hague: Mouton, 1971, p. 11. 有趣的是，Wetlesen 把语义学上的优越性归到法的
　指令性向度，而把本体论上的优越性归到法的必然性向度——同时，他降低了斯宾
　诺莎法则的语义学重要性。参 Jon Wetlesen, *The Sage and the Way: Spinoza's
　Ethics of Freedom*, Assen: Van Gorcum, 1979, p. 332.

最终说来,在斯宾诺莎那里,要理解一个指令的规范性表达,必须放在自然必然性的总体背景下,这正是《神学－政治论》随后几章努力要达到的目标,并在《伦理学》的必然本体论中最后完成。尽管如此,这并不意味着可以将斯宾诺莎在自然法领域对自然法则的变革简单归结为,将描述提升到指令之前。斯宾诺莎最终仍然也会主张,描述并不适合他的自然法则概念。为了理解这点,必须首先在斯宾诺莎的必然论中解释指令;继而,必须说明斯宾诺莎的自然必然法则为什么不能单纯是描述性的;只有这样,然后才能理解斯宾诺莎自然法则的真正含义。

指令的架构

跟传统对法则的看法一样,斯宾诺莎也认为,只有表达了要求的某种准则时,指令才是规范性的,也就是说,只有当它是定言令式(imperative)的时候,[它才是规范性的]。然而,这种看法中混杂着多种成分。甚至在斯宾诺莎之前,关于法律强制性的根源,就至少存在两种不同的看法:意志与理性。它们导致了法律意志论(legal voluntarism)与法律理智论(legalintellectualism)之间的争论——这是 19 世纪法律史家提出的两个表达。前者认为,支撑人做出符合法律要求举动的形式动机,是明确的启示,这种启示表现为某个处于权威地位之人的意志命令——奥克肖特(Michael Oakeshott)称之为"以意志代理性"①(是取代[displacement]理性,并不必然要求放弃理性)。[58]另一方面,后者认为,同样的形

---

① Michael Oakeshott, *Hobbes on Civil Association*, Indianapolis: Liberty Fund, 1975, p. 63. 像 Avicebron、John Selden 和早期的 Grotius 这些学者,通常被认为是法律"意志论者"。

式动机是出于一种理性原则，这原则指向那些可认知的既定价值——它是以理性代意志。① 一些学者介于这二者之间，无论是在天主教还是新教传统中：例如，苏亚雷兹认为，法必须反映神之命令的两个基本特征——即，神的审判和神的意志；在霍布斯看来，自然法是理性思考过程的结果，当某个权威人物颁布这些结果时，它们便获得了法律的阐释。

斯宾诺莎自己远离了这些争论。对他来说，指令首先是一个判断性阐释，并通过一个心理过程赋予其强制性。在人际交往过程中，指令获得了规范性地位——道义论领域并非先于本体论出现，而是从其之中产生。从逻辑上讲，对斯宾诺莎来说，指令是一个模态逻辑命题，它通过一个认识论转换过程成为一个道义论逻辑命题，而没有理性或一个超验意志的介入。

"传统自然法理论通常是道义论的"这种观念，似乎隐含在斯宾诺莎对法则的讨论中，因为他认为自然法是法律或道德的宣告，具有六个总体特征，而一般认为，这些特征为自然法和实证法所共享，因为它们同是规范性的。这些特征如下：

> 1. "指令"一词的语源学起源，涉及两种品质：存在某种相关的书写方式；存在某种年代学上的优先观念。从传统来说，书写这个词的词根，拉丁文的 lex，揭示了一种书写倾向的要求，这反映了一种神秘观念，根据这种观念，在原始时代，指令性法律总是刻在石头或金属上。② 然而，在自然法传统中，

---

① 阿奎那或许是最出色的法律"理智论者"。正如他所说，"一个断言是断定某物的理性命令，同样，法律是命令某物的理性命令"。参 Aquinas, *Summa Theologiae*, trans. Fathers of the English Dominican Province, New York: Sheed & Ward, 1988, I–IIth, q. 92, a. 2.

② 关于 lex 起源的语源学讨论，要么追溯到 legere［阅读］，它要求事先应当有某些东西写下来；要么追溯到 elegere［选择］，它要求在遵守或不遵守之间做出选择。

对于法律实际的有形书写——为了让它们发挥效力——并没有要求：重要的倒不是它们必须写在某个地方，而是对它们的阐释，必须用一种经得起时间考验的论证表达。简单地说，必须在一种语言中阐释指令：指令是论证的记号。此外，这些记号在时间上必须先于事物。这种优先观念在两个相互区分的平面之间引入了一种逻辑限制，同时也是一种时间先后上的限制。[59]这两个平面是对秩序（order）的两种不同诠释：一种是完全理性的，且有时是论证式的；另一种完全是事实性、现象性的。正是前者对后者的优先性，使超验上帝的创世观得以产生。对于逻辑上不同的、后发的事物，指令法则建构了其记号。这意味着，指令不可能是对自身的断言，而只能是对某种不同于自身之物的肯定，此物与另一种秩序有关，即行动和现象的秩序。对指令的论证阐释，先于其应用的实质领域——指令支配的是未来。

2. 指令与被规定之物之间的顺序关系，似乎完全是逻辑上的，因为前者是出于本性的论证，后者则是严格事实性的。这意味着，被规定之物的秩序并不必然是论证式的，而主要是属于现象世界。指令的应用领域不是论证，只是可以为一种先验话语所翻译。指令的内容，似乎是以论证的形式对一个事实进行的先验表征。这意味着，这两种秩序间的顺序逻辑受到高度限制，正是基于一种质的差异：一种是完全理性的秩序，另一种是完全经验性的秩序。这种差别足以导致在这种顺序中放弃因果联系。指令是某种外在和后发之物的记号，在性质上指令与这物完全不同，因而，指令不可能是它所预告和支配之物的原因。因此，它不是它所规定之物的原因。因而，如果"不要吃能分辨善恶的知识之树的果子"是绝对命令的话，那么，亚当吃或没吃果子这个事实，就有着超出指令之

外的其他原因,比方说,例如,对惩罚的恐惧,对法律制定者的
爱或尊重,夏娃的劝说,对果子的强烈欲望,等等。

　　3. 由于指令与被规定之物之间的界线是一种性质的差
别,因而,指令[的存在]并不会导致被规定之物的必然存在。
指令所指向的平面,不是对包含在指令内容之中所有事物的
后来写照。总体来说,指令有其自身价值,也就是说,它并不
需要被规定之物的实际结果才能成为指令性宣告——即使在
随后的实际秩序中并没有得到遵守,它也可以被称作规范性
的。① 所以,单纯阐释现实的指令法,并不必然导致被规定之
事的发生。相反,被规定之物可能发生,也可能不发生,可能
存在,也可能不存在,[60]但都不会危及指令的本质。被规定
之物与指令之间区分的质的界线,设定了偶然性作为指令的
应用领域——指令支配的是一个偶然性的世界。指令法要求
遵守或顺从,但并不能保证自己必然被遵守或顺从。指令可
能被遵守、违背,甚或被扭曲。在道义论逻辑中,这个特征通
常称为"不稳定原则"(principle of precariousness)。②

---

① 有关这种规范性法则的普遍看法,斯堪的纳维亚(Scandinavian)的法律现实主义是一
　 个例外,他们区分了"规范是什么"与"规范的有效状态"。例如,Alf Ross 说,规范是
　 "一个指令,它以下面这种方式对应着某些社会事实,即,规范中表达的行为模式
　 (1)基本为社会成员所遵循,(2)社会成员将这种模式视为一种约束"。参 Alf Ross,
　 Directives and Norms, London: Routledge, 1968, p. 93. Ross 将经验标准插入了这
　 个规范概念中,这意味着,所有规范都内在有效,而只有当它们被遵守时,它们才能成
　 为规范。如下所见,在法的看法上,斯宾诺莎和 Ross 的看法有相似之处,因为他们似
　 乎都拒绝区分法的观念与法的有效性观念。然而,Ross 的极端经验主义确实提出了
　 一个在传统观念和斯宾诺莎那里都没有提出的问题:如果仅仅在被遵守的时候,规范
　 才是指令性的,而只有在指令的现实表达之后,这种遵守才能被观察到,那么,这些规
　 范的指令性究竟如何体现? Ross 的规范似乎根本不像是规范(这种规范的目标是引
　 起或驱动某些行为),而是描述性法则,没有给任何现实的道义论留下空间。
② 指令中内在着相继存在的偶然性,这就是为什么拉丁词 lex 的词源也可以追溯到
　 eligere[选择]的原因。Cicero, *On the Laws*, ed. Clinton Walker Keyes, Cam-
　 bridge: Harvard University Press, 1970, vol. 1, 5, 316.

4. 被规定之物必须能够(或者被制造)存在,即使它尚未存在;如果它存在或发生了,(此时)其原因也必定是某种偶然之物。换句话说,由于指令设想被规定之物是会发生的东西,它会尽可能地设想偶然性事实。连续的可能性也体现在指令的本质中——指令的内容存在于那些能够发生的事物和行为中。道义论的规定绝不会指向不可能发生之物。

5. 指令总是一个含蓄的评价性陈述,或是对一种积极价值的肯定,也就是说,指令赋予了所有被规定之物一种积极价值。这也同样发生在行为指令中,不管这些指令是在阐释命令还是禁令(因为两者都是对一种善的论证性表达,这种善要么是被赋予的,要么是受到保护的),并发生在被赋予力量的指令中(这种指令蕴含的价值是创造新原则的现实能力)。在这个意义上,指令拥有一种**内在的**评价确定性,没有这种确定性,道义论领域就缺乏合理的基础。指令是对一种特定逻辑的先行肯定——它需要后续内容,这意味着,只有预告了后来产生的积极价值,它才在规范性上具有正当性(并具有价值)。因此,指令只有在设定了某种被规定的价值时,才具有道义论宣告的价值(并且才有**正当性**)。这意味着它总是一种肯定性的评价——即使是在一种否定性规定,即表达不应当做什么的时候——因为它涉及对何者为善的一种标记,值得后来的事实世界去追求:它是一种得到阐释的**意见(doxa)**。[①] 这种判断品格使随后的善或价值得以建立。

6. 由于指令所预测的偶然事实有可能发生,因此,这事实的对立面也同样可能发生,而且,如果其对立面存在,那必

---

① 斯宾诺莎有时候也把指令说成是 dogmata[信条],例如,参《伦理学》第五部分,命题十,附释。

然导致所规定之善不存在，因为相互对立的两个东西在逻辑上自相矛盾。为了减少所规定之善无效的情况，规范性指令暗中取消了其所设定之偶性善的对立面。[61]结果，对于其所设定价值的对立面，指令同样也暗中毫无理由地加以否定——它包含着拒斥所规定之善的对立物。换句话说，它拒斥恶，也就是说，它认定，善或价值需要遵守，其对立面则要加以避免。

简单地概括：优先性；非因果性；偶然性；可能性；施加善；拒斥恶。不过，这些特征仍然不足以产生义务——还缺少一些东西。一些自然法理论认为，缺少的是权威意志（法律意志论），另一些认为是理性（法律理智论），还有一些认为两者都缺少（例如，奥卡姆、苏亚雷兹和霍布斯）。在第一种情形中，确立价值的命令执行者，必定是某个人意志的表达，因为某个人被视为具有发布命令的合法地位，而其合法性的获得，可能来自几个外在于道义论宣告的不同标准，比如多数人或垄断的力量，神圣的自然，政治和法律权威，超凡魅力（charisma），或者宗教特权。在第二种情形中，命令执行者确定一种价值，是根据人类的理性，就此而言，理性应当显现在人类每天的生活中。在第三种情形中，命令执行者只是在前两种假设同时得到满足时，才能确定实际的义务。

对斯宾诺莎来说，这三种假设全都没有价值。确立义务所缺少的东西，完全是其他的东西。他接受说，这六个特征内在于指令之中，但他似乎也相信，这些特征将指令束缚在一个非常简略的自然表达中。总起来说，它们缺少强制性。为了获得这种强制性，指令必须经历一个过程，这过程既不同于传统意志论的看法，也不同于理智论的主张。当然，指令应当保持那六个基本特征。用斯宾诺莎自己的话来说：

> ［法］其普通的意义是指一个命令，人可以遵守或不遵守，因为它约束人性，不使超出一定的界限，这种界限较人性天然的范围为狭，所以在人力所及以外，并没有规定。所以，详细说来，法是"人给自己或别人为某一目的立下的一个方案"。（《神学－政治论》，第四章,58;［译注］中译本,页66）

因此，指令法则包含着所规定之物的偶然性，与事实之间的关联非因果关系（"人可以遵守或不遵守"），[62]拒斥所规定之善的对立面（"它约束人性，不使超出一定的界限，这种界限较人性天然的范围为狭"），所规定之物具有可能性（"在人力所及以外，并没有规定"），法先于被规定的事实（"人给自己或别人立下的"），以及，对某种目标善内在的评价确定性（"为某一目的"）。然而，这些特征并没有构成一个命令式陈述，因为它们之中没有一个会立刻导致命令这个现实概念，全加在一起也不会，它们只不过是一个论证性的模态逻辑。甚至指令的内在确定性，也不必然构成道义论式的执行，因为肯定一种积极价值并不完全等同于，要求与这种价值永远保持一致。要将模态逻辑陈述（x是必要的）转换为道义论逻辑陈述（x应当被做），仍然缺少某种东西。而斯宾诺莎的决定论本体论将会说明，所缺少的既非某人的意志，也不是必要的理性观念。

他的论证应当这样来理解：

对斯宾诺莎来说，任何事物从其自身来看，都可以说是圆满的，因为它们是真实的——如果表达了更多的实在性，它就更加圆满，而如果表达了更少的实在性，它就更不圆满。如果至少在某种最低程度上，一切事物都可以认为是真实的，那同样可以认为，至少在某种最低程度上,所有事物都是圆满的,因为实在性和圆满性是同一的(《伦理学》第二部分,界说六)。最终而言,由于实在性的表达有不同程度,那同样,自然圆满性的表达也有不同程度,而某物被称为圆满或不圆满,只是因为它可以跟某些相对更不圆满或更加圆满的东西进行比较。因而,圆满和不圆满只是相对概念,或者"只是思想的样式,这就是说,只是我们习于将同种的或同类的个体事物,彼此加以比较,而形成的概念"(《伦理学》,第四部分,序言;[译注]中译本,页168)。

然而,作为一个独特的自我生产实体,神是无所不包的实在,因此,神不可比较,这意味着可以有充分理由认为,神绝对圆满——是最高的圆满性,而不仅仅是思想的样式,因为不能把任何不圆满归给神(《伦理学》第一部分,命题三十三,附释)。由于"一切存在的东西,都存在于神之内,没有神就不能有任何东西存在,也不能有任何东西被认识"(《伦理学》第一部分,命题十五),事物的实在性便是对神之实在性某个特定程度的参与性表达。此外,神只按照合乎其本性的法则而行动(《伦理学》第一部分,命题十七),这就包含了神之本性的必然性,从种种必然性出发,无限多的事物在无限多的方式下都必定推得出来(《伦理学》第一部分,命题十六)。这意味着,所有存在之物,所有可认识之物,都是神之本性的必然结果,它们除了从神之本性的必然性中产生之外,不能以其他方式存在或被认识(《伦理学》第一部分,命题三十三)。[63]神是所有事物的致动因(《伦理学》第一部分,命题十六,绎理一),并必然产生它们:

> 因为未有不从自然的致动因的必然性而出,而可以构成任何事物的本性的,而且无论任何事物,只要是从自然的致动因之必然性而出的,就必然会发生。(《伦理学》,第四部分,序

言；[译注]中译本，页 168-169)①

　　如果所有存在之物和可认识之物都必然出自神，那么，所有事物的本质、存在和概念也都必然出自神，无论它们的起源还是持续性。由于在神那里没有任何不圆满和易变性，神的一切法令都是必要的(《伦理学》第一部分，命题三十三，附释二)。这必然导致说，在自然中实际上没有什么东西是偶然的，因为从神所出的东西没有可以按其他方式产生的，一切都是神的结果，甚至于如果尚未在自然的无限理智中具体化，就连有关非存在物本质的样式都无法建立起来。因此，"自然中没有任何偶然的东西，反之一切事物都受神的本性的必然性所决定而以一定方式存在和动作"(《伦理学》第一部分，命题二十九)。

　　根据纳德勒(Steven Nadler)的看法，在斯宾诺莎那里，偶然性是一个含糊的说法。② 对偶然性的定义，在斯宾诺莎的作品中一直没变，主要指尚未确定或没有原因之物：《神、人及其幸福简论》(KV)，I/6，§§2-3；《形而上学思想》(CM)，I/3；《伦理学》第一部分，命题三十三，附释一。然而，在《伦理学》第四部分，这个定义似乎完全不同：

───────────────

① 　关于神的自因和斯宾诺莎的必然论，我的解释延伸到了传统的极端：一方面，我接
　　受神完全等同于自然整体(Deus sive Natura)，不管它是作为全部原因(all-causing)
　　的自然(Natura naturans)，还是作为全部结果(all-caused)的自然(Natura naturata)
　　(相反的看法，参 Edwin Curley, *Spinoza's Metaphysics: An essay in interpretation*,
　　Cambridge: Harvard University Press, 1969, pp. 59-61; *Behind the Geometrical
　　Method: A Reading of Spinoza's "Ethics"*, Princeton: Princeton University Press,
　　1988, pp. 42-47)。另一方面，我在绝对意义上理解斯宾诺莎的必然论，我认为他
　　的决定论没有给偶然性或变通性留下余地——在这个问题上，我倾向于接受 Gar-
　　rett 的看法，Don Garrett, "Spinoza's Necessitarianism", in Yirmiyahu Yovel (ed.),
　　God and Nature: Spinoza's Metaphysics, Leiden: Brill, 1991, pp. 191-218。

② 　参 Steven Nadler, *Spinoza's* Ethics. *An Introduction*, Cambridge: Cambridge Uni-
　　versity Press, 2006, pp. 105-106。

> 我称个体事物为偶然的,是指当我们单独考察它的本质时,我们不
> 能发现任何东西必然肯定它的存在,或者必然排斥它的存在而言。(《伦
> 理学》第四部分,界说三;[译注]参中译本,页170)

纳德勒从这里得出结论说,斯宾诺莎的本体论实在体系,排除了先前几
个对偶然性的定义,而不是后面那个定义,因此,存在着某种跟斯宾诺莎本体
论必然论相符的偶然性。不过我认为,处理《伦理学》第四部分界说三的方式
应当特别小心。一方面,这是因为它实际上是对个体事物本质的定义,而不
是对偶然性自身本性的定义,偶然性在这里只是名义上出现。另一方面是因
为,即使那些称为偶然的个体事物之本质(之所以称之为偶然的,是因为它们
的本质既没有肯定也没有排斥它们自身的存在与否),也至少在神的永恒之
中必然存在,因为它们是神之永恒必然性的表达。这意味着,只有在时间中
才能衡量偶然性(《伦理学》第二部分,命题三十一,绎理),这正如斯宾诺莎在
《书信集》中第12封信中清楚表明的,只是一种"思想样式",而不是某种客观
实在的东西。《伦理学》第四部分中的偶然性似乎不像一个表达实在的概念,
而是语义学的附属物,附属于《伦理学》那个最实用的论证。

尽管如此,斯宾诺莎承认,经验证明人类总是坚持认为,有限
之物构成的无限世界,是一个由偶然性和可能性构成的世界。因
此,大多数人根本没有理解神的必然秩序——人类在这种秩序中
的参与,是作为真正的参与性实体或生产方式。至于个别事物,这
里暗示,人类发现很难理解发生在所有单个事物生产中的必然因
果联结。如果一切事物都属于那个有限之物的无限世界,在那个
世界中,每个事物都由另一样事物引起,而这另一样事物同样也由
其他事物引起,以至无穷,而大部分人的理解力不仅不足以确定某
物的因果联系,也不足以把握那物的准确原因,于是,人类就认为
它们并不必然由其他原因引起。他们无视什么产生了什么(根据
《伦理学》第一部分[命题三十三,附释]和第四部分[界说四],可能

性正是如此),也不顾是什么决定了个体本质的存在或不存在(根据《伦理学》第二部分[命题三十一,绎理],偶然性就是这样)。因此,在必然性的自然本体论中,可能性和偶然性只不过是人类理解力的不足和漏洞,而不是自然实在性的实际特征(《形而上学思想》,I/3)。

理解力的漏洞是无知,也就是说,缺乏对于事物是什么及它们能够成为什么的知识。在知识领域发现的这些无底洞,被称为怀疑。[64]如果疑虑从现存世界中消失,那事物之间的因果联系就会变得更清楚,而在这种因果联结中出现的结果,成了斯宾诺莎称之为"快乐"(laetitia)或"痛苦"(tristitia)的对象。毫无疑问,结果的必然性,肯定会让人要么产生"信心"和安全(securitas)的情感(如果它来自快乐),要么产生绝望感(desperatio)(如果它来自痛苦)。另一方面,如果某物被视为快乐或痛苦的对象,而此物的必然因果联系并没有得到理解,那就会产生怀疑。怀疑意味着快乐或痛苦失去了确定性,它们变得变化无常。如果这种情况发生,斯宾诺莎说,我们就得到了"希望"(spes)和"恐惧"(metus)的情感(《伦理学》第三部分,命题十八,附释二)。因此,在从信心和绝望走向希望和恐惧的道路上,怀疑是关键因素——无论何时,只要情感观念很确定,就会产生有信心的安全感或绝望感;如果这种情感观念有怀疑,就会产生希望或恐惧。怀疑引起了希望和恐惧的情感。

例如,如果某种善被认为增加了人的力量,但不知道原因,那实际上就存在快乐。然而,这种善却靠不住,这意思是,内在于这种表征的快乐极不稳定——它实际上是希望,而不是信心或安全。但是,由于"当一个人徘徊于希望中,并怀疑某一事物的前途时,总是想象某种足以排斥那未来的事物的存在的东西","在这样的情形下,他不免感觉痛苦。所以当他徘徊于希望中时,他恐惧着他所想望的事物不会实现"（《伦理学》第三部分，"情绪的界说"13，说明），因而，希望和恐惧是孪生情感，它们的母体是怀疑——不安全和不稳定是它们的必然产物。

然而，恐惧虽然与希望有着反方向的关联，但总是一个让人无力的幽灵，要做出被认为是有用的、好的行为，它永远是一个阻碍。因此，所有人都在用自己的方式努力去彻底根除恐惧，随后获得信心和安全。正如斯宾诺莎明确所说，"人人都想竭力安全地生活着，不为恐惧所袭"（《神学－政治论》第十六章，197；[译注] 中译本，页 214）。如果怀疑产生了希望和恐惧，而这两者总是形影不离，并且，如果绝望是极端的无力感，是所能达到的最大痛苦，那么，要根除恐惧，只能靠更强大的信心感和安全感，而这反过来又需要消除怀疑。希望并不消除恐惧，因为它是恐惧的孪生情感，而斯宾诺莎总是声称，一种情感只能被另一种最强大、最相反的情感所取代，而不是被理性所取代。因此，与恐惧相对的情感只能是安全感。

为了克服恐惧，必须用某种方式填平知识领域的那些无底洞。[65] 然而，如果人类理解力不足以充分理解自然生产中展现的整个因果联系，而这会让事物呈现为偶然的、可能的，那么，这种理解力在类型上就不可能是理性的。斯宾诺莎区分了知识的三种发展类型：想象，设想不充分的观念；理性，形成充分的观念，通过他所谓的共同概念；以及直观知识，从永恒的角度出发产生充分观念（《伦理学》第二部分，命题四十，附释二）。理性和直观知识，由于专门处理自然的充分观念，总认为事物是必然的（《伦理学》第二部分，命题四十四）。如果事物表现为偶然的、可能的，那这只可能是人类想象和人类情感的产物，而这意味着填补那些怀疑的，不是理性的织物，而是想象的织物——因为，如果人类在这个问题上能够运用理性，那起初就不会有需要填补的怀疑。在我们通向理解斯宾诺莎哲学中指令及其特征的这条道路上,法律理智论似乎已经逐渐消失。

那些只通过想象去认识的人,不可能理解自然中运行的必然因果联结,因此,他们设想出了偶然性和可能性的概念,以描述他们在个别事物和事实的世界所见到发生的事情。偶然性和可能性表明了对自然因果联结的怀疑。由于怀疑是不安全的标志,要消除怀疑,只有向偶然性和可能性世界插入一种连续性观念,这种观念是仿效或复制因果关系的连续性——也就是说,向世界插入某种设想的必然性观念。事实依然是,对于通过想象认识世界的人来说,他所生活的偶然性和可能性世界,是一个不可预料结果的世界。对于这样的人来说,所有事情都可能发生,或者不发生,而这种不确定必然导致不安全感。为了克服这种不安全感,人类力图把他所知的不可预料的东西转变成某种可预测的东西;也就是说,他试图设想一种新的类因果关系(as-if-causality)概念,使他在一个必然性的衍推关系中,可以理解某个尚未发生的特定结果。这样,他考虑到了一个与不可预测性正相对立的秩序,这秩序优先于不可预测性:规范和指令法则的秩序。

在这个意义上,指令是使无序(或混乱)的东西变得有序(或有条理)的那些机制,也就是说,它们是结构性的宣告,肯定了每样东西都确切无疑地属于一个特定位置。借着规定(prescribing),它们可以预测某样事物。然而,由于可预测性本身并非事物的原因,[66]指令还不是可以彻底根除偶然性和可能性的必然概念。事实上,它们无法这样做;否则的话,它们起初就不会是指令。它们所能做的,最多只是揭示出,在不可预测之物的世界中什么东西应当成为必然。在斯宾诺莎哲学中,通过要求人类所想象之善——在一个他相信是由偶然性和可能性构成的世界——拥有必然性,指令获得了一种道义论品格。因此,通过消除不安全而努力达到稳定、确定和安全,人类的想象制造出了绝对命令,在理性的光照下,这种命令只不过是揭示了神的必然因果联系。指令表现为,对某种据信是偶然、可能之物必然性的想象式要求。这意味着它们不仅是对一种积极价值的描述,或纯粹是对其偶然性对手的否定,而主要是坚持认为,偶然性的积极价值需要转变为必然性的积极价值。

对斯宾诺莎来说,责任(duty)是想象出来的观念,它设想了把某种据信是偶然、可能之物转变为必然之物的效用——责任概念是对这种效用的阐明,采取的形式是,对一个据信是由偶然性所构成世界之必然性进行叙述。对斯宾诺莎而言,道义论领域是想象的反射动作:对于本体论上的必然之物,人类表现得很困惑,因为他们不懂得自然必然性,并因此称之为偶然的;接着,他们认为后者是不安全的根源,需要加以克服,通过要求一种预先设想的善具有必然性。①

在跟布林堡(Blyenbergh)的通信中(书信,第18-24封),斯宾诺莎费了很大力气试图解释关于"神的永恒真理不可能具有诫命形式"这个事实,他在《神学-政治论》第四章对此只是很粗略地论述。为此,他用了圣经伊甸园中的亚当和夏娃做类比。对斯宾诺莎来说,神向亚当启示了一个必然因果序列背后的那些真理:保持身体稳定对亚当是好的,而任何身体的不稳定对亚当都是不好的;在伊甸园中,有一些东西的身体构造与亚当的身体构造相冲突,这意味着,如果亚当吸取了那些东西进入自己的身体,他就要忍受身体的不稳定;善恶知识树上的果子即是那样一种东西;最后,如果亚当吃了善恶知识树上的果子,他就会必然承受身体的不稳定,并

---

① 根据这个诠释,处罚只是在指令那里发现的后发非本质特征,而不是正当道义论主张的必要条件(sine qua non conditions)。

因此经历某种对他不好的东西。①

　　这大概是德勒兹对斯宾诺莎与布林堡通信中谈到的原罪的解释,德勒兹称这封信为"恶之信函"。然而,德勒兹没能解释,神只是给了亚当一些描述性的说法,亚当如何把这些说法解释成指令(按斯宾诺莎的说法)——这或许是因为德勒兹只是借助了斯宾诺莎的书信,而没有处理斯宾诺莎《伦理学》中的必然本体论。我相信我对想象介入的诠释,解释了亚当如何把这些描述性说法转换为道义论表述。

　　然而,在对神这些启示的理解中,亚当混乱的理解力和"他知识的缺乏"(defectum cognitionis,《神学-政治论》第四章,63)导致他认为,[67]那些启示是神所颁布的必然命令,为的是不让他做某些可以做的事情。这种错误解释认为,描述性因果联系在形式上表现为必然性的要求,这种要求来自某位统治者的"喜好和绝对命令"(《神学-政治论》第四章,63)——这是一种想象式的法律意志论——在斯宾诺莎看来,这种错误解释非常类似于那些先知的想象式表达,他们并没有理解上帝启示背后的真理。这就是为什么斯宾诺莎说,那些理解神之必然性如何在自我生产中运作的人——他称那些人为哲人——他们"超出法律之上"(supra legem)(第十九封信,810),也就是说,超越了指令,因为他们可以理性地理解事物,并不需要想象的巧计。

　　对斯宾诺莎来说,指令意义上的传统自然法只不过人类激情诱发的巧计,是人类想象的产物,为的是填补由于缺乏知识所容易引起的不安全感和绝望感。人类想象认为,他们生活在一个充满偶然性和可能性的世界,这两者是不安全感的强大根源,因此,他

---

① 参 Gilles Deleuze, *Spinoza. Practical Philosophy*, trans. R. Hurley, San Francisco: City Lights, 1988, pp. 30–43[译注:中译本参《斯宾诺莎的实践哲学》,冯炳昆译,北京:商务印书馆,2004]。

们想出了必然性要求，为的是约束自己，并由此产生社会的安定。① 斯宾诺莎与二元论（dualism）及神学超越论（theological transcendentalism）的决裂，必然导致他的"神或自然"不能被视为一位立法者，这就意味着，过去用以解释自然法的任何自然意志论全都不值得考虑。同样，理性建构也没有给偶然性和可能性留下空间，而只给必然性和确定性留下了空间，这表明，任何类型的自然理智论，都无法用一种道义论方式进行表达。责任只是想象性的——它们提到权威意志或人类理性，只不过是想象由以为自己制造律令进行辩护的工具。

从指令到铭刻

斯宾诺莎认为，由于指令通过想象活动产生，看起来并不能成为自然实在性的充分表达，它们也因此类似于实体领域的一种替代物。要理解内在于个体事物之中的真理，并不必然需要它们。然而，尽管道义论与自然实在性之间存在断裂，但斯宾诺莎既不打算把道义论表达贬低到［跟自然实在］完全无关的地步，也不准备维持它们所受人类社会性的压制。相反，他并不打算从自己的体系中抹除法则的道义论向度，［68］而是打算在自然必然性的整个

---

① Étienne Balibar 说，指令在斯宾诺莎哲学中有三个要素：阐明（肯定某种东西），实际指令（对某物的道义论肯定），以及他所谓的合法性叙事，即，将指令整合到具体的文化和历史语境，在这种语境下建立某种政治权力。参 Étienne Balibar, "*Jus-Pactum-Lex*: On the Constitution of the Subject in the *Theologico-Political Trea-tise*", in Warren Montag and Ted Stolze（ed.）, *The New Spinoza*, Minneapolis: University of Minnesota Press, 1997a, pp. 171 – 206。Balibar 认为，指令只有放入一种国家和政治语境中，才能得到充分理解，我相信这个说法非常正确。因此，斯宾诺莎自然法则的真正意义，只有在一个国家-政治的实例中才能完全确立，这在第五章中会进一步讨论。

本体论秩序中去解释这一向度。

不过,他调和法之本体论与道义论的企图,要对休谟有关是命题(is-propositions)与应当命题(ought-propositions)之间逻辑鸿沟的批评负责,根据休谟的看法,从前者并不能推演出后者。然而,无论休谟的观察实际上多么理性,在这个问题上,他跟斯宾诺莎之间似乎有一个共同之处。斯宾诺莎认为,指令法则只是人类想象的反射动作,因而,它们并不存在于原因和结果的必然世界中——它们本身并非具有本体论比重的真实因素。在描述性命题和指令性命题之间,既没有一致性,也不存在逻辑上的衍推关系,反之亦然,似乎是与应当都是对于自然实在的平等表达。但这并不意味着,指令法则不能被理解为那些事物的生产过程,即,处于那个本体论意味十足的自然世界之中的那些事物。因为,如果道义论领域完全是想象式的,而这种想象体现在一个真实的存在因素(人)身上,那么,人的实在性与存在性就必然产生一种对指令的中介需要。同样的推理,也可以在休谟自己对是-应当问题的解决中发现:应当陈述不是简单地用自然实在进行淡化,而是从自然实在中逐步形成,也就是说,从人的情绪和情感条件中形成,在此情形中,人们甚至可以谈论道德(Morality)。①

对斯宾诺莎来说,对实在的想象式复现(representation)是混乱、残缺的,其基础是不充分的知识。然而,它们仍然是一种知识——它们不是单纯地吸收谬误,或是进行虚假描绘,实际上,在

---

① David Hume, *A Treatise of Human Nature*, ed. David Fate Norton and Mary J. Norton, 2 vols, Oxford: Oxford University Press, 2007, vol. 1, Bk. III, ch. II, section 5, p. 332。用 LeBuffe 的话说,"斯宾诺莎对本性的论述……并不缺乏应当",因为事物的价值属性是斯宾诺莎自然论述的相关部分。参 Michael LeBuffe, *From Bondage to Freedom. Spinoza on Human Excellence*, New York: Oxford University Press, 2010, p. 165。

它们中包含着某些真理性的东西。在斯宾诺莎的认识论中不可能发现严格意义上的谬误理论（theory of error），原因就在于，他似乎总是谈及知识和真理的不同程度。如果大部分人仅仅是通过想象及其指令性表达去理解自然秩序的话，那么，他们这样做并非出于自由的愿望，而只是由于当下的知识局限，他们无法用其他方式去理解自然秩序。

此外，想象是认知过程，通过这个过程，对于那些如在面前影响人类身体的物体，人类心灵得以理解有关它们的观念。它是一个复现，既不肯定那些物体的本性，也不断言有关它们的相应观念（《伦理学》第二部分，命题十七，附释）。只有当另一种情感引导人类心灵认识到，有关那些外在物体的观念并不存在，此时，这种复现才会停止，而不是靠人类心灵获得有关那些物体本性的正确（理性）知识。[69]想象的产生，不仅是因为对自然因果次序的无知，而且因为人类身体对其他物体本质的一种情感经验。斯宾诺莎用了笛卡尔的太阳例子来解释这个论证：我们想象太阳与我们如此接近，并不是因为我们不知道它的真正距离，而是因为我们身体自身所受的影响，而我们的身体在经验中即包含有太阳的本质（《伦理学》第二部分，命题三十五；《伦理学》第四部分，命题一，附释）。当人类身体受其他物体影响时，理智以影像的形式复现了那些物体的观念，这必然导致，离开了最低限度的想象认知训练，就不可能理解人类的持久存在。

因此，即使那些"超出法律之上"的智者，那些理解了自然秩序中因果联结的人，也没有完全彻底根除想象的影响。在太阳的例子中，智者对太阳真正距离的知识，并不足以消除对太阳与我们接近的想象，而只能消除认为这种想象为真的谬误。智者懂得如何处理这些想象，并且完全明白这些想象在何种方式上是必要的。如果剥夺大部分人的想象，夺去他们设想道义论[概念]——他们这样做,是为了阻止自己对本体的错误看法——的机能,那么,他们将成为恐惧麻痹下的奴隶。他们就完全不能获得力量,无法在跟外部世界的联系中充分表现神。斯宾诺莎的智者明白这点——他不仅不拒绝指令的必要性,而且将之视为受情感支配之人获得安全感的必要条件,并借此承认了其用处。

用斯宾诺莎的话来说:

> 说到事物的实际上的协调同连结,也就是事物的构成和接连,我们显然是一无所知。所以,认为事物是偶然的(possibiles)对于处世是有益的,而且对于我们是必要的(necesse)。(《神学－政治论》第四章,58;[译注]中译本,页66)

要克服由于对事物实际因果联结的无知所带来的危险后果,指令——这里是在偶然性和可能性的范畴中提到——是有效的手段(构想出指令比消除它们更好)。此外,它们是想象式复现固有的东西,来自人类的情感状态(这就是必须构想它们的原因),而这是所有人的生存经验中都会发生的状况(由此提到实用目的)。[70]因为尽管理智对所有人来说是共同的、可达到的,但实际上只有一部分人可以理性地认知,而只要人持续生存着,情感就是其必然产物。在《伦理学》中,斯宾诺莎清楚说道:

> 所以只要我们对于我们的情感还缺乏完备的知识时,我们最好是定立一个正确的生活指针(rectam vivendi rationem)或确定的生活信条(dogmata),谨记勿忘,不断地应用它们来处理日常生活中发生的特殊事故,这样庶可使我们的想象力受到这些指针和信条的深刻影响,感到它们随时均在心

目中。(《伦理学》第五部分,命题十,附释,着重号为引者所加;[译注]中译本,页246)

对那些尚未充分理解自己情感,仍对想象采取强烈反射性用法的人来说,信条(dogmata)的建立是确保一个好的、正确的生活(rectam vivendi)之最好方式。在可以称之为斯宾诺莎的道德理智论与其想象式指令这个概念之间,确实存在反差。不过,在从束缚走向自由的伦理之途上,指令似乎仍然发挥着重要作用,不管是作为富于想象之人依理智生活的辅助工具(原因在于,对于什么应当被称为必然的指令性意象,在理智对自然中必然之物的断定中可能再次出现,而这必然导致合理地行动[即由想象诱发,去做理智确定的必然之事]与理性地行动[即,由必然的充分观念诱发去行动]之间存在差别),还是通过为理性之人建立安全的社会条件,以推进他们的理智论,使其免受那些忧虑和恐惧所导致的持续威胁。

然而,在其道德哲学的语境下,斯宾诺莎的价值理论主要是理智论。在规范性道德传统中,正义通常被视为诸价值的其中之一,如果不是最重要价值的话——若因为这个事实而把正义视为这些价值的其中之一,那么,在斯宾诺莎那里,正义就不可能通过义务和责任而完全实现。斯宾诺莎不是一个道义论者,尽管自然法传统的绝大部分在概念上都是道义论的。他的指令不是真正的自然法则,而只是人类依据自然的现实法则而形成的对自然的不充分概念。

在自然法传统中,指令通常是对内在善之物的论证式描述——它们是确定那种善的那些命题,是一个特定品格模式对所有人的固化。于是,规定的善被称为正义,它的反面被称为不义,[71]不管指令的直接来源是什么——不管是人的自然本性,还是整个自然的圆满性,抑或是自然理智。无论哪种情形,指令都是对正义的诚命,并因此可以纳入法的概念中。这恰是格劳秀斯所做的,他确立了一个法的三维定义:不义的反面;正义的指令;人类践行正义的道德品格。[①]

斯宾诺莎的写作主要受霍布斯概念的影响,而霍布斯的自然法理论,继承了图学派(Tew Circle)——尤其是从迪格斯(Dudley Digges)和泰勒(Jeremy Taylor)的作品那里——有关权利(施展或克制个人力量,目的是自我保全)与法则(正义的理性表达,这种正义如果是由公民权威确立,那就完全合法)的对立思想。在霍布斯那里,不同于格劳秀斯的看法,权利、法则和正义这些概念相互独立、接续产生,而指令是同时施加于自然权利和正义的具体表达之上的限制。结果,在一种法律意志论中,对于事物本质及事物现实外在关系的所有描述性命题,都只能比喻性地称之为"自然法则"(natural laws),它们绝无法纳入霍布斯的自然法概念中。[②]

这是因为,无论在格劳秀斯还是在霍布斯那里,法则在指称自然时都有两种不同含义:一种是原初的指令性意义,一种是描述性的意义。后者只是在比喻性意义上构成了法则,因为它可以由一位

---

① Hugo Grotius, *De Jure Belli ac Pacis*, vol. II, trans. Francis W. Kelsey, Oxford: Clarendon Press, 1925, Bk. I, ch. I, pp. 33–50. Richard Tuck 不断强调,只有存在先天可证实的自然权利时,格劳秀斯的指令才能构成自然法。确实,格劳秀斯的自然权利是一些能力,这些能力跟对有助于保存生命的东西的原初辨识相关联(很像廊下派的 oikeiosis[合乎本性]),并跟人类对社会联合的本能渴望相关联(格劳秀斯在《战争法权与和平法权》的前言中称之为社会欲望[appetitus societatis])。不过,它们也涉及对自然法中其他存在物的感知。仅仅对有助于保存自身之物的原初辨识,还不是格劳秀斯式的自然权利,因为对格劳秀斯来说,权利[正当]是能够做跟不义相反之行为的个人道德品质。因此,格劳秀斯有关法的三维意义是同时的。进一步的讨论,参 Andre Santos Campos, "Grotius's Interdisciplinarity between Law and Political Philosophy", 2009。

② Thomas Hobbes, *Leviathan*, *EW*, ch. XIV, pp. 116–117; ch. XV, p. 147.

超验的自然造物主用一种道义论形式进行表达，这种表达借由"现存的即是应存的"(there ought to be what heretofore is)这类道义论命题构造了本体论秩序。在这种非指令性的意义上，格劳秀斯和霍布斯都同样代表着法律意志论，而跟他们在指令性模式中采取的法律理智论（就像格劳秀斯在其晚期作品中所做的假设论证那样）相反。然而，除了格劳秀斯和霍布斯，早期现代对理性的不断解放，似乎也引发了这样一种对自然的理解，即，不是将其理解为超验上帝瞬间或连续意志的反映，而是理解为施加于神身上的特定理性模式。自然科学在早期现代的发展，代表着现代宇宙论为了从神学的束缚中解放出来而进行的斗争，这意味着自然科学在方法上吸收了格劳秀斯的假设论证。借着这种解放，现代自然科学开始在一种原初的描述意义上使用"自然法则"这个说法。因此，法律理智论也出现在了科学语言中。在一种自然语境中，不再有法律的原初意义和第二意义这种分别，[72]而是同等价值的两种不同意义，它们分别用于不同语境：一种直接指涉自然法的指令意义，要么客观地整合自然法（像格劳秀斯那样），要么将自然法限制在有利于和平的范围内（像霍布斯那样），这种含义只适用于人类；一种描述意义，直接指涉的是从未真正与自然法发生关联的现代自然科学，要么列举某些已存之物那里所出现常量的持久性，要么确立自然整体中各部分之间的一般因果关系，这种含义适用于所有自然物。

　　相反，斯宾诺莎认为，自然法由每个个体事物本性的法则构成，并与其力量的范围相同。自然法标志着一切有力量的存在。自然法的说法，必定表达着力量的呈现。这必将导致，在构成斯宾诺莎理论的个体性－合法性－力量这个三维结合中，很可能正是在合法性这个要点上，斯宾诺莎背离了格劳秀斯和霍布斯。一方面，斯宾诺莎背离了霍布斯，因为他没有区分权利和法则——后者和前者，就像格劳秀斯那里一样，根本不是相互对立，而似乎是相一致的。另一方面,不同于格劳秀斯,斯宾诺莎自然法理论中的法则,不具有规范指令的形式,因为这些指令是想象的构建,因此不能真的认为它们内在于每个物体的本质或本性中。实际上,斯宾诺莎经常把指称个体事物的本性(nature)概念,等同于指称同样个体事物的本质(essence)概念。因此,"每个个体事物本性的法则"(《神学政治论》第十六章)这个表达,提出了有别于个体物之存在的东西——完全没有道义论指涉的本体之独特品质。

乍看起来,斯宾诺莎的自然法在表达上似乎描述性多过指令性。但这并不意味着,想象式的指令可以完全变成格劳秀斯所谓的自愿法(voluntary laws),以及霍布斯的公民法(civil laws)——也就是说,变成跟自然法领域相对立的实证法领域。原因在于,一个指令不是某种不自然(unnatural)、反自然(anti-natural)抑或非自然(a-natural)的东西——根据预期,指令应当从那些个体事物的现存状态中产生,这些个体事物表达着神的本质力量,并具有想象的能力。经验表明,人类总是过着一种社会性的生活(《政治论》第一章,第七节),与此相似,同样可以很容易地表明,人类的生活总是需要指令。指令不是对神之力量的实际表达,因为它们并不具有自身的实在性,而且没有整合任何特定的事物本性,但虽然如此,对指令的理解,是从那毋庸置疑的自然之物(人)的某些特有品质和内在机制出发的,[73]因此,绝不能简单地用对立于"自然"的"人造"来标示它们。①

指令是以想象的方式去理解人类联合体那些貌似描述性的法则。不过确实,斯宾诺莎那里既没有对社会性的原初渴望(像格劳

① 亦参 Douglas Den Uyl, "Power, Politics and Religion in Spinoza's Political Thought", 1999, p. 36. Uyl 贴切地解释说,他的观点"不是斯宾诺莎从未做过规范性的主张,而是说,这种主张对斯宾诺莎的学说来说,既不是基础性的也不处于中心地位"。

秀斯那样），也不存在一个现实人概念之前的社会概念（像亚里士多德所说的政治动物［zoon politikon］那样），因而，人与人之间的具体联合不是嵌在人类本性中的某种东西，因此不能从对人类本性的单纯描述中必然产生。但如果受其本质当前和实际存在状况的决定，人类会进行想象的话，那无论何时只要他这样做，就都只是在发展某种对他而言非常自然的东西而已。在这个意义上，理解指令并不需要从自然那里绕道。对斯宾诺莎来说，一切法则——甚至指令性法则——在终极意义上都可以称为自然的，都涉及人类对于神之必然性的某种理解，因为它们总是跟某些可以描述为一贯自然的东西有关。

通过在自然法（natural law）和自然法则（natural laws）之间建立联系，斯宾诺莎将每个个体的本性法则，等同于其强有力的权利——每个个体的独特之处与个体对自然法的参与非常贴近。结果，自然诸法则（laws of Nature）不再拘泥于事物的任何特定理想模式，因为它们的含义是"事物自然本性的法则"，也就是说，是对每个事物在自身中之所是的识别，对事物本质的辨认——它们既构成了自然法，也构成了早期现代性中所谓的自然权利。客观的自然法与主观的自然权利之间，并不存在真正的区别。在自然诸法则存在的地方——不管这些法则是自然所有部分共有的（自然的一般法则），还是每个个体事物具体所有的（每个个体事物本性的法则）——也会发现自然法。最终，寻找自然法则的应用场域，就等于寻找一个实存的自然个体——个体性存在的地方，就能发现自然的法则。因此，它不是专门针对人类。

自然法与自然法则之间的这种一致性，很容易模糊主观权利与客观法则之间的区别，尤其是在现代性中。对斯宾诺莎而言，所有法则都是对一物之本质的永久表述，这意味着，在事实的主观性与论证的客观性（要么是对主观事实的描述，要么是对其限定）之间，并不存在非对称性断裂。这必然导致,在斯宾诺莎的自然法理论中,优越性既不能归于主观性要素,也不能归于客观性要素。不同于霍布斯,在斯宾诺莎那里,法(jus)的概念不再只是一个主观的独特性(它不纯粹是一种"自然权利");[74]不同于现代自然科学,在指涉自然时,斯宾诺莎的法律(lex)概念不再只具有描述的意义(它不纯粹是一种"论证的客观性")——法和法律都具有主观性和客观性的双重向度。在应用于自然时,法的指令性意义并不充分,除此之外,要完全、充分刻画斯宾诺莎自然法则概念的真正意义,法的描述性意义也同样并不足够,因为它并不具有主观性向度。于是,对于斯宾诺莎的自然法则,我们最初的理解是一种误解。描述性的自然法则无法克服那种典型的现代鸿沟,即,自然法传统中个人品格与论证式宣告之间的鸿沟。相反,它们是这个鸿沟的相关要素。事实依然是,对斯宾诺莎来说,自然法则既非对事物在其自身之中如何存在的单纯描述,也不是涉及一个特定先验论据的命题推理。通常来说,自然法则对于每个个体事物来说都独一无二,因而,这使得那个事物可以将自己设定为一个真实的个体存在。

对斯宾诺莎来说,神的本质包含所有可设想的本质,因而,每个本质的动态实在性,实际上都是它在神之强有力自存本质中的铭刻(inscription)——这个本质,恰恰产生自神的建构过程。于是,自然法则就将成为这种产生如何发生的独特显现。铭刻意味着不断去记录一个本体论的呈现,它必然导致对存在之自然生产的决定性肯定和原初性参与。铭刻意味着进入神本身自我生产的存在之中去生活,并在这个过程中去发现自身存在的理由或正当性。

自然法则并不单纯描述一物在自身之中的本质,而是将事物的本质刻印到自然的坚固性中,刻印到这物所引起的东西中。斯宾诺莎的法则既不包含对本质的任何限定(因此它们不是指令性的),也不包含那些用来总结具体的、本质性的既存特征的任何命题(因此它们不是描述性的),因而,斯宾诺莎的法则主要是一物在自然中自我肯定的"方式",并由此可以恰当地称为铭刻性的(inscriptive)。这正是斯宾诺莎的做法:他明确地将自然的法则与存在物在自然中的铭刻结合起来。因此他提到法则时说,它们"深深地铭刻在每个人的本性之中"(《神学-政治论》第十六章,198),并说它们是"铭记于自然万物之上的永恒神谕"(《政治论》第二章,二十二节)。或者,更具体地说:

> 只有在固定的永恒的事物中,以及好像深深刻印在事物里面,[75]而为一切个别事物的发生和次序所必遵循的规律中,才能找到(事物的内在本质)。(《知性改进论》,101/27;[译注]参中译本,页55,有改动)

法则铭刻于一物本质之中这个事实,并不必然导致说,这些法则可以被视为对已经铭刻于神之本质中的某些东西进行的命题性后天感知,就好像这物可以在神之永恒的一个固定位置复现出来似的。相反,事物铭刻于神自我生产的动态过程中,法则是这个动态过程的独特表现,因此,它们既是被铭刻的(inscribed),又是铭刻性的(inscriptive),因为它们让人得以理解每个事物"如何"被铭刻(被神的致动因所刻写),以及如何把自己铭刻到自然之中(通过自身对神之致动因的独特表达)。①

---

① Miller 区分了斯宾诺莎自然法中的原因性铭刻与描述性结果,参 Jon Miller, "Spinoza and the Concept of a Law of Nature", in *History of Philosophy Quarterly* 20 (3), 2003, pp. 260-261。Miller 的文本注释确实是对的:斯宾诺莎用 lex 这个词,要么是指铭刻于本质之中的东西,要么是指从本质中必然要出现的东西。然而这并不意味着,这个区分可以超越单纯的术语用法,也不意味着铭刻和结果能够被看成不同的东西。相反,它们相互补充,因为如果铭刻是原因,那它也必定是一个"必然结果",这正是因果关系的效果。

因此,每个个体事物本性的法则,是对这物本质的铭刻,是对由于这物的存在(is)而产生出的一切事物的铭刻。它们是对事物力量的铭刻——这是法(jus)的真正本性,即事物的自然"权利-法"。

用一个粗糙的例子来说,物理法则(包括生物学和生理学的法则)不再是典型描述性的——非指令性法则不只是物理法则。虽然斯宾诺莎解释自然法则时以物理法则为例,但也仅此而已:只不过是举例。显然,物理法则是一种铭刻性的法,但它们并没有穷尽铭刻的全部含义——对于那种必然性的非指令法则来说,甚至语法规则也可以成为其明显例证。现在,物理法则主要是自然整体的实际肯定,这种肯定(也)可以用物理学术语进行描述,包括生物学和生理学的术语。这就是物理法则建构自然法的方式。

铭刻的构造

在斯宾诺莎的自然法理论中,自然法则必定是某种这样的东西:在实存的个体领域,它们表达了某物起源和持续的自身原因。在界说自然法时,斯宾诺莎并没有简单提供一个规范性的道德自然法理论,而是提出了一个必然决定论的自然法理论。此外,也不能误以为这些法则是自然科学的法则,后者主要是对行为和经验的描述,例如牛顿(Newton)的物理学法则。相反,铭刻性自然法则是个体内在具有的原初特征——个体表现出来的行为则是这些特征的延续——为的是表现那个自身生产、无所不在的自然。

这些特征也有六个,跟指令一样(如前所述)。但是,[76]按照斯宾诺莎的必然本体论,它们跟传统指令原则的特征完全不同。这些特征如下:

1. 斯宾诺莎的法则,标示了个体本质之自然法表达的形成。每个个体事物本性(或本质)的法则,不只是对封闭在此物之内某种东西的指示,也不完全是在描述一个静态本质的独特之处。神无所不包和自身生产的本质,必然涉及所有的本质,并且只能用致动因、内在因这样的术语去理解。神的本质等于神的力量:所有事物都从神的本质中产生,这意味着神的本质不存在任何静态的东西。如果所有本质总是内在地出自神因之本质,并且是这种原因生产力的表现,那么,这些本质也不存在任何静态的东西。如果一个本质包含着因果动态过程,那么,必定总是有某种东西从其中产生:本体论变成了一个因果关系的场域。① 个体事物本质的法则将不得不去表达那种必然性的生产,即,从这个个体之物的界说中产生出所有结果的生产——由此,它们不可避免地成为因果关系的表达。

斯宾诺莎在其自然法的界说中使用的限定(determination)概念,强化了铭刻性法则的这一因果向度。传统而言,在一物形成其特殊形状时,限定跟外部限制相关联——它是界线的所在,并且仅是相互否定:对每一事物不是什么的否定。斯宾诺莎似乎接受这种意义上的限定,他在给耶勒斯(Jarig Jelles)的信中写道:"既然形状无非只是限定,而限定就是否定,所以,形状除了是否定外,不能是别的。"(书信,第50封,892)黑格尔认为,在斯宾诺莎哲学中,限定的含义只是这种特殊的否定概念,所以斯宾诺莎会认为,事物的所有差异

---

① Lin 用一个公式——"通过本质发生的因果关系"(CTE)——表达了本体论与因果关系间的这种联系。参 Martin Lin, "Teleology and Human Action in Spinoza", *Philosophical Review* 115, 2006, pp.317-354。不过,Lin 认为它是一个功能学说,因为他没有认识到存在着外在于事物本质之外的偶然因素。

和限定都封闭于那个独特实体的抽象体积中——对黑格尔来说,斯宾诺莎的整个哲学是一个"否定的深渊"。

然而,这种诠释忽略了一个事实:斯宾诺莎提到限定的时候,经常超越了单纯的界线,而指存在的不同层面;同时也忽略了下述事实:在斯宾诺莎那里,限定与使原因转化为结果的某个发展范畴之间有着紧密关联。一方面,斯宾诺莎对限定的否定向度,需要放入"形状"这个原初的几何学概念中加以考虑,形状一词表达的根本不是实在,[77]而只是标示出人类关于一物不是什么所感知到的形状。形状中的限定并没有肯定任何有关形状本身的东西,因此,这里并不存在本质,而只是一个对人类理智或多或少有些含混的建构。此外,本质是对存在的纯粹肯定,这并不会必然导致说,它们不是对自然必然性的肯定——限定和强制(compulsion)根本不是同义词,相反,哪里有必然性,哪里就有限定。因此,甚至在神的本质中也有限定。由于神是由必然性导致的自身生产,在神之外没有东西限制它,这意味着,根本不能否定这种自然的限定,因为没有什么东西可以否定——这种必然的限定只能是纯然肯定性的。

个体事物中的必然性,包含在神之必然性中,但并非是从无限表达降格到有限表达——个体事物只不过是神之必然性确定而具体的方式。个体事物的限定是纯粹肯定性的,因为它们是那些本质确定、具体的表达,即,那些在神之必然性中展开并包含于其中的本质。限定的这个肯定性向度,使得有限之物的世界成为一个真实的、本体论上的单个事物领域,而不是各种界线的集合体。否定性的限定绝不会是本质性的,因而,在个体事物那里,限定的实在性通常是肯定性的,也由此构成了原因。因此,个体事物本性的法则是一种形式,在其中,神的自身生产在这物的本质中表达自身——如果整个自然都可以用因果关系的术语加以解释，那也有理由说，在斯宾诺莎那里有一种法的遍在（omnipresence）。单个事物的本质，等于其自身的生产法则。

2. 由于斯宾诺莎的本体论涉及因果关系，每个本质都成了神之自我生产——它是包含生产力所有特定概念的一种自我生产——的表达。这种自我生产并不包括一个独特而确定的制造（making）活动，一个法令（fiat），而是由一种绵延的动态展开过程构成，也就是说，它是一种顺序，借着这种顺序，某物总是从一特定事物产生。之所以能透过因果律的概念机制（原因和结果）理解所有存在之物与可认识之物，并由此不可避免地与本体论建立起联结，原因即在于此。如果所有自然之物都包括这种积极生产，那么，因果律的概念机制就是最典型的关键要素，通过它们可以理解自然。

在自然这个领域中，一切事物都是原因或某物的结果（或者两者同时兼具）。只有在产生结果时，原因才能被称为实际"原因"，[78]也就是说，从被视为实际"原因"的某物中产生的东西，是原因本身的必要条件。如果 x 是 y 的原因，那么，就不能在不顾 x 的情况下说 y 发生或不发生；另一方面，如果 x 被称为原因，那 y 的发生也不可避免。这意味着，因果律包含着必然性，而没有给偶然留下任何空间。对斯宾诺莎来说，自然法则既不承认对自然因果律的违反（或违背，因为可违背的法则只能放入偶然性的语境之中），也不承认例外。实际上，它们是对个体（它们是此个体的法则）本性固有之必然性的实际表达。它们是"必然规则"。①

---

① Gerard Courtois, "La loi chez Spinoza et Saint Thomas d'Aquin", *Archives de Philosophie du Droit* 25, 1980, pp. 159–189.

3. 因果关系通过积极的限定来展开——在自然中，无物可以不受限定。如果所有结果都有原因，那每个原因就是一个限定。斯宾诺莎的自然法则没有给不确定性留下空间——原因的不确定性，正是"可能性"的内容。如果所有本质都有原因，都是受限定的，那么，在自然法则的本体论领域，就**不存在**斯宾诺莎所认为的**可能性**，而不管本质在自然中的表达——它们"本性的法则"——是否存在于行动中。这就是为何下面两种说法都不恰当的原因：首先，"本质（essentia）是包含内容的形式，或潜在的中心，从中会产生出面对周遭世界的个体行动"；其次，"自然权利[**自然法**，naturae jus]是个体占据的领域，在这个领域中，行动按照隐含于本质中的可能性发生"。①

4. 通常，因果关系的必然顺序，由两个不同物体之间的关联所构成，因此，原因-结果间的关系被视为一座单向桥梁的交叉点，跨越了两个区域之间的限制。于是只能认为，原因和结果涉及一种在本体论上有断裂的媒介，并包含一种跨越这种断裂的联合。此外，由于结果跟原因不同，并且必然从原因中产生，因而，只有当它紧随着原因而发生的时候，它才被视为"结果"。按照这种看法，原因和结果互不相同，并有着必然的联系，而且，它们也似乎代表不同的时间点：原因先于结果，结果后于原因。这是传递性的（transitive）因果概念。

然而，对斯宾诺莎来说，由于一切自然因果律和必然性都是神之必然因果律的表达，而且，由于神是无所不包的存在，没有任何断裂，因而，[79]传递性的因果关系并没有表达自然

① Giuseppa Saccaro Battisti, "Democracy in Spinoza's unfinished *Tractatus Politicus*", *Journal of the History of Ideas* 38(4), 1977, p. 631.

的实在性。在斯宾诺莎的自然中,原因和结果仍然相继出现,但它们之间并没有明显的本体论断裂,因为二者都必然进入同一个生产时刻。因果关系不再像桥梁的交叉点。事实上,它是一种内在、内部生产的发展——这是内在(immanent)的因果概念。

斯宾诺莎的内在因果表明,在本体实在领域,自然法则不会只是表达一种时间上的差别。因此,某特定个体事物的自然法则,不会先于此物实际之所是。结果,在规则(rule)和法规(regulation)之间并不存在差异——自然之法则就是原因的本体论生产在其自身之内的表达。不同于在指令那里出现的情况,在斯宾诺莎的存在世界中,并不存在对先天有效法令的奉行或遵守,而只有在存在的生产中对法则之生产的推论。这主要是因为,一切自然必然性都表达了神之必然性,后者拥有绝对圆满性,这种圆满性使得作为内在本质特征的持续性(duration)变得无效,并用永恒取而代之,在永恒中,不存在之先或之后。用斯宾诺莎自己的话来说,"在永恒中是没有'久暂'或'先后'的",而且,"神不先于其命令而存在,神亦不离开其而存在"(《伦理学》第一部分,命题三十三,附释二)。

因此,自然法则的设立,不是为了说明接下来要发生什么的可能性——在后面这种情形中,即使所预测之物并没有产生,法则仍然可以有效。相反,自然法则的有效性,在于其必然产生效果的生产属性——无论何时,只要有存在,就也会有因果律和必然性,这是法则的有效性和应用领域。这意味着,自然法则不可能是对存在物后续存在的单纯描述,如果只是这种单纯描述的话,它们不会是一物本性在生产上的独特性,而只是对经验观察到的此物特征的列举,那么,关于在神之永恒性中本质的永恒性,它们就根本不能确认任何东西。因此,如果在斯宾诺莎的自然法则中没有在先的东西,也就同样没有后续的东西。①

因果的内在性,要求法则与本质具有同时性。生产者和被生产物相互之间的非断裂存在,必然会导致法则成为对原因所产生之结果进行的同时、非断裂的指称。对自然法则的理解,仅仅是通过下面这种方式:自然法则要求自身产生那些结果,即从它们所铭刻于其中的因果关系中产生的结果。法则并没有将那些结果扔进一个异于其应用领域的世界。[80]如果法则并不外在于其应用领域,那么其原因在于,法则不仅生产出后者,而且在生产后者的同时也生产了它们自身。对于那些超越或外在于法则却仍能存在的东西,法则并不起作用——法则的内在性表明了它们所生产的东西,并指出了它们在自身中的生产过程。

5. 受德勒兹式(Deleuzian)解读的影响,经常有人认为,斯宾诺莎的法则更多的是跟一种典型的生物学模式相关联,而非一种典型的法学模式,这意味着,对这些法则的看法,主要是以一种肯定的、扩展的方式,而很少以一种否定或受限制的方式。然而,德勒兹在斯宾诺莎那里发现的行为生态学(ethology),②在用生物学术语表述时,似乎认可了法则和医疗宣告之间的类似性。这样一种行为生态学——它不只是伦理学的、政治学的和文化上的,而主要是病因学的(aetiolo-

---

① 斯宾诺莎在这里既接近又远离了 Alf Ross 的法律现实主义。跟 Ross 类似,自然法则的观念就暗示了它们的有效性。但不同于 Ross,法则的效果既不是在其被遵守的事实之后得到衡量,也不是在实际守法事实发生之前的预测(这不同于不那么经验主义的规范理论)。

② Gilles Deleuze, *Spinoza. Practical Philosophy*, 1988; *Expressionism in Philosophy: Spinoza*, trans. Martin Joughin, Cambridge: MIT Press, 1992.

gy)——倾向于认为,自然法则是对自然中何者好、何者坏的诊断或描述,也就是说,它们是判定什么是健康、什么是病态的标准。虽然通常看起来,应用于生物学的法则,在表述上显得是描述性的,但是,在这种病因学的诠释中,似乎存在对某种具体价值的内在肯定,这很像在指令那里发生的情形。通过界定好与坏(健康与疾病),对于自然中什么东西更真实或更不真实,就产生了一个评价性判断,根据实用和个人欲望的标准——某物是好的或坏的,是由于它对人类的用处多少,或人对它欲求的多少。这种生物学–医疗的类比,仍然显现出一种对自然的人类中心论看法,因为它接受说,自然法则是从人的角度对自然特性进行的阐述。一些学者认为,斯宾诺莎的思考,"像一个生物学家"观察单个有机体那样,①这种印象似乎包含着一种人类中心主义的道义论,虽然多少有些隐蔽。

但由于自然法则主要属于本质领域,因而,它们既不能只被应用于人身上,也不能简单地放到效用和欲望的概念背景中。相反,它们把所有特定个体的本质都铭刻到了自然之中,而不需要对它们把什么东西安置成了存在做出明确评断。在这个意义上,自然法则更像是诸界说的"如何":它们在自然中安排事物的本质,并以一种只能被称为肯定的方式——因为法则完全不能否定任何个体事物——确定每个个体之物,以此来证实这些本质。[81]如斯宾诺莎所说,"任何物的界说都肯定该物的本质而不否定该物的本质,这就是说,它的界说建立它的本质,而不取消它的本质"(《伦理学》第三部分,命题

---

① Stuart Hampshire, *Spinoza and Spinozism*, Oxford: Clarendon Press, 2005, xlvii; Hans Jonas, "Spinoza and the Theory of Organism", in Marjorie Grene (ed.), *Spinoza. A Collection of Critical Essays*, Garden City: Anchor-Doubleday, 1973, pp. 259–278.

四，证明）。

斯宾诺莎明显背离了奥古斯丁在其《忏悔录》(*Confessions*)（这部作品极大影响了某些经院哲学家）中有关一切存在物固有之善的观点——以及相关地，有关恶的非实在性的看法——奥古斯丁预设说，神所造之物内在具有至上的圆满性，但他没能从对被造之物的肯定或否定评价中区分出圆满性。斯宾诺莎的自然法则将个体事物的本质铭刻于自然之中，但关于这些个体事物对其他具体之物的用处，它们没有任何说明。实际上，斯宾诺莎总是以用处这个词来区分好和坏，这意味着他使用了一种目的(ends)语言，而且，在确定那些目标时着重突出了人类的判断——如果在斯宾诺莎那里存在这种作为目的理性的东西，那它不可能被概括为整个自然中的自然法则这样的语言，如《伦理学》第一部分附录所表明的那样。自然法则并不包含在一套目的论语言中：它们只是表达了自然实在的不同程度；它们只是与自然的进程相关联，而"在价值参量上是中立的"。[①]

因此，摩尔(G. E. Moore)指责自然法理论的那个著名的"自然主义谬误"(naturalist fallacy)——根据摩尔的指责，善只是单纯的思想对象，没有附加特征，因此也不可能定义，由此必然引出的观点是，在自然处境中，所有善的定义都是错误的——并不适用于斯宾诺莎的铭刻性自然法则，因为从铭刻于自然的本质这个角度来看，不存在关于好和坏的定义。确实，斯宾诺莎以有用性界定了好和坏，但那既非自然法则的功能，也非其属性。例如，即使被人认为有害、因此是坏的东西，也是通过其自身的自然法则铭刻于自然之中的某种东西。

① Gail Belaief, *Spinoza's Philosophy of Law*, The Hague：Mouton, 1971, p. 14.

而即使另一些人可能同时认为这个东西有用、因此是好的，这也不会改变。这些法则证实的是何为个体事物，而不是这个事物如何为其他（同样也是自然的）个体事物所使用。

6.如果斯宾诺莎的自然法则没有对价值的内在肯定，那它们也没有对价值的内在否定。由于铭刻性法则是本质在生产方面的"如何"，因而，除了所铭刻的本质之外，它们没有表达出任何东西。[82]一个个体事物本性的铭刻性法则，其运作方式很像对那个事物的界说，即，"除包含或表明那物的本性外，绝不包含别的东西，也不表明别的东西"（《伦理学》第一部分，命题八，附释二）。自然法则作为本质的法则，绝不会超出那些本质。由于在价值参量上中立，因而，自然法既不断定个体本质中的好，也不拒斥其他个体本质中的坏。对于那些跟所铭刻之本质相反的东西，自然法则并不加以拒绝。

简单来说，如果直接跟指令相比：同时性，跟在先相对立；因果性，跟非因果性相对立；必然性，跟偶然性相对立；确定性，跟可能性相对立；对积极价值的中立性，跟设定一种善相对立；对消极价值的中立性，跟拒斥一种恶相对立。由此，对早期现代自然法的一种新变革正在进行之中。

道德的铭刻性法则

如果斯宾诺莎的铭刻性自然法则在价值上是中立的，就不能把它们插入一种纯粹规范性的道义伦理学中，这种道义伦理学属于现代理性主义这面大旗之下。道义论法则根本不是理性的宣告，因为"凡心灵依照理性的指导所理解之物，它都是依照同样的永恒性或必然性的形式去理解"（《伦理学》第四部分，命题六十二，证明）；换句话说，"理性的本性不在于认事物为偶然的，而在于认事物为必然的"（《伦理学》第二部分，命题四十四，证明），它用一种充分真实的方式，去理解事物在其本身中之所是。由于对偶然性和可能性的预期只包含在指令中，因而，斯宾诺莎的充分理解方式（包含理性）不会包括这些指令。但是，他仍然经常用很多听起来像是指令性的语言谈到理性——他把"命令"（praecepta）或"规定"（dictamina）归到理性上，并说理性"要求"（postulat）、"命令"（praescribit）或"引导"（ducit）（《伦理学》第四部分，命题十八，附释）某物成为某物。在这些场合，斯宾诺莎是否自相矛盾？或者说，为了能够吸收这些道义论指令，是否应当重新解释斯宾诺莎的理性概念？在斯宾诺莎那里是否存在这样一种指令伦理学的东西，使得通过理性能够与其铭刻性决定论相调和？

为了回答这些问题，应当重新回顾一下斯宾诺莎的某些基本主张。对斯宾诺莎来说，绵延的本质力图始终保持自己的存在——它们竭力（conatus）如此，对人来说，[83]就是在实际中努力"寻求他自己的利益（utile），或保持他自己的存在"（《伦理学》第四部分，命题二十）。有用性既在斯宾诺莎对好和坏的界说中出现，也参与了其人类本质的竭力概念：对于人类保持自己存在有益的东西，即是好的；对人类保持自身存在有害的东西，就是坏的。理性是通过"共同概念"进行理解，即通过那些其特性为自然物所分享的知识，这些自然物结合在同一个本体论的个体秩序中，因此，它是一种理解的充分方式，不会出现错误或差错。想象就不是这样。想象某物真的有用，实际并不必然如此，这意味着很可能出现错误。如果人类知道，某物对他保持自己的存在真的有用、必然有用，那这种知识在性质上只能是充分的；而如果他相信自己知道某物对他有用，但实际可能并不如此，那这种知识在性质上只能是不充分的，即想象的。"真正有用"（"真正善"）的知识，只能经由充分知识(首先通过理性)获得。

　　然而,如果有某件事情是斯宾诺莎在其伦理命题中不断加以强调的话,那就是,有关真正善的(理性)知识,并不足以控制和约束那些对实际上何为真正善的想象(通常是错误的想象)——理性本身不可能战胜情绪性情感的力量。因此,他说,在一处提到奥维德(Ovid)的地方,人类常常知道善,但行出来的却恰好相反。为了能用真正善的知识取代不充分的想象性情感,对真正效用的理性理解必须变成一种情感(《伦理学》第四部分,命题十四)——与那个想象性的情感相对立,并比它更有力量。

　　但是,理性的情感或行动,即由具有充分主动性的知识、而非外在原因引发的人类活动,仍截然不同于想象性情感或激情——被动受制于外在影响的人类活动。斯宾诺莎说,主动情感"受理性引导",包括喜悦和渴望,而绝不包含悲伤。但这并不意味着,在这些情况中,人类的渴望受制于要被迫遵守一种理性的"应当-公式",即"为了保存自己,x 必须努力去获得 y"这类,在这种公式中,保存是一个绝对必然前提,y 是一种道义论设想的命令所建立的善。按照科尔利的看法,①这使得斯宾诺莎的指令式语言能够体现真正的道德命令,由于前提的绝对必然性,这些命令是无条件的,而非假设性的。相反,在激情和行动之间并不存在像(例如)快乐和悲伤之间那样真正的情感选择性。[84]主动情感不像其他那些情感:其特征表现在,它们恢复了竭力之力量作为源头,以便积极发展人类个体的内在力量,而不是单纯顺应或忍受各种境况中的打击,这些打击不断制约着外显出来的内在力量。总的来说,很

---

① Edwin Curley, "Spinoza's Moral Philosophy", in Marjorie Grene (ed.), *Spinoza: A Collection of Critical Essays*, Notre Dame: Notre Dame University Press, 1973, pp. 371-372.

难看出道义论品格如何能够适应这些理性的情感建构,因为理性总指向善的东西,是达到一个必然同时发生之目标的必然方式。

如果情感由想象诱发,那它们对善恶的判断就只是抽象和虚构的,而不是真实的(《伦理学》第四部分,命题六十二,附释)。从充分知识和必然本体论的角度来说,因此:

> 就善恶两个名词而论,也并不表示事物本身的积极性质,亦不过是思想的样式,或者是我们比较事物而形成的概念罢了。(《伦理学》第四部分,序言;[译注]参中译本,页169)

斯宾诺莎举的那个算术例子——即,已知一组三个数,要求出"第四个数,第四个数与数字3之比,要等于数字2与数字1之比"(《伦理学》第三部分,命题四十,附释二;[译按]此处原文出处标注有误,应为《伦理学》第二部分,命题四十,附释二,参中译本,页80,有调整)——本是用来说明想象、理性和直观知识之间的区别,但也同样有助于理解,三种伦理学观点如何适应于不同类型的知识。无论是那个还没忘记老师教导或有着计算简单数目经验的商人,还是根据欧几里得几何学而懂得比例数共同特性的人,都必然能得到那个准确结果6。商人受被动情感驱动,但得到的结果,是作为真正善的理性所认可的,因此,尽管完全是想象性的,他也力图只受那导致最终结果的东西所影响。对于他来说,6这个结果不是理性指向的,而是想象指向的——但由于客观来说,这个结果跟那些理性指向的人所得到的结果完全相同,因而,对于这个商人来说,6就是合理的。他为了获得6所使用的方法,似乎跟那些指令——这些指令所设定的善,本质上类似于理性的共同概念——拥有相同的品格。

想象式的伦理人跟这个商人的做法极为相似。为了获得某个结果,他借助于想象机制,诸如记忆、传闻、日常生活经验和指令。斯宾诺莎著名的"人性模型"(exemplar humanae naturae)——出现在其《伦理学》第四部分的序言那里,是一种伦理上要达到的理想——[85]已经困扰了斯宾诺莎研究数十年,正是因为对它的解释通常是认为,在一种指令性的理智论中,它是理性建立的一种可能的善。然而,那个模型不过是出于对真正善的想象式寻求。它之于想象式的伦理人,就如同那个 6 对于那个想象式的商人一样。这个模型是想象的努力方向,希望靠其自身实现理性所认为的真正善之物。从斯宾诺莎道德理智论的角度来看,这个模型并不代表人的自由——但相比另一种完全受制于没有必然性指向的、易变的激情,它是更接近理智解放的一步。

另一方面,如果情感有着理性动机,那它们有关共同属性的充分观念就能够确定和建立起真正善,就可以引导人类欲望指向这种善。由此,理性的指令式说法在性质上就不能完全被视为道义论的。相反,它们是在人类心灵的充分设想之后,欲望为了追求真正善所做出的选择。因此,欲望成了一种追求真正善的努力,这个真正善构成一个具有自身逻辑次序的过程。只有在这个程序的意义上,才可以说理性在引导或要求。使得人与人之间能够达成一致的理性,不是由道义论法则构成,而是表现在面对有关至高善知识时的独特特质中。换言之,理性有其自身的自然法则,但这些法则不是指令性的——它们是理性内在的铭刻性法则。斯宾诺莎所说的"理性的命令"不是一组指令,而是由遵循心中充分观念所做决定而出现的必然结果。

因此,斯宾诺莎的伦理理论主要关心的是,找出"哪些情绪符合理性的规律,哪些情绪违反理性的规律"(《伦理学》第四部分,命题十八,附释,着重号为引者所加):他想要确立的不是这些规律的准则或内容,而是人类情感世界(无论主动还是被动情感)如何能够再生产出其真正、必然决定之物。理性从未真的规定一个偶然的可能对象，它也从未肯定某物内在的善或恶。相反，它是有关那些共同属性——它们构成了真正善——的知识，它唯一的衡量标准，是伴随着主动或被动情感而出现的结果。在这个层面上，可以说情感是符合还是违反理性。

　　勒布菲（Michael LeBuffe）说，斯宾诺莎的规范伦理学由有关下面这些问题的具体主张组成：什么应当做？为了达到最高等的正确生活方式，理性之人会做什么？在他看来，有三种类型的规范性主张：控制激情的普遍指令，这些激情在所有情境下中引导和支配着每个人；对每个人在不同环境中如何保存自己的方式的具体描述；呈现环境、行为或情感状态——它们关系着每个自由人，并有益于所有人，因为它们是获得情感正确自我诊断的工具（让一个人明白他是为激情支配，还是为理性引导）——的描述性命题。①

　　勒布菲的分析可以找到很多文本证据的支撑。仅有的主要问题在于，他没能认识到一个事实：指令是想象的，而不是理性的（在《伦理学》第五部分命题十的附释——斯宾诺莎文本中最具指令意味的一部分——斯宾诺莎自己多次说，我们应当诉诸记忆，以便我们的想象能够受到记忆的激发），而且，指令不能控制激情，反而是重组它们，为的是通过想象的激情重新生产出跟理性情感产物相同的结果。因此，自由人对于自己没有对指令的真正需要。勒布菲似乎仍然承认，在斯宾诺莎那里，一种理性的道义论能够抑制被动情感，因此，勒布菲抛弃了这个观点：只有另一种（更强大和相对立的）情感，才能让一种情感消失和被取代（《伦理学》第四部分，命题七）。此外，这样一种朝向激情的理性道义论，不是将会在休谟对是与应当之间鸿沟的观察中复活吗？

　　因此，如果一个人认为，斯宾诺莎伦理学包含一种价值理论，或者，在元伦理（meta-ethical）的向度之前有一个规范性向度，那么，他应当谨慎对待这样的思考方式。不过，[86]如前所述，斯宾

————————

① 参 Michael LeBuffe, *From Bondage to Freedom. Spinoza on Human Excellence*, 2010, pp. 175-193。

诺莎的自然法理论在其整个体系中尤其是跨学科的，最终，这种理论也构成了一种道德学说。他的铭刻性法则构成了一个不特定于人的、宽泛的决定论自然法理论——但是，由于尤其在这次旅程的开头，斯宾诺莎提到了特定于人类而言的自然法，它必定也拥有一个必然的伦理向度。那么，在这样一种道德哲学中，铭刻性的决定论法则如何能获得一种伦理相关性？

事实是，斯宾诺莎的自然法理论由本质性的自然法则所构成，这些法则既不是道义论的指令，也不只是科学的描述，而是在表达本质"如何"铭刻于自然的生产之中。斯宾诺莎是从本体论基础出发建构其自然法理论，而不是从道德或元道德的根基出发。诸如"正义"、"美德"、"圆满性"这样的概念——它们通常被赋予一个特定的道德向度，有时甚至是规范性向度——应当理解为，它们是自然的（本体论的）铭刻性实在所做的选择，是其最高设想的表达。斯宾诺莎的伦理学并不那么像一种引导，一种命令的集合体，或一种自助手册。但它同样也不只是一种元伦理理论。斯宾诺莎并不仅仅关心对永恒真理的阐述，也同样关注对一种特定生活方式的倡导。因此，他的自然法理论虽然缺乏准则，但也是一种规范伦理学。他所呈现出的这种伦理学，更像是一幅地图：它显明了存在之物——何者更大，何者更小；何者更高，何者更低；达到每个存在之地的途径为何。但只有去阅读地图，它才能发挥指引作用，这意味着，读者必须通过自己的努力去到达这些地方——它们是自然的最高表达。读者的任务是，在缺乏道德 GPS 定位的帮助下，再现对人类在自然中最高伦理状态的刻画。

自然法是自然的一种表达。个体本质在自然的生产中表达得越多，即铭刻于自然的东西越多，它在实际中就越有力量——同样，它的自然法也就越大（bigger）。所有实存个体中都能找到铭刻性的自然法则，虽然程度不同——同样的话也可以用于每个个体对自然法的参与。由于个体是关系的存在,构成它们的关系越多,它们也就越大,这意味着它们是更多的原因,更多地铭刻于自然之中(相比其他由更少关系构成的个体,它们更多地表达了自然)。因而,它们在自身的内在肯定性方面更加积极,更能够保持自身的存在,更少依赖外部影响,并更多参与自然的生产。换句话说,它们更加自由:那就是斯宾诺莎伦理学的范围。[87]斯宾诺莎所有的规范性主张,不管是对保全自己的方式及最自由之人的描述,还是对那些方式——通过这些方式,激情能够再现共同概念——的想象式规定,都符合这张地图的范式。

"正义"、"美德"与"圆满性"更能够表达出自然一致性与自然的铭刻性法则。自然的铭刻性法则是这样的东西:通过这些法则,每个个体都表达出自身在整个自然因果生产中作为原因的程度。衡量价值的唯一标准,是个体铭刻性自然法则所表现出的致动因,这种自然法则在具体到人的时候有一个道德向度。这些传统道德价值既不需要也不接受指令。这并不意味着,在斯宾诺莎的自然法理论中,指令性宣告起不到相应作用——事实上,它们可以是有效的方式,通过这些方式,想象式的人可以避免其自然法则比实际更少地铭刻于自然,而且,在某些情况下,它们甚至能够推动自然法则比它们原本可以的更多地铭刻于自然。

斯宾诺莎的自然法理论既不是某种形式的道义论,也不是一种传统的伦理自然主义——根据这种自然主义,善是一种可以在经验上确证的属性,这属性为那些本质上善的事物所共有。然而,对于"美德"这类价值的限制条件,他的自然法理论留有空间,虽然是用因果术语作为标准;它也为后果论者(consequentialist)判定自由人的标准留有空间,因为据说,后果是自然生产的结果,而且作为直接原因反馈到他的身上。它也为至善论(perfectionism)留有空间,因为他的伦理理论描述了一组可用的铭刻性法则,在提升自身的方案中,个体可以吸取和复制这些法则;而且,它也仍然为道义论的用处留有一些余地,虽然是以一种非常有限的方式。他的自然法理论随即体现了某种形式的伦理自然主义,某种形式的美德伦理学,某种形式的后果论,某种形式的至善论,以及某种形式的想象道义论,虽然总是以一种内在重建的方式,并且仅仅是由于这每个向度都代表着进入个体道德过程不同阶段的一种不同标准。即使在这里,斯宾诺莎对自然法的变革范围也很广。然而,从伦理学上讲,只有最终联结起斯宾诺莎的自然决定论和其道德理论——即主要是因果关系和认识论之间的一种联结——它们才算完成。

在这个意义上,铭刻性自然法则的道德范围必须暂时悬置,直到本书最后一章,那里会确切指出,[88]自由问题是因果关系与认识论之间最富挑战性的混合。斯宾诺莎自然法理论中出现的最高程度的自由,也将是人最高程度的伦理状态,尤其是以个体的效用衡量。这是斯宾诺莎整个自然法理论必须最终依赖的要点:因果效用。它构成了斯宾诺莎理解为力量的实际内容。

第三章 力 量

[89]斯宾诺莎说,在他的理解中,自然法与自然力量范围相同,此时,他为传统自然法框架带来的新东西,是法则的一种决定论概念,这些法则构成了个体的本性。他在自然法理论中并置了个体性、合法性和力量,这会导致的结果是,对于从个体性角度看来可实践的法律和伦理行动,将产生一种新的理解。

"公理即强权"(或"强权即公理")这个表达——它有时被用来描述这种三重并置——可能非常误导人。一方面这是因为,对于斯宾诺莎的自然法理论,如果人们想要将其化约为"个体力量",那它如何在一种典型的霍布斯语境中进行诠释,就必须特别小心。事实上,下面将会看到,力量作为自然权利,不是一种权利理论的可能版本,而实际上代表着对于自然权利框架的一种新的内在重建。另一方面,一定不能忘记,对斯宾诺莎来说,自然法是一种个体性的表达,在这种语境中,力量不可能是一种可实践的主动物质力量,而一定涉及对于主动力量与被动力量传统关联的全新决定论式解释,这种解释发生在他对自然内在性的理解之中。让我们分别来看看这两点。

作为自然权利的力量

从概念上说,自然法个体向度的最初产生,是作为一种自然权利传统出现在中世纪直到现代早期,总是在自然法理论所确立的总体概念框架之内。在这个传统中,这些权利跟力量的关联非常具体,因为它们代表可实践行动的一种主体内核——它们被视为某种行为的自然潜力,[90]因此,它们总是内在地包含某种近乎亚里士多德解释为潜能的东西。

亚里士多德列举了潜能的五种不同含义,因为他将潜能理解为事实(energeia[活动])的相关物,而事实也同样有着多种不同含义。① 潜能的那些含义中最相关的是,表明了一物在另一物中(poiein[行动的])或从另一物中(paschein[被行动的])运动——主要是变化——的自然倾向。而且,这种倾向不可能有外部障碍,它与事实的关联,即意味着目的(telos)的真正实现,这目的正是潜能所倾向或能够达到的。更具体来说,亚里士多德的潜能,是可确定性(determinability)中存在的实在性,而事实则是确定性(determination)中存在的实在性。亚里士多德的潜能,不是跟一个可能的存在相关,而是跟存在的可能性相关。因此,它不是所宣称的未来之物,而是实现某个目的之积极倾向的当下实在性。潜能和事实之间的关联表明,要理解这二者的其中之一,不能离开另一者,而这必然导致,不能说某个特殊之物既满足了这个特殊目的的潜能条件,同时又满足了其事实条件。

这个潜能概念对中世纪思想影响很大,在那里,潜能－事实

---

① 参 Aristotle, *Metaphysica*, ed. Werner Jaeger, Oxford: Oxford University Press, 1960, V, 1019a15－32; IX, 1045b35－1046a4; IX, 1048b18－34。

这对概念转化成了拉丁文的 potentia-actus。固然,不能简单地把拉丁文的 potentia 概念解释为行动的相关物,尤其是在古典罗马法的语境中,在那里,potentia[力量]跟 potestas[权力]相关,而非跟 energeia[活动]相关。事实上,potentia 跟 potestas 根本毫不相干:一者可以在另一者不存在的情况下得到理解,而两者可以共存于有着特殊目标的特殊之物。区别它们的主要是,使变化生效的某种价值合法性——道德的、宗教的、政治的或法律的——是否存在,不管这种合法性是潜在的,还是已经成为现实。在这个意义上,potentia 可以是任何特定目标的潜能或行动,即,所有执行能力或执行本身。另一方面,potestas 是一个合法化的 potentia,它作为一种执行能力或执行本身,并非纯粹是任何特定物理目标,而是一个为合法性的相应标准所认可的具体目标。这两个术语都很容易翻译成"力量",虽然是在不同语境下。potestas 为 potentia 带来了一种目标上的选择性——在罗马法官对诉讼者的(潜在的或现实的)强制力中,在父亲对其儿女的权威中(patriapotestas[父权制]),在主人对奴隶的权力中,都可以发现,potestas 是合法化了的 potentia。在这种罗马法律的语境中,potentia 决定了 potestas,而 potestas 则依赖 potentia,并限制了 potentia 的范围。

在斯宾诺莎的术语中,他对 potentia 和 potestas 的使用也有非常明确的区分,跟古典罗马法的用法完全相同。在英文翻译中,这种区别很难体现出来,因为这两个术语通常都翻译为 power[力量]。然而,这两个概念非常不同,应当加以区分,尤其是因为近来一些研究认为它们是相互对立的:potentia 是斯宾诺莎自然法理论的基石之一,应当译为 power;而另一方面,potestas 具有特定的政治含义,应当译为其他某个术语。英语学界的学者很少考虑这个难题,例外的情形有,Steven Barbone("Power in the *Tractatus Politicus*", in Paul J. Bagley [ed.], *Piety, Peace and the Freedom to Philosophize*, Dordrecht: Kluwer, 1999)把 potentia 译为"力量",potestas 译为"权威"(authority）；Manfred Walther（"Die Transformation des Naturrechts in der Rechtsphi-losophie Spinozas"，2003，pp. 657-659）把 potentia 译为"力量"，potestas 译为"潜力"（这大错特错，如下所见，这跟亚里士多德的用法完全相反）；Michael Hardt 在翻译 Antonio Negri 的 *The Savage Anomaly*（Minneapolis：University of Minnesota Press，2003）时，把 potentia 译为"力量"（power），potestas 译为"强力"（Power）。在斯宾诺莎的自然法中，我会一直将 potentia 译为"力量"，至于 potestas，我会保留原始的拉丁文形式。

[91]因而，potentia 并不具有真正的法律向度，直到被转换为 potestas。从个体性的角度来说，并不存在法律上的 potentia。可是，斯宾诺莎将 potentia 设定为其自然法界说的决定性概念，并且专门从个体性的角度去看待它。从这后一种角度来说，只有跟亚里士多德的潜能含义完全相同时，力量才真正开始获得一个法律或伦理的向度，尤其是在中世纪晚期，例如在经院哲学家对主动力量（potentia activa）与被动力量（potentiapassive）的区分中——这种区分只能出现在自然权利理论产生的时候。因此，自然法理论从个体性角度对 potentia 的吸收，结果同时伴随着自然权利诞生的历史。

罗马法中并不存在明确的主体权利概念——法（jus）主要是一个准则，对人有益，对法的宣告，需要一位拥有足够法律权威的裁判，这权威让他足以根据某些仪式建立一种命令规范。法主要是一种声明（dictum），一种法的宣告（juris-diction），或是建立一种权威的具体行为模式，这种模式要求普遍的顺从。另一方面，实际做某事的个人能力，并没有真正实现对法的界说，而是实现了对所有权（domininium）的界说——也就是说，父权家长（patresfa-milias）控制其家庭所有东西的能力，包括房屋、牲畜、土地、金钱、孩子、奴隶等。因此，法的概念中并不包含任何实际权利，因为这些权利被视为主动权利,或者说力量/能力-权利,即,它是一种可实践可能性的个人内核,在其中,权利所有者拥有行为选择的主权——一种个人选择的内在领域。

不过,权利的说法也包含了通常所称的被动权利,或者说请求权(claim-rights),即,在一个已然确立的权威面前,有资格去证明对某种特定状况或状态的看法。在古典罗马法中,法和所有权似乎仅仅在诉讼(actio)的程序规则中才靠紧,这很像一种请求权——公民个人(主要是父权家长)拥有一种资格,可以正式在法律权威面前为一种看法辩护,这种看法说明了他自身状况(通常是他的所有权状况)的合法性。因此,个人对某物或某人的控制,如果在诉讼结果中得到表达,那这种控制就变成了法律。不过,诉讼在此尚未成为现代意义上的一种权利,因为在法、所有权和诉讼之间存在明显的区别。自然权利的诞生——不管是以请求权的形式,还是力量/能力-权利的形式——唯有在这三个术语保持一致的时候才能够发生,[92]因为它们要求法的概念具有一个主体向度。罗马法不可能提供它们三者的这种并置,而这种并置只能出现在中世纪晚期。

关于罗马法中是否存在一种权利语言这个问题,存在截然相反的观点:例如,Michel Villey 说,其中不存在权利,见"Les origines de la notion du droit subjectif", in *Leçons d'histoire de la philosophie du droit*, Paris:Dalloz,1962, pp. 221-250;Richard Tuck(*Natural Rights Theories*, Cambridge:Cambridge University Press, 1979, pp. 10-23)虽然接受 Villey 的基本论证,但却承认说,法(jus)和所有权(dominium)有时可以归于同一实体;Brian Tierney(*The Idea of Natural Rights. Studies on natural rights, natural law, and church law*,1150—1625, Grand Rapids:Eerdmans, 1997)认为,罗马法律文本中能够区分法和所有权的界线过于稀薄。不过,尽管观点各异,但这些法律史家在某些观点上是一致的。Villey 辨别了法和所有权之间的基本概念区分,类似于现代法律对法和个人权利的区分(这是他们全都同意的看法);同时他指

出,这个区分界线并不清楚,因为在某些情境中(例如在民事诉讼中)它会逐渐模糊。Tuck 强调了一个重要语境(在这语境中,这个区分很不清晰),叫做帝国的公共统治,在其中,法和所有权似乎是重合的。Tierney 并没有真的消除这个区分,而是强调说,它在罗马法中出现的每个语境都显得模糊不清。事实上,看起来,他们全都赞同一个恰当的正确观点:只有在中世纪的时候,法才作为一种现实的个体自然权利。他们的分歧,只是在真正的中世纪起源上。

对于这个中世纪的创造,基督教信仰有关贫穷之价值的争论——主要发生在方济各会士(Francisans)之间——贡献良多。在 13 世纪,方济各修道会深深卷入了这些辩论——有些人("属灵派",或小兄弟会[fraticelli])坚持认为,贫穷和抛弃财产是所有基督徒的本质条件;另一些人("共产派")则认为,这应当局限在方济各会团内部。到了下一个世纪,这个争论达到高峰,当时的教宗若望二十二世(Pope John XXII)公开回应了福音贫穷的问题,采取了跟方济各修会官方态度截然相反的立场:方济各会士坚持认为,修会所收到的捐赠可以受到管理、使用和消费,而不必然要求修会对这些捐赠拥有所有权,而教宗反对他们的看法,他认为,消费意味着必然具有所有权和不可变更的法律。到那个时候,所有权和法通常可以互换使用,而后者的意思经常是一种主体的能力。在那些年间,奥卡姆写出了《九十天之作》(Work of Ninety Days)反驳教宗的论点,此时,法不再仅仅是法律权威所做的宣告,也是某人对某物具有的能力。这导致好几位法律史家得出结论说,权利语言诞生的非凡时刻,要在这些争论中去寻找。

对于法、所有权和诉讼变得一致的确切时刻,学者们远非众口一词。一些学者可能比其他人得到更多文献证据的支撑,他们认为这个时刻发生在 12 到 13 世纪的教会法学家那里,这符合格拉提安(Gratian)《教会法典大全》(*Decretum*)的说法;①有些人则认为它出现在格尔森(Jean Gerson)的基本神学中;②有人认为在阿奎那的自然法学说中;③有人认为在奥卡姆隐性的唯名论中;④有人认为在格劳秀斯的司法原则中;⑤另一些人认为在霍布斯的人类学和政治学原则中;⑥还有一些人认为只能在洛克(Locke)的政治思想中寻找。⑦ 但无论这个确切时刻是在什么时候,真正重要的是,从 14 世纪开始到 17 世纪主要自然法理论发展起来之间,传统罗马的所有权概念跟构成主动权利观念的法律概念变得完全一致,就像罗马的诉讼概念跟构成被动权利观念的法律概念变得完全一致一样。

[93]斯宾诺莎所接受的自然法概念框架,已经包含了自然权利的说法。到了马西利乌斯(Marsilius of Padua)的时代,苏亚雷兹和格劳秀斯已经分别在天主教和新教的自然法版本中明确指

---

① Charles J. Reid,"The Canonistic Contribution to the Western Rights Tradition: An Historical Inquiry", *Boston College Law Review* 33, 1991, pp. 37–92; Brian Tierney, *The Idea of Natural Rights. Studies on natural rights, natural law, and church law*, 1150—1625, 1997, pp. 43–77.

② Richard Tuck, *Natural Rights Theories*, Cambridge: Cambridge University Press, 1979.

③ John Finnis, *Aquinas: Moral, Political, and Legal Theory*, Oxford: Oxford University Press, 1998, pp. 170–176.

④ Michel Villey, "La genèse du droit subjectif chez Guillaume d'Occam", in *Archives de philosophie du droit* 9, 1964, pp. 97–111.

⑤ Knud Haakonssen, "Hugo Grotius and the History of Political Thought", in *Political Theory* 13, 1985, pp. 239–265.

⑥ Leo Strauss, *The Political Philosophy of Hobbes. Its Basis and Genesis*, London: Phoenix Books, 1963([译注]中译本参施特劳斯,《霍布斯的政治哲学》,申彤译,南京:译林出版社,2001); Norberto Bobbio, *Thomas Hobbes and the Natural Law Tradition*, trans. C. Gobetti, Chicago: Chicago University Press, 1993.

⑦ Jack Donnelly, *Universal Human Rights in Theory and Practice*, Ithaca: Cornell University Press, 1989, p. 60.

出,法和正义、法则、个人权利的意思相同,而力量/能力 - 权利和
请求权都已经进入自然法概念框架中。例如,格劳秀斯——他为
所有后来的现代思想家设定了法律术语——说,法主要是一种能
力(factultas),即执行某个行为的能力,同时也是一种个人力量。
不过,这种能力被称为一种权利这个事实,并不意味着它包含任何
特定行为的可能性或实际发生,而只是某种合法行为的可能性或
真正发生——它不是一种 potentia 权利(right-potentia),而更多
的是一种 potestas 权利(right-potestas)。格劳秀斯的权利,是个
体去践行理性所规定正义之事这种可能性的核心。它不是粗糙的
物理能力,而是那些合乎正义和自然法之事的可能性或真正发生。
在现代性产生的时期,权利意味着一个正义概念,而不是单纯的物
理行动——个体的能力必须是"道德的"或"合法的",按苏亚雷兹
("道德能力")和奥卡姆("合法力量",potestas licita)各自的说法。

　　在这种框架下,早期现代的一些人甚至敢把廊下派有关自然
法的宇宙论观点吸收到权利语言中。这正是格尔森和苏门哈特
(Conrad Summenhart)最终所做之事:在古典概念中,法是作为正
义,其中包含着宇宙的和谐原则,他们把这种原则跟所有权的个人
性质联系在一起。在这样一个完全正义的宇宙中,所有事物都有
其存在的位置,由于这种圆满性可以称之为正义,因而,所有事物
的属性都是这种正义的组成部分。因此,他们得出结论说,即使是
动物和没有生命的物体也拥有权利。但尽管如此,权利的说法并
不能跟行动的物理能力完全混淆,因为即使这些理论家中的最激
进者苏门哈特,也区分了动物的权利与人的权利——后者是理性
的力量,而前者则纯粹是因为符合自然正义。①

----

① 　Brian Tierney, *The Idea of Natural Rights. Studies on natural rights*, *natural law*, *and church law*,1150—1625, 1997, pp. 245-249.

格劳秀斯的假设论证表明,摆脱教会控制(laicization)的倾向在不断增加,而这种倾向开始渗入这个仍然很不成熟的权利说法。最终,物理行动的所有特定能力都可以视为一种自然权利,不管它是否符合理性。例如,图学派(The Circle)的一些成员认为,所有那些能力,即反映了对于人类本性近乎伊壁鸠鲁式(epicurean)看法的能力,都可以纳入自然权利的语言中。因此,他们把权利界定为纯粹的物理能力,每个人都拥有这种能力,为的是追求快乐——[94]用泰勒的话说,"本性的权利是一种完美、普遍的自由,可以去做任何能够让我安全、快乐的事情"。[①]

这个时候,霍布斯——在自然权利的概念方面,斯宾诺莎主要受到他的影响——已经准备好要把权利概念延伸至这一点:把古典罗马的力量(potentia)概念而非权力(potestas)吸收进个体性领域。首先,霍布斯拒绝了格劳秀斯对法的三重划分,在他看来,法仅仅是人类追求力量的自由:一种力量的权利。其次,他回忆了廊下派提出的那些概念:在所有存在物中,都有一种自我保存的内在力量;而且,为了把这些概念放入司法框架中,他剥除了它们的所有价值论指涉:自我保存者的力量权利。第三,受笛卡尔的竭力(conatus)这个物理概念影响——根据笛卡尔的看法,所有物体都有一种保存它们现有运动或静止状态的倾向——霍布斯认为,自然权利主要是指,人类有自由去实现他们所喜欢、不妨碍人类生存的所有事情:一种尽其所能的权利。

这基本上就是权利语言到斯宾诺莎那里时的历史语境。在个体的行动品格和某个力量概念——首先,类似罗马 potestas 的力量概念,其次,用霍布斯的说法来说,是一个类似罗马 potentia 的力量

---

① Jeremy Taylor, *The Whole Works*, vol. XII, London: Longman, Orme, Brown, Green and Longmans, 1839, p. 192.

概念——之间,总有一种内在关联。不过,在力量的效果上,无论是 potestas 还是 potentia 都包含不同的环节——也就是说,它们既包含亚里士多德的潜能概念,也包含其事实概念,虽然自然权利的说法并没有吸取经院哲学家的区分,即对力量的主动向度和被动向度所做的区分。实际上,据说,个体的行动品格要么是 potestas 的显现,要么是 potentia 的显现,而对这些品格的看法,总是唯独在一种主动的意义上(作为行动的能力),而不是在被动的意义上(作为行动对象的能力)。例如,苏门哈特认为这个细节非常重要,以至于他在其作品《论契约》(*On Contracts*)中花了好几页的篇幅去讨论:亚里士多德的被动力量(potentia passiva,用阿奎那的术语)概念,如何跟所有个体自然权利的特定概念不相容。

　　这里的要点在于,当个体权利来到斯宾诺莎那里时,它要么是作为单纯的力量——去进行一个可实践的、可能的未来行动的力量——拥有者,要么是对一个特定行动现实、当下的践行。在某些环境中,对个体权利的确定,可以仅仅通过亚里士多德潜能的存在:一种指向某些目标的潜能由理性决定,所讨论的权利是一种"道德能力"或"正当力量";[95]一种追求某些目标的潜能由人类欲望决定,所讨论的权利寻求快乐,正如图学派成员所确定的那样;或者一种追求某些目标的潜能由自我保存所决定,而所讨论的权利遵循的是霍布斯的诠释。无论哪种情形,要让一种个体自然权利事先存在,都不需要进行实际的行动。个体权利的原初胎记不只是一种现实的力量,而是亚里士多德所谓的潜能。不过,这并不意味着,亚里士多德的潜能跟个体权利的含义完全相同——要实际行使一种权利,并不需要取消这种权利,而如果从权利的界说中排除掉现实性,由于现实性跟潜能相联,那产生的结果恰恰是取消了权利。如果实现目标的唯一可能性已经可以称为一种权利,那么,这个目标的真正实现就代表着先前所存在权利的真实效力。

早期现代对自然权利的这种说法,既包含了实现某个目标的潜能,也包括那个目标的实现。换句话说,自然权利这种东西,内在于仅仅是设想的其持有者的存在之中(于是,它的力量只是亚里士多德的潜能),当一个具体行动从这种内在性中产生的时候,它就得到了实现。朝向某个目标的潜能,表明的是权利的想象性呈现;某个目标的实现,则表明那个权利的现实存在。

相反,斯宾诺莎谈论自然法,是专门在个体力量——主要是potentia——的意义上。很像传统的权利语言,他是从个体的角度看待自然法,并将其与一个特定的力量概念相关联。乍看起来,他似乎很接近霍布斯对个体权利的说法。然而,这正是他对自然法概念框架进行的另一个变革。他认为,从个体角度来说,自然法是那些必然、确定的力量表达之集合——但这个力量是完全现实的自然力量(potentia),等同于亚里士多德所说的事实(energeia),而不是潜能。

斯宾诺莎的力量概念所涉及的自然法,是那些确定一切事物如何产生的自然法。这些法则不是对事物如何产生或应当如何产生的隐藏规定,也不是对它们的描述,而是潜能之外的铭刻力量,它们在合法性参量上是中立的。在《伦理学》中:

> 不能够存在就是无力(impotentia),反之,能够存在就是有力(potentia),这是自明的。(《伦理学》第一部分,命题十一,别证;[译注]参中译本,页12)

[96]跟界说自然法时所做的一样,斯宾诺莎在这里再次将力量与存在相关联。哪里必须有存在——法令(fiat)——那里也将会有自然力量。像"行动的力量"(potentia agendi)这样的说法,也经常出现在斯宾诺莎的文本中,它们主张,哪里必须有行动(activ-

ity），那里也就会有力量。对斯宾诺莎来说，由于行动总是会出现在存在之中，因而，行动的序列似乎遵循存在的先验序列。力量总是意味着存在（being）与实存（existence）或实存行动间的联结。在斯宾诺莎的术语中，所有存在或行动的决定之物都可以称为力量。

对于传统上跟权利语言有关的亚里士多德式概念，斯宾诺莎非常明确地予以拒绝。由于他的力量概念涉及各类决定存在或行动的东西，力量在存在和行动的所有序列中都必须出现。这意味着，自然法这个领域正是神的本质，因为自然法被专门放入一种力量术语中。在斯宾诺莎看来，神的本质是必然性的表现，因为他认为，必然的存在，"不由于其本质使然，即由于其外因使然"（《伦理学》第一部分，命题三十三，附释一）。神的圆满性包含了神的必然存在（《伦理学》第一部分，命题十一）——神的本质就等同于神的存在，因为神是自因的。因此，在斯宾诺莎那里可以找到本体论论证的完整表达。对神之本质必然性的认识，依据一种因果的连续关系：由于其自身的本质，神的存在和行动总是透过因果关系［发生］。简单来说：神的本质就是神的力量（《伦理学》第一部分，命题三十四），这意味着神就是力量。因此，"神或自然"的论证必然导致，存在和行动的所有必然起因都是神力量的显现。按照定义，因果关系是必然的，是必然的序列。因此，神的存在和行动，及所有在神之中存在和行动之物的存在和行动，都必定发生在一种因果性和必然性的序列中。力量是主动因果关系中的一种必然存在，不需要考虑各种可能性或目标。它是一种必然事实，而非有着积极关联的潜在可能性。斯宾诺莎在其力量概念中对亚里士多德潜能的拒斥，似乎显而易见（《伦理学》第一部分，命题三十一，附释）。

从个体性的角度看——在个体性那里，斯宾诺莎确立了他的自然法理论，此理论与力量概念有关——这个论证并非如此明确，因为个体事物的本质既不涉及也不断定它们自己的存在或行动（《伦理学》第一部分，命题八，附释二；《伦理学》第三部分，界说三）。跟神不同，个体之物不能被看作自己的原因。个体在行动之中的存在，由以外部单个事物为原因而形成的无限联结所决定：某物的存在和行动，是因为另一个存在和行动着的事物决定了它的存在和活动，反过来，[97]这个决定物的存在和行动，又由其他存在和行动着的事物决定，以此类推（《伦理学》第一部分，命题三十三）。想在个体本质中找寻它们自身存在和行为的原因生产力，是不得要领的，因为它们需要受到外在本质的决定。个体的本质不是其自身的力量。

　　这产生了一个严重问题：在斯宾诺莎的界说中，自然法是个体本性的法则，这些法则决定了个体的存在和行动，那么，如果个体的存在和行动只能出于外在的致动因，这难道不意味着，个体根本没有力量，因此它们也没有自然权利？从早期现代个体主义的角度看，斯宾诺莎对自然法的界说很难克服这个问题。然而，斯宾诺莎从未真的认为，个体是本体论上的偶然之物，是一个"国中之国"。确实，个体在自然中存在和行动——如果它们受外部原因所决定，这些原因也是单个事物，并且受其他外部原因所决定，如此等等，那么，在这个有限决定物的无限链条中不可能发现力量——因为如果某个体的存在需要另一个个体，而这另一个个体又需要其他个体，如此等等以至无穷，那么，人们在这里所发现的，更多是永远无效的重新定向，而非一个有力量的生产。要让这个有限决定物的无限链条恰当地发挥作用，必须加上一个有效的力量概念，即存在本质的必然序列。由于这只发生在神的本质或力量中，因此，个体的所有自然力量都只能是神的力量本身，虽然是经过个体改进的[力量]。

　　斯宾诺莎并不打算撤销个体的存在和活动，从而使它们变得毫无力量;也不打算把个体的力量看作是,神为了它们适时存在的持续性而暂时授予它们的东西。相反,他力图提供的个体概念,是在各种关系之中的诸关系——不能在本体论上孤立地设想这个个体。如果认为,对于所有融入自然权利这个普遍范畴——这个范畴是人类权利传统背后的推理,根据这种传统,要想成为权利拥有者,一个人唯一不得不去做的,就是符合作为人的要求——的特定存在来说,力量是其唯一特征,那么,权利语言主要是专属性的,因为一个人的权利就是,在没有外在阻碍的前提下,他朝向某一目标的潜力或活动。在这个意义上,一个人的权利已延伸远至另一个人权利的开端。一个人的权利与另一个人权利之间的区别,可以用他们相互之间的限度来确立。用斯宾诺莎的话说,传统的自然权利作为那些仅仅是有限之物的特征,即作为那些"可以为同性质的另一事物所限制的东西"(《伦理学》第一部分,界说二)的特征,[98]它们只适用于受限之物。然而,斯宾诺莎自然法的展开,是在个体性领域,这个领域不仅仅是有限的,而是特殊的、个别的、本体论的——自然法的发展,不能通过有限性的原子视角,而只能通过本体论关系的因果表达。因此,不能轻易把斯宾诺莎归入自然权利传统,原因有二:首先,他基于个体性角度的自然法理论不仅仅是主体性的,而且也涉及自然的法则;其次,主体权利的惯常说法,意在表达有限的原子式个体,他们的权利是排他性的,而斯宾诺莎自然法的表达,是在个体那里,这些个体通常是具有包容性的各种关系。①

---

① 斯宾诺莎似乎预见到了马克思对法权传统的批判,根据马克思的看法,"所谓人权……只是利己主义者的权利,只是那些脱离他人、脱离共同体的人的权利……这里所说的人的自由,是作为孤立的单子、封闭在自身之内的"。参 Karl Marx, *On the Jewish Question*, in *Writings of the Young Marx on Philosophy and Society*, ed. and trans. D. Easton and Kurt H. Guddat, Indianapolis: Hackett, 1997, p. 235。

斯宾诺莎的个体不是那些孤立点,通过排斥其他一切东西确立起它们的同一性。恰恰相反,斯宾诺莎的个体是生存现象,是神本质的产物,神的本质在于,神本身是生产性的,整个自然也是生产性的。在神的自因中——在这个原因的所有时刻,包括绵延和永恒——这些个体是关系性的、独一无二的[存在]。

个体是否即使期间停止存在也仍然是个独特存在,这在斯宾诺莎研究中是个有争议的问题,尤其是因为斯宾诺莎在《伦理学》第二部分命题八附释中对这问题的讨论不清不楚。我认为,个体在永恒中是一种独特存在。这有两个原因,首先,如果一个本质的独特性和特殊性仅仅来自其行动之中的存在,像某些评论者认为的那样,那么,如何理解斯宾诺莎的伦理理论中个体超越单纯身体持续存在的永恒性(例如将在《伦理学》第五部分中发现的永恒救赎学说)?第二,如果"对于一切自然物,不论它们现在是否存在,我们都可以充分地予以设想"(《政治论》第二章,第二节),那么,如果一个个体不再在行动中存在,如果它失去了其单一性和独特性,那么,人们如何设想这个个体?认为个体本质在神之属性的永恒存在中不具有独特性的看法,似乎无法解释:如果一个单个(存在的)自然事物不再在行动中存在的话,那如何可能去设想它。

个体本质的独特性,并不仅仅表现在个体起源界说的品质上。[①] 这些本质的可区分性,毋宁是主要作为一个真实生产力的变种。它们的区别在于,在自然之中所生产的单个事物数量不同,而非具体在于它们的品质。在这个意义上,个体的差异不是外在的(因为它们在永恒中既非形状,亦非否定[书信,第50封]),也不仅仅与性质有关(因为本质要参与神的生产),而主要是内在的数量。对个体本质的理解,是通过它们的属性(《伦理学》第二部分,

---

① 这是 Guéroult 的论点,参 Martial Guéroult. *Spinoza:II–L'Ame(Éthique II)*, Paris:Aubier, 1974, pp. 99–101。

命题八,附释),因此,它们是在肯定神之必然决定论的不同强度,并因此是在肯定积极决定论的不同程度,这种决定不需要设想某种外在之物。每个个体的起源界说,都在一种合乎神之本质的次序中设定了个体的独特性,在这种界说之内存在一种生产性要素。[①] 某个体的本质区别于其他个体的主要之处,是因为它有着不可重复的生产强度水平——其自身的数量。而且,用斯宾诺莎的话来说,生产通过因果关系展开。因此,由于在无所不包的因果序列中,个体是独特的存在,因而,它们是不同程度的原因力量。个体的力量是具体到某确定个体的神之力量:在神力量的决定中,正是这种数量上的确定性和独特性,使得一个特定个体中神力量的概念,成为它(这个个体)自身的力量。由于神的力量具有必然性和因果性,因而,个体的力量也将同样如此——它是存在的强有力呈现。

[99]不像某些评论者所认为的那样,[②]在斯宾诺莎那里,自然法与力量(potentia)间的概念关联,并不是像犹太风格(marrano-styled)修辞中使用的那样一种简单比喻。相反,对斯宾诺莎来说,只有通过本体论力量本身,自然法的个体表达才能得到理解,并得到确切界定。根据个体的自然法,个体的自然权利是个体真实的原因力量。一个人有权利去做某件事情,如果他做了这件事情的话——就是如此简单。可能性与个体自然权利毫

---

① 在这个问题上,我紧紧追随 Deleuze 的看法,参 Gilles Deleuze, *Expressionism in Philosophy: Spinoza*, pp. 182 - 193。Deleuze 的积极差异(positive difference)概念,跟早期现代原子论的个体主义和黑格尔通过和解达到的辩证进步都相反,有关 Deleuze 的这个概念,参 Simon Duffy, *The Logic of Expression: Quality, Quantity and Intensity in Spinoza, Hegel and Deleuze*, Aldershot: Ashgate, 2006, pp. 95 - 134。

② Yirmiyahu Yovel, *Spinoza and Other Heretics*, vol. II, Princeton: Princeton University Press, 1992, p. 149.

无关系。斯宾诺莎的个体性概念，比人类个体的范畴更宽泛，因此，所有个体都是这种自然力量的表现——人的权利就像狮子或鱼的权利那样自然，这就是为什么斯宾诺莎会说，狮子和鱼拥有吞食较小动物的自然权利，正是因为它们天然拥有这样做的强大力量（在必然性因果的意义上）（《神学－政治论》第十六章，页 195）。

罗马法学家乌尔比安（Ulpian）早已经把动物放入自然法的概念框架中：自然法"是自然对所有动物的教导；它不是专门给人类的法则，而是所有动物——陆地动物、海洋动物，还有鸟类——的普遍法则"。[1] 然而，乌尔比安的定义跟斯宾诺莎的并不一样。乌尔比安这里有点像廊下派的口吻，他要说的是，一个合理的自然会给所有动物规定那种可能性，即达到每种动物的本性实际能够达到的状态的可能性。这里呈现的事实，不是在行动之人其个体属性的范畴中，而是作为自然统治的必然结果，自然的圆满性证实了一个合法的正义概念。因此，"鱼儿游水鸟飞翔"不是因为它们自身的权利才这样，而是因为通过这样做它们才遵守了合理自然的规定。这里既没有接近于权利语言的东西，也没有提到因果关系。

因此，斯宾诺莎的个体自然法——即早期现代自然法概念框架所称的自然权利——是一种主动的存在。它不是可能性领域中一种选择的主权，也不是一种抽象能力。实际上，他在《伦理学》中明确表示，"没有志愿这样或志愿那样的绝对能力，只有个别的意愿，即这个肯定和那个肯定，这个否定和那个否定"（《伦理学》第二部分，命题四十九，证明）。斯宾诺莎的自然法没有给抽象意志概念留下空间，这主要是因为他认为，后者发生于一种可能性和偶然性的语境，确立这种语境的，是亚里士多德的潜能，以

---

[1] 参 Mommsen and Krueger (ed.), *Digest of Justinian*, trans. Alan Watson, Philadelphia：University of Pennsylvania Press, 1985, Bk. 1。

及尤为重要的,笛卡尔对意志和知性的区分——不同于亚里士多德,斯宾诺莎的力量是一种因果关系的必然样式;不同于笛卡尔,斯宾诺莎的理智主义在如下意义上是意动的(conative):它并不包含选择,而是涉及顺从。① 自然法语境明确拒绝绝对能力,这似乎让人想起格劳秀斯对权利的解释——权利是希望实现正义的个人能力。斯宾诺莎作为自然权利的力量,代表着对自然法理论一种新的现代变革。

他的力量概念既不是一种实现正义的能力,也不是一种获取自我保存的抽象自由(可实现,但并不必然会实现),而只是一种因果关系的准则。力量的延伸范围,远至以这种力量为原因而产生的直接结果——例如,通过获得其存在的实际生产所能产生的一切东西,一个个体人就是有力量的。他不是对他所能得到的一切东西拥有自然权利——他对所有他实际得到的东西拥有自然权利。他自然力量的唯一限度,不是对理智的需求,而是那个从中他不再被视为直接原因的行为。[100]斯宾诺莎说,从个体角度来看,自然法与其力量同延,此时,斯宾诺莎的意思是:权利的"延伸",远至生产的结果;它跟个体生产的所有结果"同延"。

然而,亚里士多德在讨论麦加拉学派(Megaric school)的时候早已经承认这样的看法:力量有时等同于现实性(亚里士多德,《形而上学》,前揭,IX,1046b29-1047a29)。根据他的说法,如果力量等同于现实,那么,一物只有在已经行动的时候,它才能够行动,而当它不在行动的时候,它就不能行动,这显然非常荒谬。如果麦加拉学派的说法得到了认真对待,那就不能够说,例如,一个坐着的

---

① Genevieve Lloyd, *Part of Nature*: *Self-Knowledge in Spinoza's Ethics*, Ithaca: Cornell University Press, 1994, p. 62.

人拥有站起来的潜能(因为他现实的有力存在是"在坐着"),或者说,一个站着的人拥有坐下的潜能(因为他现实的有力存在是"在站着")。站着的人将永远站着,坐着的人将永远坐着,除非受到外力作用。由此,运动和生成要么就是不可能的,要么就成了本体论上的变换。

斯宾诺莎了解亚里士多德的潜能用法,也了解其对麦加拉学派的批评,但对此反驳,他似乎并不忧心。他的力量概念并不等同于一种要实现未来目标的当下能力——它不是肯定某种未来之物的当下之物。在自然的力量那里并不存在未来,不管是逻辑上的还是时间上的。个体的力量,以及由之产生的个体自然法的表现,实际上是他自身因果关系外延的准则,是其所有结果的范围。因此,可以说一个坐着的人有站起来的力量,如果他站起来的现实意志或现实行为,是由其自身的存在之物(心或身,各自地)所导致。而如果他站起来的现实意志或现实行为,是由于外在于他的原因,那么就要说,他没有力量站起来。

斯宾诺莎对自然权利语言的变革似乎导致,如果不对这个术语进行彻底改变的话,人们就无法再谈论自然权利。首先,无论何物只要存在,就自然合法,无论什么只要是个体做的,就是自然法的表达。相反,自然权利传统暗示说,某些行为违背了自然法,并超出了自然法,因此,它们并不正当。其次,除了存在之物外,没有什么东西是自然合法的,这意味着,不存在尚未实现的权利——权利不是理想的或潜在的道德样式,必须被激活,而是铭刻于个体之中的力量,这些力量越是自然,就越多被激活(它们越多作为原因)。力量主要是一种因果准则,是绝对必然的,绝不会是偶然的或假设的。但它有一个现实的向度,跟伦理、司法和政治相关——[101]因此,它代表着对自然法概念框架的一种新的内在重建。

一种内在力量(一):被动力量

　　斯宾诺莎自然法理论中的力量概念,从其界说的角度来看,产生了一个相应的问题。他说,自然法在个体那里的表达,是决定这个个体自身存在和行动的力量。同时,他坚持认为,单个个体的本质,不能产生它们自身的存在。要克服这两个说法之间的明显冲突,显然,第一步是要用一种存在的力量——即,神的力量——去填充单个事物原因的无限联结。然而,这并没有解决整个问题,原因在于,它并不足以证实自然法在个体中的存在和表达,因为如果"每个自然物从自然那里得到的法则,跟它所具有的存在和行动的力量相同"(《政治论》,第二章,第二节),那么,只有神(神似乎并没有满足斯宾诺莎的个体性概念,除了在类比的意义上)可以被说成是自然法的表达——并且,即使这样,也只是比喻性的。这个解决办法没有给本体性、起源性的个体自然法概念留下空间。在无限的本体论因果关系与有限的单一因果联结之间,存在一个逻辑断裂,莱布尼兹的批评早已指出这点,[①]而这个断裂在斯宾诺莎的自然法界说中似乎仍然存在。

　　解决这种断裂的方式之一是,对于斯宾诺莎那个作为原因

---

① 参 Richard Mason, "Spinoza on the Causality of Individuals", *Journal of the History of Philosophy* 24(2), 1986, pp. 197–210。Yirmiyahu Yovel("The Infinite Mode and Natural Laws in Spinoza", in Yirmiyahu Yovel ed. , *God and Nature: Spinoza's Metaphysics*, 1991)的结论指出,无限的样式在个体事物中生产出了机械性的因果关系,通过在垂直方向确定其他那些个体事物,那些在水平方向影响它的事物,而这反过来又经历着同样的因果过程。但这个结论似乎并没有真正克服这个逻辑鸿沟,而是转化为一种没有实际作用的永久重新定向——X 的力量来自 Y 的力量,Y 的力量反过来来自 Z 的力量,Z 的力量反过来……如此等等。人们始终无法真正知道,什么地点、什么时间、以何种方式,自然因果法则实际上赋予了 XYZ 以力量。

的力量定义,提出一个更宽广的概念——在这个概念中,个体力量是阿奎那主动力量(一种做决定和朝向目标的能力)和被动力量(被决定朝向某个目标的能力)概念的一种作为原因的、必然的说法。阿奎那的这两个概念是从亚里士多德的潜能概念而来,他将之表述为拉丁文的 poiein[行动的]和 paschein[被行动的]。谈到力量的时候,斯宾诺莎将之理解为行动中的原因,这意味着它既是"主动的"(作为原因),又是活动中的。但这并不意味着,斯宾诺莎的"主动"力量仅仅指实际的原因规定(一种决定性的 poiein),而不涉及实际的效果规定(一种决定性的 paschein)。例如,神的力量要求神的存在既是原因,同时又是结果,这表明,如果用因果术语去理解内在性,那么,考虑到一种内在属性,行动的结果就可能是某种自因的东西。如果作为某种外在之物的结果这个事实包含的是力量而非无力的话,斯宾诺莎的个体力量就可能混合了阿奎那力量的主动向度和被动向度。这样,力量可能意味着"某物的原因",但也是"某个作为他物结果之物的原因"。

[102]显然,这种决定性的被动力量取决于以下看法:斯宾诺莎作为原因的力量概念,导致了一物的属性内在于其本质之中的这种内在性。但如果个体本质必然是不同程度的神之力量——这种力量的存在,内在于神的本质之中,这在自因的界说中又得到了描述——那么,个体本质中的力量,必然同样包含内在性与内在原因的结合,虽然做了特别的更改。① 但如果在属性的永恒存在中,

---

① 　这是斯宾诺莎研究讨论的一个重要问题:Edwin Curley(*Spinoza's Metaphysics: An essay in interpretation*,1969,pp. 4-38;*Behind the Geometrical Method: A Reading of Spinoza's 'Ethics'*,1988,pp. 30-50;Edwin Curley and Gregory Walski,"Spinoza's Necessitarianism Reconsidered",in Rocco J. Gennaro and Charlie Huenemann ed. ,*New Essays on the Rationalists*,New York:Oxford(转下页注)

个体本质拥有独特的永恒存在——因为它们是数量不同、独一无二的神之原因强度的不同程度,这种原因强度表现为逻辑上的生产序列——那么,重要的是要辨识出,内在于每个独特个体本质之中的哪些属性,可以称之为它们的(内在)结果。

个体本质是积极决定之物的不同程度——它们肯定并表达了个体之物的本性,以及[个体]除此别无他物(nothing else)的本性。从这点出发,斯宾诺莎得出结论说:(1)每个界说都只不过表达了所界说之物的本性;(2)所有单个事物的存在都必定具有一个决定因;(3)这个原因必定要么包含于这个存在之物的本性之中,要么在它之外(《伦理学》第一部分,命题八,附释二;《书信集》,34/854-5)。很有意思的是,斯宾诺莎得出的这些结论,出自对一个本质性界说的肯定,即个体之物存在的原因要么是内在的,要么是外在的。事实上,他早已指出,认为个体的本质是它们自身存在的内在原因是很荒谬的。实际上,对一物真正的界说,需要这物本质的存在,因为所有存在之物和可认识之物,都只是在神之中存在、在神之中被认

(接上页注)University Press, 1999, pp. 241-262)说得很清楚,斯宾诺莎那里不存在原因的内在性,而 Martial Gueroult(*Spinoza: I-Dieu*[*Éthique I*], 1968, pp. 293-294)则说,内在性只是用因果术语进行的理性解释,这跟说"内在性就是因果性"不同。对 Curley 和 Gueroult 的批评,参 Don Garrett, "Spinoza's *Conatus* Argument", in John Biro and Olli Koistinen ed., *Spinoza: Metaphysical Themes*, New York: Oxford University Press, 2002, p. 157; Steven Nadler, *Spinoza's* Ethics. *An Introduction*, 2006, p. 87; Della Rocca, "Rationalism run amok: representation and the reality of emotions in Spinoza", in Charlie Huenemann (ed.), *Interpreting Spinoza*, Cambridge: Cambridge University Press, 2008a, pp. 26-52; Yitzhak Y. Melamed, "Spinoza's Metaphysics of Substance: The Substance-Mode Relation as a Relation of Inherence and Predication", *Philosophy and Phenomenological Research* 78 (1), 2009, pp. 17-82; Valtteri Viljanen, "Spinoza's Essentialist Model of Causation", *Inquiry* 51(4), 2008, pp. 412-437。Garrett 和 Melamed 都承认,内在有效的原因包含着内在性,但由于他们坚持认为,单个事物的样式之间不存在真正的内在性,而是传递性,因而,他们实际上并不认为,内在性发生在个体的有效原因中。Viljanen 持相反的看法,尽管他并没有真正解释,原因的本质论模型是如何在个体样式中运作的。

识,而神的本质总是包含存在。因此,所有被界说的个体事物都必然存在,这种存在总是在永恒之中,有时在活动之中。但由于个体物的存在与否并不出自对它们的界说,而它们又存在,这种存在就外在于它们——个体物的存在总是外在的。如果它们的存在是外在的,那它们的外在起源(exogenesis)就是神必然的永恒存在;如果它们是活动中的存在,那它们的外在起源就在于其他个体(已然在活动中的存在物)事物的持续存在。

那么,要说个体事物在它们的本性中就包含着自身存在的原因,而又不至于陷入荒谬,这如何可能? 正是在这里,为了解决这个问题,斯宾诺莎的决定论力量概念可以吸纳阿奎那的被动力量概念。

所有可认识的个体本质都必然存在,总是永恒的存在,有时是活动的存在——因此,个体本质的独特存在,不是一个本体论的偶然事件,[103]而恰是那个存在自身定位的必然属性:近乎一种内在属性。不过,由于个体本质不能产生出自身的存在,它们必然需要自身存在的外在起源。个体的本质并没有否定其自身拥有或不拥有存在的能力——相反,它肯定的是,它的独特存在并不依赖于其自身,而是依赖某种外在于它的东西。对某个个体之物的界说,表达了所界说之物的本性,以及下面的本质必然性:这物存在(永恒的,或在活动中的)之原因,存在于(同样也是永恒的,或在活动中的)所界说之物的本性之外。这并不意味着,个体之物的永恒存在,包含对永恒性和持续性的肯定,因为斯宾诺莎明确表示,永恒跟时间没有任何关系——永恒是神的圆满性,而时间则是存在物不确定的绵延(《伦理学》第五部分,命题二十三,附释)。① 它真正

---

① 关于一个稍微有些不同的看法,参 Bruce Baugh, "Time, Duration and Eternity in Spinoza", *Comparative and Continental Philosophy* 2(2), 2011, pp. 211 – 233。Baugh 认为,持久性是存在之物的真正性质,跟它们的本质相符。

的意思在于,个体本质(不管是永恒的,还是在活动之中的)肯定的
是,个体本身是某种在存在中的另一个(ad aliud)东西——本质是
在某物之中必然存在(in alio)的东西,它的存在,是作为它"在那
里存在"(being-there;ab alio[受造物])的一个结果,在永恒的圆
满表达中,或有时在持续性的间断表达中。

　　个体本质内在地肯定了自身作为无限力量的某个程度,同时
也肯定了自身存在之外在根源的必然性。它将自身"作为他物之
结果"设定为自己的内在属性。就像离开了山谷就不可能设想一
座高山,[①]离开了"作为他物之结果",也同样无法设想一个个体。
如果内在性被视为一个原因序列,那么,斯宾诺莎的决定论力量概
念就吸收了阿奎那的被动力量。逻辑上的内在变成了原因上的内
在——因为它是某种程度的力量,个体的本质是其在存在中"作为
某外在物之结果"的原因。本质的原因性展现了一种个体的自主
性,这种自主性将自身的他律性施加于现实(不管是永恒性的,或
是持续性的)。正像马舍雷(Pierre Macherey)准确指出的,"事物
所具有的他律性,铭刻于它们自身的界说中"。[②]

　　这种解释似乎克服了那种断裂,即,斯宾诺莎的自然法界说
与个体物的外在决定领域之间的断裂。个体之物(在活动之中)
的存在或不存在,受到外在的决定,但那种决定因素与此个体的
本质界说相符,这使得事物的存在成为一种外因的规定物。通
常,外在原因被视为可传递的,而非真正内在的,因此,某些评论
者猜想说,斯宾诺莎的因果关系具有双重情形:一方面,它是在

---

① 内在于事物本质之中的属性是这样一种属性,即,没了它,这个本质就无法存在,也
　　无法为人所设想。笛卡尔(第五沉思,《笛卡尔著作选》第二卷,页46)提出一个山
　　的例子,没有山谷,这座山既无法存在,也不能被人设想;斯宾诺莎重复了这个例
　　子,见《神、人及其幸福简论》I,I,1/37。

② Pirre Macherey, *Introduction à l'Éthique de Spinoza*, p. 177.

神之中的内在因果关系,另一方面,它是个体样式中的可传递因果关系,①这甚至可以表达为[104]垂直性(verticality)与水平性(horizontality)这样的说法。② 然而,如果这些外在决定因素是个体物本性的必要条件,那么,它们的结果也同样暗示着这种本性的实现。因此,它们也是个体本质的内在结果。换句话说,它们也是内在性的表现。

例如,如果某个体之物在活动之中存在,那么,它受外在决定,并因此成为活动中的因果传递序列的一个结果:在本体论上,被决定之物(结果)有别于决定之物(原因)。但由于受到一个作为内在决定物的外在规定,它通过肯定自己作为一个受造的个体之物而变成个体物本身。由此,传递性只不过是单个事物内在性的结果形式。

这种决定性、原因性的被动力量——它也是一种主动的被动性(active passivity),这种被动性对后面理解政治生产过程很重要——解释了在个体与个体之间如何能够找到内在因果联系,也解释了如何可以理解斯宾诺莎的自然法界说。在本性上,法律个体——个体所谓的自然权利——是一个传递的结果,仅仅是在一个同时产生的结果中作为其原因本质的内在结果。因此,通常应用于物理学的传递性领域,被融入到个体间内在因果的形而上学概念之中,这些个体受到它们自身本质中积极决定因素的相互作用。在这个意义上,传递性的说法只不过是个体内部积极力量之间相互作用的表面样子。

---

① Harold H. Joachim. *A Study of the Ethics of Spinoza*, New York: Oxford University Press, 1964, p. 227; Errol E. Harris, *Salvation from Despair*, The Hague: Martinus Nijhoff, 1973.

② Yirmiyahu Yovel, *Spinoza and Other Heretics*, 1992, pp. 157–159; Steven Nadler, *Spinoza's* Ethics. *An Introduction*, 2006, pp. 100–101.

个体本质内部存在着力量，也存在着个体的本质决定因素，这些因素对个体自身存在的产生和保持有着重要作用。自然法的力量与个体表达间的断裂得到了克服。个体自然法跟个体力量同延——也就是说，跟个体的内在决定力量同延，这种力量导致个体自身受到影响。而且，例如，一个个体人越是被如此安排，即，他能够以多种方式受到他自身决定因素之外在影响，则他自身的力量就越大（《伦理学》第五部分，命题三十八）。结果，他的自然法的个体表达也就越大。尽管如此，个体对内在性传递形式的参与，不能仅仅被化约为受到外在的"影响"；另外，他确实将表现出自然法，尽管是非常短暂的——他也必须被如此安排，即他可以受到多种方式的外在影响。斯宾诺莎的力量概念，[105]不仅吸收了阿奎那的被动力量，而且吸收了其主动力量。在这个意义上，个体的主动力量就是斯宾诺莎所称的竭力（conatus）。

一种内在力量（二）：竭力

斯宾诺莎的竭力概念，按他的说法，是"每一个自在的事物莫不努力保持其存在"（《伦理学》第三部分，命题六），这个概念表达了主动原因力量的现实效力。在个体事物中，主动力量等同于这个竭力——按斯宾诺莎的明确说法，"力量或努力"（《伦理学》第三部分，命题七，证明）。由此，在斯宾诺莎的自然法理论中，竭力这个概念似乎起到了重要作用。

看起来，斯宾诺莎处理竭力问题的出发点，是笛卡尔和霍布斯使用该术语的概念语境。在其物理学中，笛卡尔用这个说法去描述一物在运动中所做的事情，即在没有阻碍的时候对运动的维系，以及在确实有阻碍的时候对运动施加力量以维持其持续性。笛卡尔的竭力概念主要应用于简单物体，基本上是一种惯性原则。① 在某种意义上，霍布斯使用竭力概念的方式［跟笛卡尔］相近，虽然其范围更广。他的竭力概念表达的是，以固定速度、朝着恒定方向通过某一点的运动，这个运动的发生，是由于其他通过某一点的简单物体运动所带来的撞击而产生的机械作用。② 不过，霍布斯力图设想一个最终也可以用于其政治理论的概念，因此他也提供了一个专门用于动物运动和人类本性的竭力概念。在这个意义上，笛卡尔的物体惯性原则变成了一种存在惯性原则，在其中，生命本身竭力保存自身的状态——由此，竭力开始等同于为了自我保存而进行的挣扎，对人而言，它发展为一种对抗死亡的策略。霍布斯可以将其竭力概念纳入自己的自然法理论之中。③

　　通过霍布斯，斯宾诺莎进入了早期现代自然法概念框架中，这必然导致他最终也会认为，竭力在自然法中是一个重要元素。不过，他在作品中对竭力的用法并不连贯一致，因为这些用法经历了好几次改变，直到《伦理学》做了界说式论证。在其早期的《神、人及其幸福简论》中，竭力是一物朝向保全自身的本质倾向——不管何时，只要有存在物，不管是在神之中还是在个体本质中，就都会有这种竭力（《神、人及其幸福简论》，I/5）。在《笛卡尔哲学原理》（*Principles of Cartesian Philosophy*）中，可以理解，他重新陈述了笛卡尔的概念，并专门提出一种应用于简单物体身上的有关竭力的机械论说法（《笛卡尔哲学原理》第二篇，命题十四）。[106]在这部作品的附录，他似乎接受了霍布斯的生物学转向，将生命界定

---

① René Descartes, *Principles of Philosophy* III, p. 56, *CSM* I, p. 259; *Principles of Philosophy* II, p. 39, *CSM* I, pp. 241–242.

② Thomas Hobbes, *De Corpore*, 15, 2, *EW*, I, pp. 206–212; *De Corpore*, 22, 13, *EW*, I, pp. 344–345.

③ Thomas Hobbes, *Leviathan*, XIV, *EW*, III, pp. 116–119.

为保持自身存在的一种力量——不过，不是所有生命，而只是神的生命，他称之为神的属性之一（《形而上学思想》，II/6）。这里，竭力似乎只是与神有关，而不真的是个体本质的一个属性。

《神学－政治论》指出，"每个个体应竭力（conetur）以保存其自身状态，不顾一切，只有自己，这是自然的最高的律法与权利"，①由此，他引入了一个新的视角。竭力（conatus）一词明确出现在这里，而非像《形而上学思想》那样使用"力量"或"生命"。它也是一种惯性原则，但由于被呈现为是适用于每个物体的自然法则，它似乎具有一种含蓄的本体论向度，就像在《神、人及其幸福简论》中具有的那样，尽管据这里所说，物体竭力保存的是自身的"状态"（state），而不是它们的"存在"（being）。此外，它对神和个体本质都适用，并跟政治论证相关，因此，斯宾诺莎在《神学－政治论》开始附论政治的时候非常接近霍布斯《利维坦》的第十四章。斯宾诺莎将竭力概念插入自然法框架中，就像霍布斯所做的那样。不过，在斯宾诺莎那里，与自然法相关的个体性概念比霍布斯的这个概念更加宽泛，因此，斯宾诺莎的竭力概念并不专门是人类学的——相反，它可以用于所有个体的本质。

《伦理学》改变了所有这些看法。斯宾诺莎对竭力的明确说法，只出现在第三部分开头，在第一部分本体论和第二部分物理学、认识论之后，第三部分和第四部分有关道德、政治的论述之前，乍看起来，这似乎有些奇怪。不过，即使稍微看一眼这个现象也会发现，它看起来是如何有些错位：第三部分论证的开始，前三个命题是处理心灵的主动和被动；接着，命题四到八专门处理竭力；从命题九开始，它又回过头去处理心灵的主动和被动，这次是用竭力的概念去处理。命题一到三以"心灵"开始，命题四到八以"物"开

---

① 　斯宾诺莎，《神学－政治论》，第十六章，页195–196；[译注]参中译本，页212。

始,命题九又再次以"心灵"开始。这就好像在命题三和命题九之间斯宾诺莎遇到了一个论证上的断裂,只有引入一个新的概念才能克服,而到当时为止,这个新概念仍然很含蓄。在这个意义上,命题四到八呈现的有关竭力的看法,似乎构成了一个独立于其他论证的文本——有关竭力的一个简短概要。

在第二部分的物理学中,或在第一部分的本体论中,斯宾诺莎本来很容易插入这个简短概要,这样,在遇到第三部分命题三到九的断裂时,他就可以很容易引用之前的概要。[107]但他并没选择这样做。为什么?答案很可能在这个实际的概要中,①从中似乎可以得出两个基本结论。首先,竭力被设定为一个本体论概念,因为它被界说为事物的"现实本质"(《伦理学》第三部分,命题七),这意味着(不同于《神学 - 政治论》),它不是试图保存某种特定状态或状况,而是本质的自我肯定。这个本体论向度不同于《神、人及其幸福简论》,也不同于《形而上学思想》——它是"事物"(《伦理学》第三部分,命题六)在一个"不确定的时间"(《伦理学》第三部分,命题八)中的竭力,是事物通过"反抗凡足以取消其存在的东西"(《伦理学》第三部分,命题六,证明)而肯定自身。由于神是永恒中的无限实体,没有任何对立面,因而,竭力只能适用于个体本质,这有助于解释为什么它没有出现在第一部分。

---

① 对于《伦理学》中被认为不一致之处,一些评论者提出的解释是,斯宾诺莎准备写作的时间很长(1663—1675),而且有时会因为《神学 - 政治论》的写作而受到打断。有两个不同的《伦理学》:一个主要由第一部分和第二部分组成,写作时间比较早,而剩下部分写作时间较晚,并且是从一个不同的角度展开(Antonio Negri, *The Savage Anomaly*, 2003, pp. 45-130)。《伦理学》的写作过程充满冒险,对于这个过程的历史,参 Piet Steenbakkers, *Spinoza's* Ethica *from Manuscript to Print*, Assen: Van Gorcum, 1994。然而,斯宾诺莎确实试图在 1675 年出版《伦理学》,这意味着当手稿完成的时候,他是认可其中所有看法的,包括第一部分和第二部分的那些观点。因此,书写过程的历史,在这里并不是一个贴切的论证。

　　第二,竭力的本体论比重足以让它拒绝一个专门的物理学含义。当然,在第二部分的物理学中,存在某些笛卡尔惯性原则的残余,即,如果简单物体处于一种撞击和受决定运动的相互作用之中——它们将持续运动,直到"为他物所决定使其静止"(《伦理学》第二部分,命题十三,绎理)。简单物体会保持它们的运动或静止状态,直到受某种外在的其他事物所决定,这预示了一种竭力理论。尽管有这些残余,斯宾诺莎还是想要让他的竭力概念完全成为本体论的,这正是他不能在第二部分伦理学中呈现此概念的原因:如果他预示了一种只跟简单物体相关的竭力理论,那就无法说明其本体论向度,因为只有考虑到内在构造的复杂性,本体论比重和圆满性才是重要的。因此,当斯宾诺莎在第二部分提到个体和复杂物时,惯性原则不再是完全主动的(因为这些东西确实具有本体论比重),而另一方面,对竭力的介绍,也不能完全根据那些只是抽象的东西。只有从它们本质的强大力量,而非纯粹外在的决定物去解释个体的时候,才能产生一种完整的竭力学说。因此,第二部分的物理学不可能产生一个确定的竭力理论,这显然并不意味着,斯宾诺莎的竭力概念可以没有物理学的前提。

　　《伦理学》中确立的竭力,不是像《神、人及其幸福简论》那样通过一种宇宙论的本体论;它也没有被化约为一种物理学的惯性原则,像笛卡尔那样;它不是神的属性之一,像《形而上学思想》中认为的那样;它也不同于霍布斯的自我保存模型,像《神学 - 政治论》中汲取的说法那样。《伦理学》的竭力,主要是活动之物本体论框架的核心轴线。因为属于个体事物领域,[108]在斯宾诺莎处理活动之物的哲学体系中,它能够贯穿所有学科之中——它是跨学科的,在物理学、心理学、伦理学、政治学和法学中都有效。但最重要的,它是一个关于个体性的形而上学概念。

　　每个个体都将自身设定为一种持续的自我肯定,因为它是某一程度的神之力量,跟其他自我肯定的个体处于一种生存性的相互影响之中。个体的原因就是其力量的肯定性,这不可避免地会在其自身本体论比重之外产生各种结果;但由于个体与个体的自我肯定之间持续地相互影响,其他人产生的结果能够到达他那里。在那种相互影响中,竭力是个体原因的重要恒量——它的存在,不是在一种作为必然原因的自我保存中(只有单单在永恒中,那才是个体的独特力量),而是在一种趋向自我保存的原因扩展中。竭力是持续的存在,这使得它通过一种不确定的因果动态过程呈现自身。

在个体竭力的力量中,自然法具有更深刻的决定作用——换句话说,竭力之扩展了的肯定性,让斯宾诺莎的法概念成为一个力量累积的策略(这就是波夫[Laurent Bove]所谓的"竭力策略"[①])。斯宾诺莎的自然法是因果法则——这些因果法则构成了个体铭刻于自然之中的东西——在存在上的连续性,是个体在其作为原因的所有生产中进行的自我努力。换句话说,它是创造那些从其本性必然会产生的一切事物的现实力量,这最终包含了一种在存在上自我保存的倾向。从形而上的角度来说,这代表着斯宾诺莎自然法理论的整个视域,也表现了其渐进式积极个体化设计的方法。

---

① Laurent Bove, *La stratégie du conatus. Affirmation et résistance chez Spinoza*, Paris: Vrin, 1996.

第二部分
政治自然法

第四章　民　　众

[111]虽然斯宾诺莎的自然法界说主要是形而上学的,但这些界说却没出现在他形而上学的作品中。相反,它们总是出现在斯宾诺莎讨论法和政治的地方。他的自然法革命将一种伦理和法律的概念框架,转变为破译自然的一把钥匙。另一方面,人是自然中最为复杂的个体之一,人铭刻于自然之中的强力印记——即人之自然法的自然表达——也同样复杂。人的自然法表达了他特定的铭刻之物,这种铭刻是由于其现实的人类本性。使某种个体成为人类个体的东西,是其构成结构,这种结构让他成为他所能够成为的原因上最复杂的东西,即表达人类自然法所特有的东西。因此,斯宾诺莎讨论的是一种"特定于人类"的自然法(《政治论》第二章,第十五节),他的自然法理论不单纯是一种个体化的设计,而主要是一种人类积极个体化的设计。

对这个设计的评价,只能在人现实的存在中,作为其自身赋权(empowerment)的方法,即作为人在自然中的自我铭刻。由于人类个体是诸关系中的关系存在,他们的存在就正好是来自他们自身之间关系的现实性。于是,人类自然法就好像是在叙述一种共同的人类化,它通过人的社会性而发生,在这种社会性中,力量向人类个体显现。此外,从力量的角度来说,政治作为人类关系的一种范式而发挥作用,因为在其羽翼之下包含了所有其他类型的力量——传统而言,政治甚至代表了这样的地方,在其中,力量的本质得以实现。这是如下说法的原因:对人类个体化来说,某些自然法理论包含了一种类似救赎论(soteriological-like)的路线,只有当这种理论聚焦于政治向度分析时,它才能被充分理解。

[112]斯宾诺莎的自然法革命远远超出了形而上学领域,并因此在整个政治领域有着持续回响。支撑其自然法理论的三个概念基石,必须在政治语境中拥有它们对人类个体的具体说明。本书的剩余部分将聚焦这每一个概念基石——个体性,法则,力量——因为它们属于一种政治自然法理论。

然而,从一开始就可能发现这个事实:形而上学的变革不是像石头投进平静水面引起的离心式波纹那样,只是简单地继续扩散到政治学上。相反,它们更像是新的石头被投进了完全不同的静止水面上。例如,斯宾诺莎的个体概念不是仅仅表现出跟传统形而上学个体性论题的决裂,它也表明,早期现代社会契约传统中有关自然状态的看法,与关系本体论之间存在矛盾。斯宾诺莎要努力解决这种矛盾,方法是呈现一个通过多样性获得授权的概念,这概念是他从马基雅维利(Machiavelli)那里找到的:民众概念。本章将表明,民众的多样性如何成为政治个体化的一个决定因素。

自 然 状 态

就像大部分早期现代政治理论家那样,斯宾诺莎有关政治的人类自然法理论,始于个体这个概念。按照传统来说,作为政治的起点,人类个体包含着一种先于社会而存在,同时能够形成群体组织的能力——这种具有构成群体之潜能的在先存在,在现代通常被描述为"自然状态"中的个体性。

如同前人一样,斯宾诺莎采用了这个概念架构,他仍然讨论自然状态和社会状态。然而,他的个体性是作为诸关系中的关系存在,这样一种观念,使得似乎甚至很难去想象这样一个人类个体,即,他是人,但又没有跟其他人类个体处于任何关系之中。斯宾诺莎的自然法理论似乎要求说,为了有效地将自身铭刻于自然的力量之中,人类个体要向其他人类个体伸出双手。因此,在斯宾诺莎那里,自然状态中的人类个体是一条方法论上的死胡同。一方面,个体性被视为一种持续积极个体化的设计,这种看法使得斯宾诺莎不可能接受亚里士多德有关社会动物(zoon politikon,政治动物)的理论,[113]按亚里士多德的说法,在逻辑上,在本体论上,社会都先于个人,就好像人的身体先于人的手一样。① 另一方面,人类个体既不真的具有组成社会的内在渴望(不像格劳秀斯的看法),也不可能完全孤立于其他人而存在或被认识,这意味着,某种不存在的东西不可能创造出一个存在之物——在某种程度上,社会性必须首先包含在人的生存性自然法之中。因此,斯宾诺莎(不同于霍布斯)不可能完全接受从自然状态到社会状态这种政治构成上的转换。

看起来,只是到了晚期的《政治论》,斯宾诺莎才认识到这个方法论上的困境。因此,虽然斯宾诺莎接受了早期现代自然法的概念框架,其中包含着自然状态,但他自己的自然状态概念在其政治作品中也不断发生变化。首先,在《神学–政治论》中,他的自然状态几乎类似于霍布斯的自然状态:孤立个体的生存,或者说共存,是在一个相互充满敌意的环境中。关于这种敌意,斯宾诺莎提出

① Aristotle, *Politica*, ed. W. D. Ross, Oxford: Oxford University Press, 1962, I, 1235a9-29.

了三种不同的说法。在第五章中说，一个孤立的人：

> 如果他得亲自耕，种，收获，磨面，织布，缝衣，做维持生活
> 所需要的各种事情，精力也不够，时间也不够。还不用说艺术
> 和科学，这两门对于人性的圆满与幸福也完全是必需的。
> （《神学－政治论》，第五章，72；［译注］参中译本，页81）

社会的正当性在于，如果人类之间相互敌对，那么，人需要发
展一种策略来保证自己的安全，自我保存；但它更首要的正当性在
于，要面对一种普遍敌意的环境，人需要获得帮助。这种自然状态
的前提是，人孤立于其他人，虽然在自然情境下，这会给他带来持
续的压力，让他暴露于一种生命可能受到侵害的威胁中——他是
伊甸园之外的亚当。这个人寿命很短，但有着强大的自我肯定性。
他是一个消极的不平衡力量。

在第十六章，为了抵抗环境对身体的侵害，人仍然需要帮助，
但现在，社会的正当性首先在于，人需要得到安全，免受伤害。据
说，人"生活于自然的统治之下"，也就是说，他是有理智的人，但并
不必然受理智的指引。他具有/作为一种最低程度的侵害力量，而
且，他所具有/作为的那种很小程度［的侵害力量］，尤其通过本能、
渴求、欲望呈现出来。这个孤立之人主要是一个情欲之人。［114］
由于"按照欲望的规律，每个人就被牵到一个不同的方向"（《神
学－政治论》，第十六章，页198），所以，无论何时，在一个充满敌意
的环境中，一个孤立之人遇到另一个人时，他们更可能产生忿恨，
而非产生受理智指引的相互帮助。因此，第五章中充满敌意的环
境，现在主要是人与人之间的相互敌对——人成了伊甸园之外寻
找另一个亚当的亚当。要克服这种不安全感，唯一的方式是，通过
转让个体力量，建立一个互不侵犯的契约——在这个意义上，《神

学－政治论》第十六章非常接近《利维坦》第十四章。

不过，第十七章说，这种转让不可能是完全的，因为恨、爱、恐惧及所有其他"遵守人性规律必然产生的"（《神学－政治论》，第十七章，页208）情感，对于任何处于自然状态中的人来说，都绝不会被真正放弃。力量的完全转让，只不过是理论上的设想，因为如果真的出现这样的完全转让，那么，人首先失去的是使其成为人类个体的东西——为了让社会能由人类个体所构成，每个人都应当具有/作为某种最低限度的力量，即使是在开始社会合作的时候。因此，从自然状态到社会状态的根本转变，并不必然要求前者的终结。相反，由于无人能够转让他的全部自然力量，他在自然状态下的情感，也必定正是他在社会状态中的情感。正如在准备写《神学－政治论》的前一年，斯宾诺莎写信给耶勒斯时所说（《书信集》，50/891-2），人的生活，一只脚在自然状态，一只脚在社会状态。

《伦理学》描述的自然状态，是一幅稍有不同的画面。现在，斯宾诺莎对个体性概念的主要设定是，将之作为相互传达的各部分之间一种运动和静止的理性（ratio）。个体是"开放的交流"——个体是一种过程和关系，在竭力概念中获得了本体论深度，并形成一种"关系本体论"。"处于自然状态原始条件下的孤立人类个体"——从这个孤立个体的经验中，政治社会得以建立——这种观念，似乎是某种不可想象的东西。实际上，斯宾诺莎一开始就说，如果不跟外界事物保持联系，人不可能保存自己（《伦理学》第四部分，命题十八，附释），这似乎很像他在《神学－政治论》第五章所说的话，但有一个重要差别：斯宾诺莎在论述这种需要跟外界事物建立关系的正当性时，是通过回顾第二部分的公设四，那里谈到，"人身需要许多别的物体，以资保存，也可以说是，借以不断地维持其新生"（《伦理学》第二部分，命题十三，公设四）——从字面来看，新生是身体保存的必要条件。反过来，[115]这个公设的正当性，来自补则四,根据其说法,对这个开放交流的个体来说,即使其构成要素移除出去,同时,其他相同性质的物体取代了它们的地位,这个个体也仍会保持其本性,其形式不会发生变化(《伦理学》第二部分,命题十三,补则四)——个体必然同时包含构成之物的进入和退出,这意味着,拥有最低自然力量的行动之人,必定已然与一个具有相似本性的个体处于一种关系之中。

　　《伦理学》中处于自然状态的人,与《神学-政治论》中处于自然状态的人不同,在后者那里,人是一个孤立的个体,没有其他人的帮助,他在力量上不断减弱。现在,他成了一个模仿的(imitative)存在,其身体总是处于一种平衡状态,而非消极的不平衡状态。这恰是斯宾诺莎界定儿童身体的方式,亦即,儿童身体"好似总是处在平衡状态之中","只要他们看见别人做什么事,他们立刻就要去模仿"(《伦理学》第三部分,命题三十二,附释)。自然状态下的人不再是亚当,而是一个成年儿童(infans adultus)。① 霍布斯式自然状态下的人类经验,现在只是一个空洞的理论。据说,个体人是本体论上开放的交流者,被看作模仿的人,这只有在人与人之间的存在关系中才能得到充分认识。尽管在社会的形成上,[《伦理学》]跟《神学-政治论》有着同样的正当性辩护——人自身不足以发展出保存自身的资源,还有人类的相互敌意——但是,自然状态中的人已经不再是其自身环境分解之前的合成物(这也是因为,如果竭力才是人的真正本质,那么,一个人要想成为一个合成物,他必须已经是一个正在努力的合成物,而不仅仅是受到侵蚀的合成物),同样,他也不再被放进一个孤立的环境中。结果,斯宾

---

① 亦参《伦理学》第四部分,命题三十九,附释,那里设想了一个拥有全新身体本性的人,但没有任何记忆或习惯。关于人作为"成年儿童"的这个传统,参 François Zourabichvili, *Le conservatisme paradoxal de Spinoza*, Paris: PUF, 2002, pp. 153–160。

诺莎不再拒绝这种观念,即,人可以被称为社会动物(《伦理学》第四部分,命题三十五,附释):《神学－政治论》中分析社会形成的"分解－综合"方法,及对自然状态转为社会状态这种观念的承认,在《伦理学》中不再能够全部看到。

为了解决跟霍布斯的"分解－综合"方法及亚里士多德传统的"社会动物"理论之间原初的不兼容性,《政治论》更进一步重新塑造了自然状态。在这部最后的作品中,斯宾诺莎主要关心的是因果过程,通过这种过程,自然法在人类个体身上发挥效用。斯宾诺莎仍然谈论"最初之人"的处境,谈论自然状态,但他现在用自权人/他权人(sui juris/alterius juris)这对源自罗马私法的概念,来衡量人类力量最低限度的表达。他明确表示,"一个人处于他人力量之下的时候",就是他权人,[116]而如果他能够"排除一切暴力,对于遭到的损害能够自主地给予报复,而且一般地说,还能够按照自己的本性生活"(《政治论》,第二章,第九节),那他就是自权人。在列举自权人的这些标准时,斯宾诺莎头脑中仍然带有"最初之人"的观念,而且他声称,如果他是处在自然状态下的孤立个人,那在他那里根本找不到这些标准中的任何一个(《政治论》,第二章,第十五节)。

由此,最初之人的力量既不是对自身权利的掌控,也不是他自身拥有的一种权利——他不是一个自权人。因而,这个人必然屈服于他人的力量——也就是说,他是个他权人。但如果他是个他权人的话,那么,要理解他,只有在已经存在某种发挥作用的个体力量、已经有他者存在的前提下才行。完全的孤立,跟他是最低程度之力量这种观念相冲突。因此,亚当的经历这种假设情境,只不过是想象和神学的虚构——它是一种意见,而非一个事实(《政治论》,第二章,第十五节)。

"分解－综合"方法受到了明确打击:"最初之人"必然是"跟其

他人共同生活的人"。不过,斯宾诺莎仍然认为,人既不具有对社会的格劳秀斯式渴望,也不仅仅是那些已经建立之社会的可推测成分。对政治开端的解释,仍然在自然状态的观念中进行。但这种自然状态具有了一种不同的状况,因为它似乎只有在人类自然法出现的时候才会出现,亦即在现实的社会中出现。这种现象发生的时刻,代表着自然状态诞生的时刻,也代表着人类自然法和社会诞生的时刻:

> 如果两个人通力合作(simul),那么,他们合在一起产生更大的力量,从而比任何一个单独的人对自然事物有更多的权利;以这种方式联合起来的人愈多,他们共同(simul)拥有的权利(jus)也愈多。(《政治论》,第二章,第十三节;[译注]参中译本,页17)

斯宾诺莎这里所称的权利,是两个个体联合起来时发挥作用的原因力量。这种联合意味着他们在某个单独时刻走到一起——simul既指联合,也指这种联合发生的时刻。当他们通力合作时,人类个体的自然力量变得有效。一个人的力量只有跟另一个人的力量联合才能存在;人的自然法表达,只有跟另一个人的自然法表达一起才能存在。同时性解决了斯宾诺莎的方法论危机:现在,自然状态只能被视为一种已经在起作用的社会状态,这意味着它是现实的社会状态。人与社会同时存在,而不是先于或后于它产生。在《政治论》中,社会合作与社会冲突同时存在——[117]斯宾诺莎把"在先"和"在后"这样的传统契约论术语,发展成为个体性-社会性同时存在的激进观点。因而,他的力量概念包含了一种主动的被动性,这概念在其晚期政治理论中也得到了充分表达。

对自然法理论这种政治上的方法论革命,标志着人类自然法的效力发生在同一个时空中。哪里(ubi)(《政治论》,第二章,第十五节)存在同时(simul)构成其自身的个人力量(《政治论》,第二章,第十三节),那里也就是自然法诞生之地。这种人类积极个体化的"空间"和"时间",代表着自然法产生的时刻。斯宾诺莎将它们设定在一个概念中,这个概念通常被排除在自然法框架之外(并通常受到贬低),但却是他为了描绘积极的构成力量而从马基雅维利那里继承的概念——民众。

民众的诞生

关于政治社会的构成,从《神学－政治论》到《政治论》,斯宾诺莎的这整个路线,看起来好像一部历史,一部搜寻人类个体力量得以实现的精确时刻的历史,以及寻找这种实现之"时间"(when)和"方式"(how)的历史。"时间"代表这一时刻:自然状态转变为一种社会状态。而"方式"则详细说明了这种转变发生的途径,也就是说,它是对力量如何转让——为了组成合法的政治社会——的精确描述。

《神学－政治论》仍受到霍布斯论题和司法语言的很大影响,不过,二者之间有着明显的重要差别:在《神学－政治论》中,自然状态在政治社会已然运作时完全保留;在构建社会契约时,低估了理智的作用;在达成普遍共识时赋予情感的连续性以重要性;对民主制的偏爱,将之作为政府最自然的形式,反对专制君主制,等等。然而,对自然状态的描述,自然法语言的使用,文本的系统结构,契约仍然存在——所有这些,都跟霍布斯非常接近。

尽管如此,《神学－政治论》认为,每个人都处于一种孤立状态,只拥有最低限度的自然力量,这些力量不足以保证他的生存,因此，他计划通过与他人的合作来增强这种自然力量。这种合作的发生，是通过所谓的协议（pact），这一点儿都不像霍布斯的那种即时法令——[118]通过理性慎思，这种法令将以前那个多元离散的东西统一起来——而更像是在持续地更新人类本性中那个完全情感性的方面。虽然其构成并不依赖一种理性的决断，但合作的产生是通过达成一个协议，因此，这是一种统一性的情感粘结，或者说，是从司法模式的多样性转变为一种由各种成分构成的统一性。通过建构起共识的力量，这个协议象征着个体在共识中获得赋权。

在这个意义上，《神学－政治论》仍然描述了从自然状态到社会状态的转换，而这个转换的时刻，就是通过合作的方式真正达成协议的时候。不过，承诺行为并不足以保证合作的发生，因为人总是按照自己的利益行动，只有订立契约的各方都认为契约于己有利时，契约才会有约束力。要确保他们一直认为契约对自己有利，仅仅口头承诺并不足够，必须加上某些其他东西。这样东西就是个体力量的"转让"。

在《神学－政治论》中，有关这个转让如何发生，斯宾诺莎并没有太多说明。但他确实说过：

> 人性的一条普遍规律是，凡人断为有利的，他必不会等闲视之，除非是希望获得更大的好处，或是出于害怕更大的祸患；人也不会忍受祸患，除非是为避免更大的祸患，或获得更大的好处。也就是说，人人都会两利相权取其大，两害相权取其轻。我说人权衡取其大，权衡取其轻，是有深意的，因为这不一定说他判断得正确。（《神学－政治论》，第十六章，198；[译注] 参中译本，页214-215）

　　这里设定了力量转让发生的背景。首先,它似乎发生在对利益的判断领域,而不需要这种利益的真正实现,换言之,这种转让似乎主要属于想象的认知过程。结果,亦即第二,这种转让似乎完全依赖情感的运作。第三,它的产生似乎并不仅仅是由于孤立之人之间的偶然相遇,而是在希望和恐惧的相互作用下产生的一种不可避免的肯定性,这就是为何它是"自然的普遍法则"。这三个特征表明,[119]对于建构一种社会协议的所谓转让(它发生在想象-情感-恐惧/希望这幅三联图中),《神学-政治论》确实为其设定了场景。然而,在这里,斯宾诺莎仅仅只是解释了它们引发的东西。

　　另一方面,《伦理学》似乎没有真正明确提到契约机制,而这有一个明显的后果:共识的建立,不再必然拥有一个合法的统一体制。事实上,斯宾诺莎在《神学-政治论》中的协议,看起来将自然状态下众多的个体人安排进了一个统一单元中。多数人的赋权,只发生在他们订立约定(这约定成为共同协议)行使力量的时候,这很像霍布斯那里从毫无力量的民众(multitude)到政治上获得力量的人民(people)这一政制转换。一旦协议达成,那么,只要原初转化的情感更新持续存在,公民的制宪权(constituent power)也就会持续。但由于现在也有一种宪定权(constituted power),公民跟公共力量的关系便是一种服从关系,这反映出除了所有制宪权外,还有一种宪定的服从。因此,服从——即,"按照命令行动"(《神学-政治论》,第十六章,201)——是统治权确立的一个政治后果,它揭示了民众在公共力量面前的被动性,不过,这里揭示出的民众行为,发生在他们转变进一个可更新的公共单元之后。换言之,尤其是在民主制中,整体的构成是因为它是命令的统一体——即公民的命令——不过,当面对一个已然确立的权威时,它主要是分散的服从。[①]

《伦理学》更进一步详细描述了情感如何能够最终产生出合作，由此，它最终呈现了服从的一种新向度。现在，在政治的开端，人是诸关系之中的个体存在，是一个更新了的模仿者，这必然导致的结果是，从自然状态向社会状态的转变，不再按照一种简单的合成方式，即从一个孤立的单一单元到一个群体构成的整体。尽管如此，斯宾诺莎一如既往地描述了自然状态（《伦理学》第四部分，命题三十七，附释二）。但正是在这个注释中，自然状态不再涉及协议或力量转让，而是明确赞同通过情感性的"共识"达到对理智的遵循。现在，在一种环境和人类的敌意下，自然状态下的人处于一种堕落和更新同时发生的持续均衡状态，因此，他的社会性来自其各种情的相互作用，借助于各种模仿运作的方式。社会状态的产生，不再是由自然状态转变而来，而是现实自然状态的情感效果。

[120]根据斯宾诺莎的说法：

> 因此要使人人彼此和平相处且能互相扶助起见，则人人必须放弃他们的自然权利，保持彼此间的信心，确保彼此皆互不作损害他人之事。至于此事要如何办到……任何情感非借一个相反的较强的情感不能克制，并且，一个人因为害怕一个较大的祸害，可以制止作损害他人的事。（《伦理学》第四部

---

① Étienne Balibar("*Jus-Pactum-Lex*：On the Constitution of the Subject in the *Theologico-Political Treatise*"，1997a)说，《神学－政治论》第十六章对社会协议有三个不同定义：作为合众为一的共同谋划(conspiratio in unum)；作为权利的转让与统治的建立；作为一套完整的法律体系组织。不过，这些说法似乎构成了一个定义中的渐进步骤：首先作为一种统一体的建立，其次作为对这个统一体如何建立的描述，第三，作为对这个建立起来的统一体如何运作的描述。

分,命题三十七,附释二;[译注]参中译本,页 199-200)

　　这是达成"共识"的方式:放弃个人的某些权利,并让其他人相信不会有暴力存在。这里似乎又一次出现了有关权利转让的典型契约论说法。但它们如何能够发生? 有两种方式:通过更强情感的情感克制;通过恐惧和懦弱的结合。第一种方式再次证明,社会合作的实现,是继发性情感的相互作用,而不是通过一种对理性的工具式使用。显然,如果合作得以达成,个体之间就存在共同的东西,并因此内在地存在某种理性之物,但这并不意味着,理性实际上主导和监管合作建立的过程。在这个意义上,共识更像一个合理的情感产物(虽然是依据理性而产生),而不像是一个理性-慎思的结果。

　　第二种方式,借着恐惧和懦弱,似乎让人再次想起霍布斯的自然状态,因为它的起点似乎深陷于冲突之中。因此,应当不难辨别,要实现合作需要"克制"哪些情感:想要占有那些不可分享之物的欲望,以及由于有人复制或模仿这种欲望而对他产生的憎恨。[①]但是,在这样一个至少发生在两个人之间的冲突场景中,他们之间所发生的因果关联,似乎被一片混淆可预测性的可能性迷雾所遮盖。一切似乎都可能发生,对这两个人来说,人与人之间的这种相遇,其结果不可预测,因此,他们两人都要冒着他们所能设想的最

---

① 如果斯宾诺莎的概念框架仍然有早期现代契约论为支撑的话,那么,人应当一开始就被视为总是相互敌对的,即使是在《政治论》中(第二章,十四、十五节)。这意味着,很像其他现代契约理论,例如格劳秀斯的和霍布斯的,政治社会的形成,是一种解除相互敌意的途径。在自然状态中,人与人的第一个反应不会是冲突之后的合作,而是冲突-合作-冲突的循环往复。对这种观点的批评,参 Alexandre Matheron, *Individu et communauté chez Spinoza*, 1969, pp. 302-326;Douglas Den Uyl, "Sociality and Social Contract: a Spinozistic Perspective", *Studia Spinozana* 1, 1985, pp. 19-51。

坏结果的风险:毁灭。因此,对结果的不确定变成了怀疑,而怀疑恰是导致恐惧和希望的认识论缺口。一个人对毁灭的恐惧,压倒了他对别人的憎恨。不过,这种恐惧与其说是朝向更低程度圆满性(即一种痛苦)的实际(且是情感性的)转变,不如说是一个人欲望的改变。关于可能到来的伤害,人的欲望中产生了怀疑,[121]现在,这种欲望成了欲望的一种新的具体形式:懦弱,

> 人的这样的情感,即不敢要他所想要的东西,或只敢要他所不想要的东西,这种情感便叫做懦弱。懦弱可界说为一种恐惧,这种恐惧可以使人宁受较小灾害,以避免将来的大灾害(《伦理学》第三部分,命题三十九,附释)。①

在这个设想中,人类的敌意得到"压制",一个人的权利被"放弃":现在,在这个充满敌意的自然状态中,无论何时,每个人在面对他人的时候,都"不敢要他所想要的东西","只敢要他所不想要的东西"。他以前想要而现在不想要的东西,就是他想独占那些不可共享之物的欲望;他现在想要而以前不想要的东西,就是那些他想象(并模仿性地重现)其他人也想要独占不可共享之物的欲望。因此,对其他人欲望的模仿,变成了对他人欲望的欲望,而现在,每个人都竭力完成这幅图像,即他对其他人欲望的看法。由于每个人都不确定另一个人可能给他带来什么,人人便接受自己对另一个人欲望的想象,并因此竭力去实现另一个人的意志:他"放弃"自己的权利,将之交给这另一个人。从这种同时发生、相互交叉的服从之中,境遇性的共识诞生了。不像《神学-政治论》那样,这种情

---

① 亦参《伦理学》第三部分,情绪的界说,39。在那里,懦弱包含在那些跟欲望(而非快乐或悲伤)相关的情感中,且被明确界定为贪爱(cupiditas)。

境下的服从不再是力量转让的结果。它现在是转让的实际"方式"。因此,斯宾诺莎在《伦理学》中对服从的处理有别于《神学－政治论》——它从一个单纯被动的政治顺服,转变成了一种构成上的积极性。《神学－政治论》中的顺服(obedientia)——即作为统治结果的行为,现在变成了服从(obtemperantia)——即引发政治统治的行为(《伦理学》第四部分,命题三十七,附释二;《伦理学》第四部分,命题七十三)。

如果一个人碰到已经跟第三个人合作的另一个人,所有这些情况也都会同样发生。每个人都会模仿所有其他人的欲望图像——这是一个所有人的图像,似乎所有其他人都有着同一个意志——在这个对一个独特外在意志的想象性创造中,群体被想象为一个单一的意志,具有自身的权利。当懦弱产生的时候,每个人都服从于他自己所设想的有关所有其他人共同的欲望图像,就好像这些人拥有一个单一意志一样。因此,合作变成了一种具有自身力量的想象群体,结果,这又使每个人产生了恐惧,出于懦弱,他再次屈从于那个想象的意志,如此等等。这是政治合作在《伦理学》中出现的方式。

然而,在《伦理学》中,斯宾诺莎对于哲学化正确方法的看法,与社会建构的分解－综合方法的某些残余之间,仍然存在某种方法论的紧张,[122]因为斯宾诺莎仍然从个体本身的观念去解释社会的构成。事实依然是,在堕落和更新之间处于一种均衡状态的人(一位"成年儿童")这种观念,并非真正斯宾诺莎意义上的真观念,不能担负作为社会起源的真正起点这种功能。它是一个跟他人有关(regarding)的人的概念,而非跟他人在一起(with)的人的概念。看起来,这个人就好像是斯宾诺莎物理学中的简单物体,试图组成一个复杂物——在物理学中,简单物体只跟简单物体相关,复杂物只跟复杂物相关,同样,这个人在原初自然状态中的单纯,与其在源于社会情感的社会状态中的复杂之间,似乎有一道鸿沟。很可能正是因为在《伦理学》中认识到了这种方法论的紧张,为了克服这种紧张,斯宾诺莎找到了马基雅维利的民众概念。《伦理学》不再像《神学－政治论》和霍布斯那样贬低多样性,在霍布斯那里,政治产生于从没有力量的众多分散个体,到一个灌输了服从的联合统一体的转换。这很可能是在《伦理学》中没有像《神学－政治论》那样明确出现契约的原因。不过,共识仍然继续被归于一种统一的力量,虽然它只不过是人类想象的产物——然而,在《伦理学》中,民众出现了不止一次。至于多样性的建构性力量(constitutive power),看起来,《伦理学》是一部过渡性作品,介于《神学－政治论》对民众的贬低与《政治论》对它的极端评价之间。①

　　事实上,《政治论》不仅在民众概念上引入了多样性的积极力量,而且看起来使得对政治协议的阐述几乎消失不见。跟以前一样,设想人是孤立的这种经验,只不过是某种虚构的东西。因此,斯宾诺莎避免公开批评亚里士多德将人视为社会动物这一概念(《政治论》第二章,第十五节)。然而,尽管没有批评这个概念,他也没有接受它,因为如果社会在人面前具有方法论上的优先地位,那么,这会消除人类政治生活中情感模仿带来的生产性力量(这是《伦理学》引入的观点,《政治论》含蓄地加以接受)。不能认为人先于社会或外在于社会,就好像不能认为社会先于或外在于人的生产一样。在《政治论》中,没有什么东西可以按照在先和在后来进

---

① 在从 1663 年(真正开始准备《神学－政治论》的前一年)到 1676 年(《伦理学》完成后一年)的信件中,即使斯宾诺莎提到了民众,它也总是作为一种或多或少的离散量,没有实际的积极向度(《书信集》,第 12、34、81 封信)。实际上,民众在《伦理学》中的缺席,似乎是斯宾诺莎明显有意为之,尤其是对比第 34 封信与《伦理学》第一部分命题八附释二的话:后者几乎复制了前者,但由于这封写于 1666 年的信明显贬低了民众,这个附释几乎照搬了这封信的全部内容,除了其中提到民众的部分。

行解释：自然状态就是政治社会状态。

斯宾诺莎的最后这部作品，并不认为政治社会是由自然状态中产生。这并不意味着，人类不可能在某些时候发现自己身处类似早期现代政治理论所谓的"自然状态"之下。但它确实表明，这样一种自然状态并非真的是一种状态（status），[123]亦即，一种拥有自身特征的具体环境，要组建政治社会所须逃离的环境。相反，自然状态是政治社会的实际发生，而不是从这种状态中产生出这种发生。为了解释这点，斯宾诺莎需要一个基本政治概念，可以将同时性带入人类通过相互合作的情感模仿而进行的生产之中，带入政治社会本身之中。很可能正是因为对同时性的这个需求，社会契约的说法（按通常的理解，即从"达成契约前"到"达成契约后"这个过程）才在《政治论》中变得模糊不清。相反，斯宾诺莎对社会构成的看法，不再是从离散的个体到政治统一体，而是将建构性力量引入一个介乎二者之间的概念：民众的概念。

根据设想，通过作为一个真实的诸个体的多样性（multiplicity of singularities），民众概念要解决这个在先和在后的方法论问题。换言之，在这个概念中，个体和公众相互证实，相互实现，而不会落入一种封闭的集体统一体境地，或是一种离散个体无力的迷雾之中。由于斯宾诺莎无法把多样性归到人民这个概念中而不终结这个概念——因为在霍布斯的用法中，"人民"本是一个联合的集体，跟民众中离散的诸个人（离散的民众）相反——因此，如果不是意在重建概念传统的话，他很可能不得不为这种个体的多样性创造一个新概念。结果，为了向诸个体的多样性提供建构性力量，他重新找到了马基雅维利有关民众的积极概念，并将之整合入其哲学体系中。

民众不是一个更大的个体，从而将人安置在中间区域。它不可能具有个体性的本体论状态，因为它在多样性中是不断增长的不稳定生产实体。民众这个概念，连接起了斯宾诺莎人的概念及其个体力量的概念。它是一个相互合作的人的多样性，这些人的数量永远无法挑出。斯宾诺莎的个体性，是以某种方式表达其存在各组成部分之间的特定传达理性（《伦理学》第二部分，命题十三，界说），而民众实际上是一种不确定的多样性，或数量上的不确定性，因此，民众跟个体性稳定的确切性之间有着显著区别。如果民众真的是作为斯宾诺莎典型政治主体的一个个体的话，那它就不会是纯粹的多样性，而会是许多东西的统一体。要赋予民众以个体性，[124]就是要将其限制在某些界线之内，并减少其增强人类自然力量的能力。斯宾诺莎在《政治论》中诉诸民众这个概念机制，为的是建构和实现人类个体本身的力量，并通过增殖（multiplication）巩固人的自然法。它的力量不是某个体的力量，因为后者只有在作为本体论上受限制的自然法表达时，也就是说，当其单独存在和行动时，才能成为自身之中的一种力量。按照定义，民众不可能是单个事物，因而，它并不表达任何自身具有的自然法。

不是人来解释民众力量的形成，而是民众来解释人的力量的形成。这意味着，斯宾诺莎《政治论》中的哲学，是一个通过民众概念使人类渐进个体化的叙事——它不是以一个虚空的个体开始，然后朝着一个所谓"民众"（或"国家"）的更大的、被构造的政治个体运动，相反，它的起点是这个观念：一个人类个体同时也是其自身所构成的一个政治社会。

那么，个体力量如何通过民众而形成？斯宾诺莎在《政治论》中对个体政治赋权的看法，主要是通过自权人/他权人这对概念。不过，能够掌握自己权利的完全自主的个体，只不过是一个想法，而非一个事实，因而，自权人/他权人这对概念似乎更多是相互补充，而非一个现实的二元对立。如果在几个个体之间相互证实他们的个体力量，那这个人就是自权人，也就是说，个体正当权利的产生,来自其他人(alter)同时获得的权利。民众一开始出现在公众领域,产生自其他人力量的增加。民众是个体力量的实现,通过另一个个体同时获得权利(alterius juris)的方式。

跟以前很像,政治普遍性完全发生在情感领域,而不必然出于理性的慎思——《政治论》的第一个词正是激情(affectus),这不是偶然。普遍性主要源自这个过程:持续的情感在各种情境下推动着人们去面对彼此——由于它的产生,来自一系列同时产生的情感,这些情感似乎反映着其他人的情感,因此,它向这些重复的情感提供了一个巨大的、相互共享的情感表象。在这个意义上,可以说,民众产生自一种"共同的情感"(《政治论》第六章,第一节;第十章,第九节)。对斯宾诺莎来说,要辨清哪种特定情感可以承担这个"共同情感"的任务,[125]只需要回忆一下《神学-政治论》早先讲过的权利转让:一种"共同的希望,或共同的恐惧,或为了对共同遭到的损害实施报复的欲望"(《政治论》第六章,第一节)。

希望和恐惧的出现一如从前,除此之外,还加上了出于愤怒的报复欲望。① 另外,一个人处于另一个人的权利之下(他权人)有四种情况,在斯宾诺莎列举这四种情况时(《政治论》第二章,第十节),其中只有两种情况的发生,是完全通过包含在恐惧和希望间冲突性相互作用的情感过程中(另外两种情况的发生,仅仅是通过身体强制)。因此,人类出自恐惧和希望而相互屈服的关系,也解释了民众的"方式"(how)。虽然乍看起来有些悖谬,但根据《政治

---

① 在《伦理学》第三部分命题二十二的附释,斯宾诺莎将义愤(indignation)定义为"对于曾经作恶事损害别人的人表示恨"。在这个意义上,他能够在一种共享的忿恨和想要报复的普遍欲望中,发现一种合作的结果,就像从恐惧和希望中得到的一样。关于义愤的建构性政治功能,参 Alexandre Matheron, "L'indignation et le conatus de l'État spinoziste", in M. R. d'Allones and H. Rizk (ed.), *Spinoza: Puissance et Ontologie*, Paris: Kimé, 1994b, pp. 153-165。

论》的说法，一个人获得力量，是在力量分成多重的时候——也就是说，当某个体的力量通过服从另一个体的力量而证实之，并由此得到证实时，因为在这种情形下，力量是结果和服从的实际产物，这意味着成为另一个人的结果。对所想象其他人之意志的相互服从，为生活带来了其他人的力量，因为服从意味着在自身中自愿地肯定他人作为原因。

因此，个体力量的产生，只有当这个过程同时发生在民众的所有成员身上时。他们全部同时将自身放入其他人的力量之中，或者出于恐惧，或者出于希望。通过这样的做法，在那个情感的相互作用中，他们借着从那种普遍交叉的多种服从中获得力量而表达了自然法。由此，相互的多重顺从就是民众的"方式"。而且，由于这种顺从的意志不仅是一种社会建构性力量的结果，而且是民众达成一致的真正动力，因而，其连续性决定了自然的授权。《政治论》并不包含一种仅仅在顺从中的积极建构力量，而是政治个体的现实必然出现——顺从不再是 obtemperantia［服从］，而是理解获得权力的个体和政治社会的条件，即，obsequium［顺服］（《政治论》第二章，第十九、二十节；第二章，第二十三节；第四章，第四节）。

斯宾诺莎使用了《伦理学》中描述的情感模拟机制，为的是在民众的概念中重新论述个体所获力量，以及同时发生的政治社会化。所有这些，与其说是通过社会契约的说法，不如说是通过自权人/他权人这对概念。在《政治论》中，懦弱不再是考虑的主要情感，虽然在恐惧和希望这对孪生情感中，恐惧仍然可以占据支配地位。当斯宾诺莎呈现他所考虑的"共同情感"时，他说，基本的情感是"害怕孤立"（《政治论》第六章，第一节），而不是对社会的某种格劳秀斯式欲望——对环境中敌意的恐惧，对其他人敌意的恐惧，[126]对被多数人排斥的恐惧，对毁灭的恐惧。这是民众形成的基本策略。民众是很多个体人的不确定力量，而不是一个单元的单一个体化力量。它不像霍布斯的人民那样，把几个人的意愿集合成一个更大的意愿。相反，人类赋权在构成上的确定性，并不在于人民，而在于作为故事（qua tale）的多样性。它不是公众的一种力量，而是解释了个体力量如何在公众中诞生。

第五章 国 家

[127]在通过民众概念使人类逐渐个体化之后，这个旅程尚不足以充分解释一种政治自然法理论的完整人类表达。如下文即将呈现的那样，事实依然是，民众自身十分不稳定，总是面临着自身瓦解的威胁，并总是需要随后成为某种稳定的共同体。正是在这里，法的概念介入了，这次是作为"市民"法，或者说是一个国家的"自然法则"。本章将集中讨论法律和国家如何产生。最终，它将表明，在这一点上，斯宾诺莎如何准备改变整个社会契约传统，如何开始从理论上说明当时出现的民族-国家（Nation-State）。

民 众 问 题

在过去的数十年间，为了回应当代全球化经验带来的挑战，源于新马克思主义（neo-Marxist）传统的那些研究发展出一种新的民主形式，被称为"激进民主制"，有别于纯粹的代议民主制、聚合民主制及自由民主制。它的焦点在于一些另类的制宪权概念，在这些概念中，政治是真正多元的，不是单纯接受差异和冲突，而且也同样以之为基础。总体而言，各种不同版本的激进民主制研究都强调，①要压制任何相互冲突的宪定权，需要有制宪权。但虽然如此，它们有时将这种制宪力量建基于不同的政治主体或概念上：一些研究倾向于强调，需要强化一种新的、全球性的人民概念，而另一些人则认为，真正的制宪权只能存在于各生产主体之间真正的多元经验中。[128]后一种观点最著名的代表人物，包括奈格里（Antonio Negri）、哈德特（Michael Hardt）和维尔诺（Paolo Virno），②他们为了支持这种激进民主的看法，明显继承了斯宾诺莎的民众概念——据说，这个民众概念描述、区分了一种新的、带有本体论比重的全球性生产主体（或一种"形成中的主体"），这种主体是全球化所致，跟认为民众是一种离散的元素这种传统倾向毫无关系。

这些激进民主制研究强调民众新的政治作用，在其中，后者的制宪力量可追溯到中世纪晚期开始的一种哲学传统——这个传统跟司各脱、奥卡姆和马西利乌斯联系在一起——并尤其在斯宾诺莎《政治论》的政治哲学中达到顶峰：这是一种颠覆性的传统，它对单个事物演变和增殖的强调，更多是在无所不在的生产领域，而不是在超越性的神学领域。这个传统与主流传统相悖，后者主要奠基于二元论和中介，要求淡化差异，形成联合一致的人的集合体，从而确保政治权力的稳定性——早期现代的契约论和主权国家理

---

① 支持激进民主制论争模式的人，聚焦于现存统治体系的膨胀和重建（refoundation），他们包括 Chantal Mouffe、William Connolly、James Tully 和 Bonnie Honig。支持更加革命模式的人，聚焦于一种决定性的错位，这种错位带来了现存体系的彻底改变，他们包括 Alain Badiou、Ernesto Laclau、Jacques Rancière、Slavoj Zizek、Antonio Negri 和 Michael Hardt。

② 参 Antonio Negri and Michael Hardt, *Empire*, Cambridge：Harvard University Press, 2000; *Multitude*, London：Penguin Books, 2006; *Commonwealth*, Cambridge：Belknap Harvard, 2009; Paolo Virno, *A Grammar of the Multitude*, Michigan：Semiotext(s)/Foreign Agent, 2003。关于"民粹主义"（populist）的版本，参 Ernesto Laclau, *On Populist Reason*, London：Verso, 2005。

论中,突出强调了这种[主流]传统。因此,民众的制宪力量,通常与所有的现代主权概念相分离。一方面,这个传统歌颂个体与差异,认为生产力是内在的;另一方面,主流传统表达了一种超越性的权力组织,并包含了政治代表理论和主权理论——从博丹(Bodin)、霍布斯和卢梭,到亚当·斯密的价值理论。①

　　总的来说,在这些对斯宾诺莎民众概念的挪用中,重要的是需要区分超越性与内在性。因为民众应该是个无所不包的概念,其生产力必须在自身之中实现,这要求它排除所有可传递原因和分级原因的说法。由此,命令之超越性的所有中世纪形式,以及惩戒之超越性的所有现代形式,必须从民众中剔除。现代民族-国家和主权国家不仅据说与民众纯粹的生产多样性不相容,而且,它们也倾向于将政治权力引入一种垂直顺序,在其中,统治者在本体论上与被统治者相分离。在这个意义上,这两种对立传统拥有不同的概念需求:一者是超越性-主权-制度性政治权力的三联画,相对的另一者则是内在性-多样性-网状生产力的三联画。[129]斯宾诺莎的民众,将为第二个三联画的发展提供哲学根基。

　　尽管如此,这些最近的挪用,似乎是出于对斯宾诺莎民众概念的相关误解,因为他们忽略了这个概念中固有的两个非常重要的问题:不稳定性和做决断的暂时性。首先,要解释斯宾诺莎对生产合作构想的看法,必须通过情感的模仿机制。在初次相遇时,人类模仿彼此的情感,最终在某一瞬间,每个人都渴望去满足那个他所遇到的另一人的欲望,依照他自己设想的欲望。由此,合作产生了。但是,除了那些初次相遇之外,永不停止的时间之流总是带给人新的经验,同样,人的身体也不断与周遭环境中的因素相互作用,因此,带来合作的被模仿的情感,最终会被其他类型情感所代

---

① Antonio Negri and Michael Hardt, *Empire*, 2000, pp. 70-90.

替,这些情感与合作性情感相反,并且更加强大(《伦理学》第三部分,命题二十七;《伦理学》第四部分,命题七)。人总是在一种身体情感和模仿情绪的持续链条中经验着情感更替。这意味着,能够让民众产生合作的这种机制,最终恰恰同样会带来合作的解除和毁灭。斯宾诺莎的民众是一个纯粹的积极生产力量,但如果听其自然,并且只在其自身之内加以考虑的话,却遭受着强烈的不稳定性,很难持久——它的存在,只是人们相互之间持续的情感模仿之流中的灵光一闪而已。

其次,民众是政治制宪力量的原初概念场所,因而,在其动态构造中必定包含一个做出决断的有效过程。如果民众自身有能力提供政治决断,那就不需要一个中央或审议团体:决断将从民众的生产力中自发形成,作为其生产力之有效内在性的结果,就像蜂群的运动一样。[1] 做决断提出了一个难题,因为民众本应集体做出一个可归因的决断,就像蜂群最终会集体产生一个可归因的运动一样;做决断似乎被视为一个结果的产物,这跟单个事物的多样性相冲突。然而,做决断在时间上属于政治效果的一部分。民众同时赋力量予其参与者,但并未提供在合作的某个时刻伤害他人的本体优先性。它是人类建构性生产力的多样性,每个人都积极参与这一多样性。[130]如果置于统一体的政治范畴之下来说,它只能是民主制的。民众合法性的闪现,并不是把单个人的意志融合为一个基本单元——相反,它让这些意志同时共存。这就是为什么它是多样性的力量,而不是力量的现实统一体:它仍然是民众,而非人民(people)。此外,民众的起源主要是情感性的,但这既不意味着不同个体之间有实际天然的先验相似性,也不意味着民众缺乏个体的不同特质。在民众那里,这是差别的能动价值:每个单

---

[1]　Antonio Negri and Michael Hardt, *Empire*, 2000, pp. 328-340.

个的能动生产者仍然具有自身的正当观念。民众只能被认为是各种各样相互联系的共同点,跟个体意志的多样性相一致。

这揭示了斯宾诺莎民众概念的第二个问题,是关于做决断与暂时性之间的关系。如果民众中的个体参与包含一种类似网状的沟通,那么,看起来,在每个人意志得到表达、倾听和处理所需的时间,与"多人"有效合作所需的时间之间,存在着一种不均衡。换句话说,没有人能在民众之外生存;为了所有人的利益,民众要开发环境资源,但由于可供开采的资源不足,民众需要主动进行合作,不再继续表达不同意志;这种主动性的表现,好像民众是一个集体意志;离开民众的效能,人类生存能够维系的时间很短,这要求该问题在特定时间段内得到普遍解决。公众的效力在于,在民主制的民众中,用一个决断的表象中止永无休止表达的个人意志。做决断的力量最终可以仅仅表述为,通过确立某一个观念,它能够结束连续不断的观念表达,自此以后,无可置疑。这种力量实际上是确立决断时刻的力量,它结束了所有争论,这些争论产生于一个特定时刻中表达的不同观念——它是一种权宜力量。这种力量与多样性不相容,因为它要求最小限度的统一安排,而这在民众中并不存在。因此,除了不稳定性之外,民众还面临着一个新的问题:它无法摒除做决断的问题,因为对公众的现实而言,做决断必不可少;同时,一个集体决断的结果,似乎威胁到了作为纯粹政治多样性的民众概念。

这些问题使得人们无法忽视的事实是,斯宾诺莎的民众不可能成为自身可持续(self-sustainable)的。[131]它总是带着自身解体的幽灵——要能够产生(成为)共识,需要某种概念上的强化。

国家的诞生

由于民众是政治力量的核心,对斯宾诺莎来说,如果民众的制宪力量缺乏持久性和稳定性,就不可能存在强大的政治社会。对人类而言,要克服这种不稳定,最有效的方式是,通过理智摆脱情感模仿带来的这种连续后果。然而,斯宾诺莎接着重新讨论了下述观点:大部分人根本不受理智引导,如果要依靠理智来建立稳定的政治权力,就根本不可能有政治共同体存在(《政治论》第一章,第五节)。大部分人仅受激情支配,但他们仍然生活在政治社会中——而且其中一些社会在他们所建立起的合作关系中,看起来确实非常稳定。因此,要使得民众共识能够持久,必须要对持续更替的人类情绪有一个明确的导向。

一旦闪现在生存之中,民众必须确保能够永远复现情感起源的那个时刻——也就是说,不能让相反或更强的情感占据人心。确保这点的唯一方式,是用情感的方式设计其自身复现的东西。实现稳定的关键,需要不断更新那些(不稳定)情感的强度,正是这些情感最初引发了民众的生产力。如果民众能够以这种方式安排自身,即,迫使每个和每一人类个体在无形中重复民众最初产生时的那种情感经验,那么,它就能够持久,并会变得永远强大。

这如何实现?在人类关系中,合作是情感模仿的短暂结果,因而,对欲望的模仿会产生共性(commonality)这个结果。一旦共性闪现进入生存之中,每个人跟其他人的关系必须在不威胁到共性持久存在的情况下,复现人类的首次相遇。做到这点的方式是,跟剩下的其他民众这样发生关联,就好像他们就是那最初的人类"他者":在心里描绘他一开始模仿的欲望图像,并把这个欲望图像归入他正在描绘的有关其他民众的新图像中。只有当每个人所描绘的关于其余人的图像确实只是一个图像时,这才可能发生——不是不断总结的多样性,而是具有极大力量的统一体。每个人都被引导去想象其他人的多样性,就好像他们只是对共性原初产生之时那个"他者"位置的重演一样。[132]于是,每个参与者的头脑中都以一个统一体的形象,组织起了民众的概念,而正是每个人确立的这种关系——强大的"多数人"这种印象——让他复现了那些使民众持续再生的情感。有一种想象性的统一体生产之帷幕,悬挂在个体力量的多样性之上——斯宾诺莎称之为 potestas[权力],它运作于一个独特的结构中,斯宾诺莎称这种结构为 imperium[统治]。

民众的每个参与者都相信,统治是民众所有个体全部生产力的集结,这意味着,在他们看来,任何个人都无法超越统治力量的想象统一体。这就是统治权力被称为至高(summum)的原因。斯宾诺莎可以既接近马基雅维利的民众观,又靠近博丹建立起来的概念框架。像马基雅维利一样,民众力量持久性的产生,是通过一种机制,这种机制倾向于利用自身的一种规则,将大众安排到一个统一体的外表之下。如果缺乏统一体的外表,民众很容易破裂(变得"散漫"[sciolta],用马基雅维利自己的话说),除非用一个领袖的幻象来强化他们。[①]多数人的积极构造,为自身提供了一个统一体形象,尽管它从来不是现实的本体论实体。正是多数人的统一体形象,不但阻止了大众的解散,而且防止了[民众]参与者之间不友善的结合。"多数人"表现得好像他们是一个人一样——也就是说,每个人都向这个想象的整体贡献了力量——这种情况的产生,是人类力量的最大积聚;它被看作一个力量至高统一体的结构,或一个主权国家。统治——尤其是在《政治论》中——不是民众的对立物,而是民众在概念上的强化物,而权力(potestas)实际上是一种手段,是为了在民众中培养个人力量。

在民众中,每个个人的生产力都在一个统一体的想象式投射中成为政治的,这是虚拟的(虽然不是本体论的),是合理的(虽然

---

① Machiavelli, *Discourses on Livy*, trans. Harvey C. Mansfield and Nathan Tarcov, Chicago: The University of Chicago Press, 1996, I, pp. 57-58, pp. 114-119.

并不必然是理性的)。在生产方面,斯宾诺莎的民众是内在的,但它的内在性并不排斥对体制力量的需要。尽管在斯宾诺莎的政治理论中找不到政治代表的说法,但这些体制必须出现,至少是作为民众有效参与权力的渠道。斯宾诺莎的政治体制,设计在一个统一体中,这种体制的重要性,跟他提供民众内在性的计划密切相关。政治体制是那种知识的宝贵表现,[133]即,有关人类个体之间的成功协调与合作的知识。这意味着,当体制所颁布的规范引导着个体的行为时,个体的行为会比他们自己意识到的更加理智。但这个事实并不足以让人认为,个体与政治体系的关系有一种超越性。原因是,超越性涉及一种垂直传递性,在其中可以区分出低等存在物与高等存在物之间的本体论断裂——如果是这样的话,体制的高等存在物就需要政治上的超越性,然而,它们的非存在(non-being)则要求高等存在物的不存在,因此需要打破超越性。相反,对斯宾诺莎来说,体制不是超越,而是内在于人类授权的过程之中。这些制度引导着群体的自然力量产生不断增强的效力,并有助于个体行为朝着理性的更大图景前进,朝着合理性前进。因此,它们是不同的渠道,在一个人类授权完整的内在过程中,这些渠道引导着大众的自然力量。在斯宾诺莎的民众内部,内在性和主权似乎根本不相互对立,而是在统治权这个概念中互补地运作。①

———————————

① 在其最近的 *Empire*(2009, pp. 355-360, pp. 369-370, pp. 374-375)一书中,Negri 和 Hardt 似乎承认了政治制度的重要性,在此书中,他们的民众概念不同于斯宾诺莎的民众概念,因为他们的概念表现为一种能够制度化自身的政治设计。然而,在回溯斯宾诺莎的民众时,他们坚持认为,不可能让政治制度与主权和政治统一体联系在一起。但是,民众政治制度的存在,如何能够使得民众维持其纯粹的多样性,而又不陷入各种关联的一种多重联合? Negri 和 Hardt 没能回答这个问题,这可能是因为,这个问题会让他们得出他们恰恰不愿承认的结论:多样性只是民众普遍性的偶然闪现而已,而制度则通过将民众设计为一种统一体模式而使民众免于解体。

斯宾诺莎提到统治权——通过设想一个共同力量统一体的意象——通常是在如下意义上：对自然稳定性的要求，先于民众的波动性。《政治论》中的统治，主要出现在这样的时刻：每个个人都认为，周遭的大众均以权威或权力这个面具的形式出现。通过将这种力量描绘为权力（potestas），斯宾诺莎的统治吸收了民众的力量。因此，斯宾诺莎文本中的这个拉丁词可以最好地翻译为"国家"（State）：它将主权赋予人之纯粹多样性的共识之上，尽管它不可能包含斯宾诺莎有关人类个体化理论中的整个政治动态。

实际上，统治是一种组织化、统一化的权力结构。在这种环境中，通过一种权力中的统一体形象，力量超越了民众的不稳定性而得以存在。它以可见的制度外观，体现了个体对自然法的共同表达。通过这种方式，统治这个概念赋予了斯宾诺莎的国家以一种自组织主权的意义：在斯宾诺莎的术语中，它是唯一可以互换着翻译为"秩序"（order）、"主权"或"管理"的一个词——它是一种文明状态，虽然周围充斥着从想象而来的欲望和情感。事实上，它不是理性的，却是合理的。

民众而非统治，人之现实存在唯一真正的构成时刻。它带来了社会的形成，[134]也带来了个体的自然力量，同时，它也协调着力量的稳定，使之形成一个想象的整体。因此，民众拥有两种正当性：人类生产力的自动生成器，一个政治统一体意象的调停者。但这两者之间并非相互不兼容，原因有二。首先，公共力量的自发性天生不稳定，如果没有随后组成统一体，它总是带着自身解体的可能威胁。其次，这个随后的统一体自身从未真正成为一种本体论力量，而只不过是一个自然统一体的公共形象。这种双重正当性使得民众纯粹的多样性既没有混同于无限，也没有变成仅仅是对一种可能的未来力量的设计。民众本身无法成为政治主体，因为如果没有人类个体，没有随之而来的想象性权力结构，民众是不可设想的——它主要是个人力量的"时间"和"地点",只能通过一个公共权力结构在精神上的代表来维持。

　　不能把斯宾诺莎的思想化约为一种民主制的历史,或政治体制的一种起源,或者在力量和权力之间设置一种对称性的尝试。原因很简单,因为行使权力的民主制度本身没有真正的自然力量。它们只是从民众力量中产生出的机制,为的是防止民众的解体,既然大部分人是受他们的被动情感所引导。正如奈格里所说,①在自然秩序中,力量总是优先于权力。然而,这并不会导致权力的消失,而只需要通过想象将其转换为一种内在自我转化的民众力量。权力不是民众的必要力量中介,而只是一种想象性的方式,通过这种方式,这些力量可以保证自身的持续存在。

　　因此,尽管不可或缺,但统治并不独立自存:

　　　　各种统治(imperium)状态均称为国家状态。统治的总体称为国家(commonwealth,Civitas),而处于最高掌权者指导之下的共同事务称为国务。凡是根据政治权利享有国家一切好处的人们均称为公民;凡是有服从国家各项规章和法律的义务的人们均称为臣民。(《政治论》第三章,第一节;《全集》III/284。[译注]参中译本,页24,有改动)

　　[135]当统治被视为拥有一个"总体"(body in its entirety)的时候,它就不再简单地成为一个统治:它是一个国家。早期现代哲学非常普遍地提及政治体(body politic),而斯宾诺莎并没有彻底

---

① Antonio Negri, *The Savage Anomaly*, 2003, pp. 201 – 229; *Subversive Spinoza：(un)contemporary variations*, trans. Timothy S. Murphy, Manchester：Manchester University Press, 2004, pp. 42–45.

摒弃它们。看起来,斯宾诺莎的身体物理理论有两个特征跟他的政治思想有关:单一性的界限和存在的物质性。在单一性中,民众有一个数量的限定,亦即,在公共力量的自发性中,参与者[力量]的连续总和被限制在一个影像中,这个影像克服了民众数量上的含糊不清。民众的多样性需要统治的影像施加一种限制,以便区分那些献身公共情感的人("我们")和那些在此领域之外的人("他们")。

在物质性中,民众使得个体力量在他们自己的身体中物质化,这意味着,政治物质性的第一步,是人与人之间现实的身体联合。民众是人类获得力量的"时间"和"地点",因而,它是达成共识的地点,跟统治的想象统一体构成一种物质上受限的联合。这个带有权力单一性的统一物质空间,斯宾诺莎称之为"国家"。国家是一个政治概念,它在权力结构上增加了一个拓扑学元素:它的形象,是在单一空间中联合为单一力量(统治)的民众。这个空间主要是领土,在其中,统治等同于民众的共识。如果统治概念中已经内含着某种单一性,那么,国家概念中也内含着领土这个要素。国家是统治的"总体",这意味着,国家是统治加上其他东西组成的一切:它是一大群人,其中的参与者将之想象为一个权力制度化的统一体,并专注于特定的领土范围。

对于结构化的权力图景,国家赋予了其所缺失的物质要素:一提到土地,就是一个稳固的统一体。① 国家并没有克服统治,也不是统治的改良版本,国家就是拥有领土的统治自身。绝不能认为

---

① 斯宾诺莎的政治理论没有明确提到领土的政治相关性:例如,《神学-政治论》第十七章完整描述了希伯来人作为穿越旷野的游牧民族,如何发展出他们的政治体系。然而,即使是对于希伯来人,斯宾诺莎也总是谈论统治(imperium),而不是国家,这可能是因为希伯来人缺乏这个领土因素。事实上,《神学-政治论》中提到的国家(Civitas),通常纯粹是作为一种城市空间。

国家的物质性就是人类力量形成的时刻,因为那是属于民众的任务。国家主要是统治权力的稳固认同,这种权力的获得,是通过民众所达成的共识。

统治可能变成一种权力制度平台的僵硬叠加,永远固定在一块土地上,[136]就好像无法移动的建筑物一样。为了避免这样一种情况,人类个体整个动态图景自身,也被认为具有影响那些同样人类个体的动态过程。斯宾诺莎称这种活动中的统治为"国务"(respublica),它是统治的现实动态过程。执掌国务的是那些"制定、解释和废除法律,保护城市,决定战争与和平,等等"的人(《政治论》,第二章,第十七节;[译注]参中译本,页 19)。国家的主要事务,涉及法律的制定和执行。这非常重要,因为这些事务是终极手段,通过它们,统治得以确保能够永远在人类个体身上注入那些使统治得以出现的相同情感。

政治制度是情感工具创造出来的虚构轮廓,也是同样的情感工具,创造了必然性要求或法律;同时,这些制度创造了法律,而法律会要求必须保持那些首先创造出政治制度的情感工具。这整个的政治机制,受到个体自然力量的支持,反过来,个体的自然力量也受这个机制的影响和强化,进而,在一个循环的影响模式中——这个模式使人类个体具有双重政治地位——整个机制变得更加强大。由于他们是法律所规定之国家制宪力量的组成部分,人们得以通过这个政治个体化的过程参与到自然法中,他们被称为"公民"(cives);由于他们是制度命令的接受者,要重现民众达成共识的情感环境,他们被称为"臣民"(subditos)。

权力的开端通过恐惧与希望的相互作用而形成,现在,它将恐惧和希望注入了人类个体之中。权力的统一体形象,来自针对民众明显的偶然性这个必然要求。为了克服民众的不稳定性,权力引入了一个必然性概念,引入在那个不可预测的世界中由于控诉体制所带来的无序之中,引入那个本应变成必然的和可预测的东西之中。换句话说,权力创造了指令:臣民的各种义务,是权力创造出来的宣传图片,内容是说明,对人类个体来说,在从偶然性转到必然性的过程中,它是多么有用。为了让这些政治指令起作用,它们靠的是不断更新恐惧和希望的情感:因此政治指令包含惩罚的威吓,灌输恐惧,并包含奖赏的承诺,以灌输希望。

但是,政治自然法至此尚未完成,因为统治结构的展开,是在一个具体的历史和文化经验中,[137]这种经验不仅带来了权力,也带来了某种最低程度权力的正当行使,换句话说,也带来了权威。只有当指令从特定公众的群体叙事中产生,从一群人那里产生时,它们才能有效引发合作的情感。从斯宾诺莎的角度看,政治理论不能简单地揭示导致民众组织和整合的假设或虚拟步骤,而必须同时聚焦于公众的确切经验——也就是民众的历史经验,它在成员的记忆中不断重述、铭刻,为的是强化自身。

因此,民众将自身在时空中的起源,变成了抵制自身解体可能性的深层手段。它将自身设定为一个独特、可识别的历史事实,并通过在自身中不断重复这种独特之处的优点来维持自身。这通过一个同时推动了接纳和排斥的情感活动而发生:爱那些共享民众经验的人,恨那些对民众授权无所贡献之人的形象。通过借助制造公众这个持续的历史经验——换句话说,通过将自己投射到民族(nation)这个面孔上——权力找到了其合法性(其自身效用的说服力)。个人对民族的爱,以及对民族排斥之物的恨,会防止他出现背叛行为(也就是说,会防止他无法复现那首先导致民众形成的合作情感,不管这种复现是不是由指令引起的)——同时,民族也为权力提供了正当理由,使其可以对那些背叛者采取身体上的强制行为,或者处死他们(《神学-政治论》,第十七章,页222-223)。在这个意义上,一种接纳性的民族之爱,可以跟恐惧和希望一样具有产生公众的能力——在《政治论》(第六章,第一节)中,斯宾诺莎提到,愤慨(对共同遭到的损害实施报复的欲望)构成了一种政治情感,此时,愤慨只是他赋予民族排斥之恨的一个名字。这些国家情感区分出了政治局内人和局外人(insiders and outsiders),并为权力对一些个体采取措施提供了正当性,即那些天生不愿服从其他人的人,它们在民众成员之间培养一种新的情感结构,即那些甚至可以称之为一种(文化和历史的)"第二天性"的东西(《神学-政治论》,第十七章,页223)。①

民族的自身定位,是合法化权力的叙事,由此,它是作为某个历史经验中公众特性的提醒者在起作用,以强化那些使得民众能够不断复现自身的情感。结果,为了确保指令具有不断增强的效力,民族有意放大了某些情感。[138]为了使对指令的遵守能够按照其最高的道义论表达形式,必须用那些让人回忆起民族经验的特征来宣告这些指令。因此,在指令所需要的东西与臣民基于这些指令所能够看到的意象——即从这些指令中产生的意象,内容是关于那些指令宣称什么的基本理解——之间,必定存在某种相似之处,这种相似性不可能是偶然的。在这个意义上,指令的产生,必然与民众成员共享着相同的语言。此外,指令想要复现那些事实上先于自身形成的合作行为,故而,它们所要的是把民众带来的那些偶然经验转变为必然经验。因此,指令所借助的重复,是对共享习俗和信念的复现。对斯宾诺莎来说,这恰是民族得以形成的条件:语言、法律和既定习俗的差异(《神学-政治论》第十七章,

---

① 斯宾诺莎致力于民族主义(nationalism)的一种政治向度——尤其是在《神学-政治论》中,那里经常以希伯来民族为例。《政治论》没有对民族的相关表述,除了在斯宾诺莎谈到民族宗教的时候(《政治论》第八章,第四十六节),在那里,民族宗教只跟贵族制相关,虽然它可以很容易应用到其他政体中。不过,民族仍然跟《政治论》的建构过程有关,尽管只是含蓄地表现在民众的实际建构经验中。

页 225）。为了完全变成道义论的，政治指令需要合法化叙事，而民族正为其提供了这个叙事。[1]

这就是人类个体最终到达政治地平线的渐进道路：从个人力量转型为民众，从民众转型为一个想象的统治结构；从统治到其在国家中的具体化；从国家到国务的实际运作；从一般的国务到它们中更具体、更重要的东西，即指令；从指令到民族背景下的合法化叙事；从民族性指令到对构成民众之个人力量的强化；如此等等，循环往复。这是国家诞生的方式。

激进契约论

雅各布（Margaret Jacob）和伊斯拉尔（Jonathan Israel）杜撰了激进启蒙（Radical Enlightenment）一词，[2]用以描述一种处于颠覆性革命边缘的欧洲现代性，这种现代性打的主要旗号就是斯宾诺莎主义，他们以此反对一种据说是温和的主流观念。自此以后，越来越多的人去关注这两种对立倾向之间的差异，并想要弄清谁是它们各自的成员。差异可以出现在不同层面，比如是接受无神论还是有神论作为基础，跟过去的关联，偏好超越性还是内在性，对死后生活的评价，赋予教会权威的不同向度，接受还是拒绝神迹，在实验科学

---

[1] 因此，在第二章还很含蓄的东西，现在最终完成：想象式指令被插入一种民族和政治语境中，正如 Étienne Balibar（"*Jus-Pactum-Lex*：On the Constitution of the Subject in the *Theologico-Political Treatise*"，1997a）正确指出的那样。

[2] Margaret C. Jacob，*Radical Enlightenment：Pantheists，Freemasons，and Republicans*，London：George Allen and Unwin，1981；Jonathan Israel，*Radical Enlightenment．Philosophy and the Making of Modernity* 1650—1750，Oxford：Oxford University Press，2001；*Enlightenment Contested．Philosophy，Modernity，and the Emancipation of Man* 1670—1752，Oxford：Oxford University Press，2006；*A Revolution of the Mind．Radical Enlightenment and the Intellectual Origins of Modern Democracy*，Princeton：Princeton University Press，2010.

中是尊崇科学原则还是神学原则,[139]等等。① 不过,最终而言,这两种趋势中真正要紧的,是它们对本应流行于欧洲现代政治学中那种信念系统的态度——是否应当与过去达成某种妥协,或者说,是否应当在政治语境中将现存的信念结构一扫而光。

　　不管是在温和的主流观念中,还是在激进的早期启蒙思想中,一直流行于整个欧洲的主要观念之一,是社会契约的概念,它贯穿于从格劳秀斯的早期假设到霍布斯的明确表述,到斯宾诺莎表面上含糊不清的阐述,到洛克的政府基础,到普芬道夫(Pufendorf)社会和政治秩序的合法性,到卢梭的公意和康德非社会的社会性。现代社会契约理论可以作为一种巨大熔炉,在其中,主流和激进政治方案被认为无法区分,这个事实导致一些学者将早期现代性追溯到斯宾诺莎哲学中出现的与社会契约传统的颠覆性断裂中。确实,斯宾诺莎的研究者很容易承认,社会契约理论的说法出现在他早期的政治作品《神学-政治论》中,到了《伦理学》这种说法变得模糊,而在《政治论》中则不存在这种说法。② 从契约论说法的转移,加上从人类授权发展到国家出现的渐进步骤,已经导致了一个普遍的看法:通过抛弃社会契约理论,斯宾诺莎的政治思想经历了

---

① Jonathan Israel, *Radical Enlightenment. Philosophy and the Making of Modernity* 1650—1750, pp. 11-12.

② 对于契约论在斯宾诺莎那里的逐渐淡出,Adolf Menzel("Sozialvertrag bei Spinoza", *Zeitschrift für das Privat und Offentliche Recht der Gegenwart* 34, 1907, pp. 451-460)第一次做了辩护。此后,它变成了一种共识:比如,参 Wernham 的说法,见 Spinoza, *The Political Works*, ed. And trans. A. G. Wernham, Oxford: Clarendon Press, 1958, pp. 25-27; H. F. Hallett, *Creation, Emanation and Salvation: A Spinozistic Study*, Dordrecht: Kluwer, 1962, pp. 176-201; Alexandre Matheron, *Individu et communauté chez Spinoza*, 1969, pp. 307-330; Mugnier-Pollet, *La philosophie politique de Spinoza*, Paris: Vrin, 1976, pp. 122-124; Douglas Den Uyl, *Power, State and Freedom: An interpretation of Spinoza's political philosophy*, Assen: Van Gorcum, 1983, pp. 23-39; Antonio Negri, *Subversive Spinoza: (un)contemporary variations*, 2004, pp. 30-33。

一个改进过程。因此，主要打着斯宾诺莎主义旗号的激进启蒙，标志着对社会契约体系的拒绝，而反过来，社会契约体系则被视为主流启蒙运动的明确特征。

尽管如此，仍有好几个原因要放弃这种看法。一方面，即使在《神学－政治论》中，斯宾诺莎的契约论也有某种显然独特的内容，[1]因为它已经无法提供一个跟现代契约论所有基本特征完全相符的社会契约概念。另一方面，无论在《伦理学》还是《政治论》中，都仍然存在一些说法可能会让那些信奉这种看法的人非常尴尬，比如"自然协议"、"契约党派"和"契约或法"，这些概念穿插在斯宾诺莎有关政治根基与合法性这一主题的思想中。这意味着，不仅斯宾诺莎所谓更早期的契约论必须重新考虑，而且，要推出他所谓晚期的非契约论，也只有首先考虑其契约论才行。只有对斯宾诺莎重建概念含义的习惯进行描述，[140]并将他在《政治论》中的最终想法与主流启蒙运动社会契约体系中的某些一般特征进行比较，才能从激进启蒙倾向的起源中排除掉契约论。

斯宾诺莎对制宪力量的看法有一个渐变，并在《政治论》的民众概念那里达到顶点。在斯宾诺莎研究中，一般认为，这种转变是他对下述看法承认方式的变化，即，协议和社会契约是政治社会建立的有效方式。《神学－政治论》明确提到，协议是政治奠基的有效手段，尽管它们已经不是很像早期现代契约论中确立的那些协议了。《伦理学》中仍然明确提到[社会]组建和运作的契约机制

---

① 可以用多种方式去发展社会契约理论，这取决于如何去描述那种相应的协议——不同的协议各方，在何种情况下达成，等等。一个大的区分发生在契约论（contractarianism）和契约主义（contractualism）之间；在前者那里，契约各方只是现实中（de facto）的平等，他们达成的协议是利己主义的；而后者则是从道德平等者之间的互惠理想中推出来的。参 Stephen L. Darwall (ed.), *Contractarianism/Contractualism*, Malden: Blackwell, 2003, pp. 1-8。斯宾诺莎的概念框架尤其来自霍布斯，这就是为什么他的社会契约理论必须放到契约论的范畴中。

（例如承诺和转让），尽管情感模仿的说法似乎减弱了契约的重要性。最后，在《政治论》中，民众作为新的制宪概念出现，它似乎强调了多样性对契约共同体的损害力量，这就可以解释，为什么"契约"一词只出现在那些被认为做了拙劣修改的段落（《政治论》第四章，第六节），①或是在讨论国际关系的小小摘录中（《政治论》第三章，第十二至十六节），除此之外，这个词从未真正出现过。如果认为斯宾诺莎这些作品始终努力要做的是，寻找更恰切符合其本体论的政治概念，那么，斯宾诺莎的研究者通常会觉得，远离现代契约论是斯宾诺莎政治思想的一种进化。②

　　确实，在斯宾诺莎的作品中，现代性所理解的那种契约论逐渐趋于消失，这似乎是一个无可否认的事实。斯宾诺莎的政治思想与传统契约论有三个主要差别，要发现这些差别，可以通过辨识罗马私法中司法契约的那些特征：当现代性采用契约论方式解释公法和政治时——从格劳秀斯和霍布斯，到普芬道夫、洛克、卢梭和康德——仍然保留的那些特征。

　　首先，源自罗马法的传统契约，是一个不同审慎源头彼此协调的法律协议——也就是说，契约是一种手段，通过它，至少两个不同实体可以彼此忠诚，方式是议定一个理性过程。契约的条款不仅可以用语言形式进行表达，也可以将之视为构建群体领域这个

----

① 在 *Oeuvres complètes*（ed. and trans. Roland Callois, Madeleine Francès and Robert Misrahi, Paris: Gallimard, 1954, pp. 1493-1495）中，Francès 指责说，这段话极为晦涩，很可能是由于斯宾诺莎的编纂者进行了蹩脚的修订。

② "进化"通常是跟 Alexandre Matheron（"Le problème de l'évolution de Spinoza du Traité théologico-politique au Traité politique", in Edwin Curley and P.-F. Moreau [ed.], *Spinoza: Issues and Directions*, Leiden: Brill, 1990）相关的一个条件。同样的含义，亦参 Antonio Negri, *The Savage Anomaly*, 2003, pp. 109-116; Douglas Den Uyl, *Power, State and Freedom: An interpretation of Spinoza's political philosophy*, 1983, pp. 23-39; Étienne Balibar, *Spinoza and Politics*, trans. Peter Snowdon, London: Verso, 1998, p. 63。

过程的理智要求。因此,契约是人类理性的法律和政治工具。

其次,契约预设了那些彼此顺从的不同实体的存在,而且,契约的有效性,依赖于这些实体在存在论上的优先性。[141]这意味着,事实上,实体——它们是先于契约的理性存在——的共存是契约本身的条件。这些实体必须事先能够思考、承诺和表达——而且必须事先就拥有某种可以放弃、转让或执行的东西。换句话说,契约将那些缔结它的人,转变为契约当事方(contracting parties),但契约并没有授予它们存在。正相反,为了使契约有效产生,那些成为契约当事方的,必须在契约订立之前存在。因此,社会契约理论传统上跟社会和社会关系的个人主义概念联系在一起。

第三,契约产生于一个独一无二的奠基时刻,从中产生出了一个在语言上可辨识的内容,以及相应的协议效果。总体而言,在确定当事各方达成共识的准确时刻,需要有某种仪式的形式(不管是用手势、讲话还是文字),目的是断定契约已经形成,并且已经生效。然而,在法律史上,罗马私法引入了契约这个概念,但在那里,只要出现各方承认的共识,契约就会形成,甚至不用真的举行具体仪式——仅凭共识,这些契约就成了法律义务的根源,因为要让形成的义务真正有约束力,根本既不需要一种口头或书面的形式,也不需要当事各方的出席。① 这些契约基本上等同于现代政治理论家用来解释公法出现的那些,因为现代社会契约理论描述了一种权利转让,即通过共识和语言方式,权利从几个个体当事人转移到

---

① 罗马法学家 Gaius(*Institutions*, ed. Edward Poste, Oxford: Clarendon, 1904, pp. 315-401)把契约分为四个大类,区分的依据是它们形成的方式:口头契约(contractus ex verbis)、书面契约(contractus ex litteris)、继承契约(contractus ex re)和共识契约(contractus ex consensus)。前两种是通过一种语言仪式形成的,这种仪式将话语宣告出来或书写下来;第三种需要对某物实际上的物理执行;第四种只是通过同意形成,它包括了买卖、出租和雇佣、合伙和委托。

一个更大的(现在是政治性的)主体身上。这很像委托(mandate),在委托中,私人法律代表产生的方式,跟政治公共代表——例如在霍布斯契约论中的说法——产生方式完全相同。契约的生效,发生在随后的三个时刻:形成(共识);内容(规范性条款,或义务);效果(执行)。不过,从第一个时刻开始,就已经存在一个契约了。随后其中固有的内容变得有效、有约束力,即使尚未开始执行。因此,契约是一个集体承诺,一旦做出,在当下的那个独一时刻,它就铭刻为对未来行动的持续要求[1]——它类似一个法令(fiat),因为它将以前不在这里的东西设定在此地、此刻,并预言了超越那个原初协定的长久强制效果。这样,契约就为未来的情形提供了条件,[142]即使被预言的情形仍然是未来的——即直到契约内容全部实现的时候——但它仍然有效,仍然有强制力。契约的有效强制力量独立于其实际执行与否。

然而,这三个特征没有一个能够在斯宾诺莎的作品中完全找到,即使是《神学-政治论》。关于第一点,斯宾诺莎明确说道:

> 并不是一切人都是生来就依理智的规律而行;相反,人人都是生而愚昧的,在学会了正当做人和养成了道德的习惯之前,他们已消磨掉很大一部分生命。(《神学-政治论》第十六章,页196;[译注]参中译本,页213)

事实上,即使理智是种知识,通过它有关共性的充分观念就能出现,但由于大部分人在日常生活中并不受理智引导,所有人的共同之处其实就是他们对身体情感的经验。由于人总是被认为生活

---

[1] Thomas Hobbes, *On the Citizen*, ed. and trans. Richard Tuck and Michael Silverthorne, Cambridge: Cambridge University Press, 1998, II, 10, pp. 193-195.

在社会之中,经验也表明,人类总是能够发展出一个社会普遍共识的特定领域,即使他们大部分并不受理智引导。这意味着,人与人之间情感互动的具体导向,可以在想象领域重现理智命令必然产生出的那种共性。如果有社会协议,那它必然符合理智,因为理智构成了人与人之间生活的普遍基础,即使这契约的原初质料主要是激情的、想象的,而非理性的。因此,当《神学-政治论》中说,人们"必须断然确定凡事受理智的指导,并就此达成一致"(《神学-政治论》第十六章,页198;[译注]参中译本,页214,有改动),它并没有真的吸收现代契约论传统的那个理性-慎思的契约,而是吸收了其协调社会公众历史处境与理智命令产生的公众观念之间关系的那种努力。斯宾诺莎的契约靠想象产生,也必然是合理的,但几乎不是理性的。

关于第二和第三个特征,有争议的地方在于,在政治社会尚未真正建立的那个时刻,构成斯宾诺莎自然状态的真正内容是什么。如前章所述,斯宾诺莎的政治理论对这个问题的看法有一个明显改变:在《神学-政治论》设想的自然状态中,人孤立的生活,就好像他们每个人都是生活在伊甸园之外的亚当一样;《伦理学》的政治开端,[143]设定在这种人的观念上:在充满敌意的环境中,他是一个"成年儿童";《政治论》拒绝认为,在政治公共性之前存在自然状态,相反,它宣称,自然状态是政治社会的真正起源和实际展开。斯宾诺莎的契约在《政治论》中趋于消失,并似乎被民众取代——这使得自然状态与政治状态可以同时并存——这很可能就是原因所在。此外,同时并存的条件是,人与人之间达成协议的那个时刻,要与社会性的实际诞生相一致——社会共识是出于对好处的判断而达成,它要真正生效,取决于实际的执行。只有存在有效的合作,公共协议才有可能——即使只是宣称存在最低限度的社会共识,也需要人们必须已经在运用共识才有可能。因此,任何导致公共政治领域出现的"转让",都必须不断进行,并奠基于一个持续不断的制宪力量之上,而不只是在某个特定时刻进行。这些转让必须时常更新,不能有某个单一的奠基时刻。传统的契约具有不同的构成步骤,并用一种法令(按照时间顺序:形成－内容－效果)使契约生效,这跟斯宾诺莎渐进式的政治理论并不相容。

然而,如果简单地宣称,斯宾诺莎完全剔除所有类型的契约论,这可能有些草率。这种剔除的说法要想成立,只有依赖于两个不同假设:一方面,社会协议的概念是静态的,而且,离开了那三个特征就无法理解它;另一方面,民众的生产力跟任何契约式约定的特定模式都不相容。但这两个假设都毫无根据。

首先,关于协议作为人类理智的法律－政治手段,斯宾诺莎从未真正放弃契约论的说法,即使在《神学－政治论》中认识到人类协议之中理性的慎思何等稀少之时。他说,大部分人采取行动,是因为受到欲望驱动,而不是出于对公众的充分认识;大部分人采取行动,是因为受激情驱动,他们用想象来衡量何者对他们更有利,而非用理性的慎思。不过,他们仍然继续生活在政治社会中,这个社会的最初形成,就是通过一个被称为协议的约定。事实上,正是通过提及恐惧和希望的强烈互动,斯宾诺莎才提出可实施协议——这些协议保持有效的唯一条件是,对它们用处的评价仍然有效——的例子,其中一个例子实际上来自《利维坦》第十四章,虽然结论相反:在面临身体伤害的威胁时,承诺向强盗交出财产;[144]承诺在一长段时间内禁食(《神学－政治论》第十六章,页198－199;[译注]参中译本,页215)。做出这些承诺的,是生命短暂的契约各方——他们并没有因理性的慎思,而是出于情感条件和想象观念发展出对何者有益的判断。如果协议是某种只能靠理智才能理解的东西,那么,实际上,《神学－政治论》中的斯宾诺莎没有在任何地方要求说,协议只能通过理性活动达成。

其次,《政治论》中民众和个人的同时并存,确实驳斥了"在政治社会建立之前先存在一个可转让的个体权利"这样的看法。一开始,这似乎削弱了协议的建构性力量。然而,有趣的是,在斯宾诺莎的用法中,民众是典型的政治赋权概念,这个用法在文本中总是跟已然整合了社会契约理论的含混术语并列出现:群体共识(communi consensus)(《政治论》第二章,第六节);自然约定(naturaliter convenire)(《政治论》第六章,第一节);契约或法律(contractus seu leges)(《政治论》第四章,第六节)。基本上,看起来,民众并没有彻底摧毁协议的建构性力量,毋宁说,当多样性领域需要投射为一个统一体形象时,民众吸收了协议自愿合作的特征。据文本而言,民众无法在事实上与协议和谐一致,因为它表面上虽吸收了后者的某些特征,但反过来也向协议中注入了某种自发性(而不仅仅只是继续提供协议的中介)。

第三,至于斯宾诺莎那里缺乏传统社会契约理论特有的独一无二的政治奠基时刻,也并不必然会放弃对契约的使用。一方面,因为甚至是在《神学-政治论》中,协议也已经具有一种明确的建构功能,这种功能的持续,只跟那些对效用判断的持久性有关,这些判断有助于达成约定。这意味着,协议生效并不是在达成激情的偶然和想象性共识的某个奠基时刻,而是通过持续地更新那些能够引发这种效用判断的情感。

另一方面,并不是所有源自罗马私法的更加传统的契约,都是在某个达成共识的时刻生效,并都独立于它们的实际运用或执行。有一些契约出于天性,恰恰并不属于这种结构:所谓制度(quoad constitutionem)的继承(ex re)契约。在这些契约中,形成的时刻与执行的时刻不可分离,也就是说,只有至少契约订立的其中一方执行了这个契约的实际内容时,这个契约才算形成。[145]这里完全看不到"形成-内容-效果"这种传统的契约三重序列,因为所有这三个时刻都融合到了某一时刻。即使是义务的效果,也不能归到最初订立这些契约的当事者身上,因为实际执行与约定形成的行为是一致的。此外,对契约内容的具体说明,不是在语言条款中,而是在导致契约产生的实际执行中。根据盖乌斯的看法(*Institutions*, pp. 323-330),在罗马私法中,制度的继承契约有四种类型,其中,仅仅达成共识并不足以保证契约的订立:消费(mutuum)贷款、借用(commodatum)贷款、信托(depositum)和抵押(pignus)。在这些契约中,要认为契约在起初已经订立——通常是特定财产的转让——总是需要有跟契约实际执行相一致的行为。因此,只有当所托之物交付保管的时候,信托契约才算订立,只有当实际数目借贷出去的时候,贷款契约才算形成,诸如此类。

总的来说,契约诞生于其自身的实际履行。如前所述,口头(ex verbis)和书面(ex litteris)契约需要一个形式化、仪式化的惯例,(分别)通过口头说出某些准则或以书面形式记下某些东西,作为其实际基础或契约的证据,不过,除了共识之外,通过共识达成的契约不需要其他东西。这些契约完全符合那些个体权利被转让出去的社会契约理论。然而,对斯宾诺莎来说,协议必须来自力量的真正转让,因为契约中的承诺行为并不足以维持其有效性和约束力——为了达成协议,必须转让某种东西(re)。在形成方式上,斯宾诺莎的社会契约类似于继承契约的主动一方在广义上的地位。

这可能有助于解释,为什么在《神学-政治论》中,斯宾诺莎经常提"协议",而到了《政治论》中,他通常称"契约"。斯宾诺莎第一部政治作品的写作,主要受到尤其是霍布斯概念框架的影响,根据霍布斯早期在《论公民》(*On the Citizen*)——斯宾诺莎最熟悉的霍布斯作品——中的看法,对这两个说法必须加以区分:

　　　　两个或两个以上的人相互转让他们权利的行为就叫"契
约"(contractus)。在每一个契约中,或者是双方立刻按照他
们立约规定的那样去做,以至于谁也没有对谁给予信任;或者
是一方履约了,而另一方被给予了信任;或者谁也没有履约。
当双方立刻履约时,契约随着这种履约而终止。[146]但当一
方或双方被给予信任时,也即被信任者承诺以后履约,这样一
种承诺就叫"协议"(pactum)。(霍布斯,1998,第二章,9,36;
[译注]参中译本《论公民》,应星、冯克利译,贵阳:贵州人民出
版社,2002,页 18)

　　当人们对未来事情相互达成一致时,就产生了协议;如果两人
的共识已经着手付诸实行,通过当下的力量,那就产生了契约。因
此,《政治论》的民众吸收了契约的当下肯定性,而不是协议对未来
的远见。

　　因此,斯宾诺莎的社会契约概念,比可能设想的更加灵活、更
具韧性,不仅如此,这个概念的大部分固有属性不仅跟《政治论》的
民众相符,而且后者实际上吸收了契约概念。民众吞下了契约,但
并没有消化它——它向契约注入了一种方法论上的同时性(因为
它是公共领域的产生时刻),以克服传统契约仅仅作为中介的功
能。斯宾诺莎的自然法革命包含着对现代契约论的变革。他的渐
进政治理论继续使用某些概念框架,在其中社会契约仍然有其位
置,任何政治构建的时刻都不能简单地抛弃它。斯宾诺莎政治思
想的逐渐转变,不是试图克服社会契约,而是要根据民众的积极建
构性力量去改进它。看起来,斯宾诺莎对社会契约的改造更像是
对现代契约论的内部重建,是对自然法的新型变革。

　　斯宾诺莎一直认为,政治社会归根结底源自个体的共识。如
果考虑以这个观点来界定契约论的话,那么,大家普遍都会承认,

斯宾诺莎一直是契约论者。然而,这并非对现代社会契约理论的主流看法。通常,契约论跟如下学说相关联:一个协议的订立,本身就会创造出一种不可改变的政治义务,更不用说由个体之间力量互动带来的继发波动。在这个意义上,似乎又可以普遍认为,斯宾诺莎绝非一个契约论者,即使在《神学-政治论》中也不是。① 如果一个人相信,政治社会最终来自个体共识,来自个体力量关系的变动之中,那么,要认为这个人是契约论者,唯一的方式是,接受对现代社会契约理论的彻底重建。斯宾诺莎坚持发展这种明显的反契约理论,但却一直是在契约论概念框架的内部进行,[147]正是由于这个事实,人们不能在他晚期政治作品中完全忽略契约论。

总的来说,在其更加根本性的特点上,社会契约理论受到强烈攻击,这种攻击并没有借助一套替代性的概念框架。内在重建的论证需要坚持到底,这种需要源于,斯宾诺莎的政治思想需要驳斥传统契约论的三个特点:从实存个体到被构成的政治力量这一方法论顺序;统一性;超越性。斯宾诺莎力图完全在公共政治领域的想象产物这个设计中去解释契约论框架,这就是他向其中注入人、社会、多样性、内在性同时存在的原因。由此,契约不是去建构一个超越力量的政治统一体组织,而是赋予公共进程发展的一个名称,这个公共进程是要去设计统一体的意象,在这个进程中,普通个体的授权行为得以发生。

在这个意义上,对于斯宾诺莎的激进民主设计,下述看法是错

---

① 在这个意义上,参 Alexandre Matheron, "Le problème de l'évolution de Spinoza du Traité théologico-politique au Traité politique", in Edwin Curley and P. -F. Moreau (ed.), *Spinoza. Issues and Directions*, Leiden: Brill, 1990, p. 258; Edwin Curley, "Kissinger, Spinoza and Genghis Khan", in Don Garrett (ed.), *The Cambridge Companion to Spinoza*, Cambridge: Cambridge University Press, 1996, pp. 322 – 327, pp. 339 – 340。

误的：在这种设计中，政治辩证法始于对社会契约传统的取代。这个政治上的激进启蒙并不始于跟契约论的决裂——在后来那些对斯宾诺莎评价甚高的反契约论者（例如黑格尔、马克思和尼采）那里，这个契约论发挥着种子的功能——相反，它跟所谓温和的主流社会契约理论并排共进。斯宾诺莎那里存在某种政治辩证法，但只发生在他对社会契约的革命性方法中。这种内在重建是要阐明，在政治个体化的生产过程中，政治统一体这个意象包含什么东西。斯宾诺莎的契约是用到新解释上的传统术语，用来解释想象的共同情感投射带来的政治效果，通过这种想象，很多个体在一个普遍内在的进程中变成了天赋权利者。斯宾诺莎的政治辩证法不是社会契约的反题，而是其内在发展。激进启蒙在斯宾诺莎主义那里找到了根据，因而不能称为反契约论。相反必须认为，它是对社会契约概念框架革命性的内在重建。

"准个体"的民族－国家

在斯宾诺莎那里，重建现代社会契约传统的论证必须进行到底，这就要求《政治论》中的社会契约必须抽掉所有的传统特征。[148]这样做的原因之一在于，契约通常是统一体的粘合剂，是施加于多样性身上的独特法律模式。如果斯宾诺莎接受这些说法，那么，民众将自身转让给一个由法律构造的统治权（imperium）的那个时刻，就相当于组成了一个明确的契约单位，组成了一个超越的人造统治者。按斯宾诺莎的说法（在《伦理学》第二部分，命题十三，补则二），构成自然个体的那些物体，天生彼此同意（naturaliter convenient，跟斯宾诺莎在《政治论》中的用词完全相同）构成一个以某种确定方式表达神之力量的东西，同样，在这种传统意义上，自然界的个体化也可以称为一种物理契约。结果，虽然是重建,但契约始终贯穿在斯宾诺莎的作品中,这必然导致的风险是,它可能被看作一种本体论上真实的统一过程,由此构成一个更大(更复杂)的个体——在这种情形中,物理契约和法律契约是类似的,而国家就会是一种超越的统一个体。

　　这给斯宾诺莎的政治理论造成的一个全新难题是,关于国家个体性的本体论和形而上学地位问题。对此,斯宾诺莎的研究者们有很大分歧:一些人认为,国家完全是一个本体论上的个体;[1]另一些人认为,它只是比喻意义上的个体;[2]一些人认为,它是一种不同类型的个体,由人类个体组成,但没有人类个体复杂;[3]另一些人认为,它是可与个体相比的某种东西;[4]还有一些人提供了这种"是或非"进路的替代物,他们提到,国家好像是西蒙顿(Gilbert Simondon)说的"超个体"(transindividual),[5]或是像埃利亚

[1]　Alexandre Matheron, *Individu et communauté chez Spinoza*, 1969; "L'État, selon Spinoza, est-il un individu au sens de Spinoza?", in M. Czelinski et al. (ed.), *Transformation der Metaphysik in die Moderne*, Würzburg: Königshausen & Neumann, 2003, pp. 127-145.

[2]　Lee C. Rice, "Individual and Community in Spinoza's Social Psychology", in Edwin Curley and P. -F. Moreau (ed.), *Spinoza. Issues and Directions*, Leiden: Brill, 1990, pp. 271-285; Douglas Den Uyl, *Power, State and Freedom: An interpretation of Spinoza's political philosophy*, 1983; Steven Barbone, "What Counts as an Individual for Spinoza?", in John Biro and Olli Koistinen (ed.), *Spinoza: Metaphysical Themes*, New York: Oxford University Press, 2002, pp. 89-112.

[3]　Pierre François Moreau, *Spinoza: L'expérience et l'éternité*, Paris: PUF, 1994, pp. 442-456.

[4]　Osamu Ueno, "Spinoza et le paradoxe du contrat social de Hobbes. Le 'reste'", *Cahiers Spinoza 6*, 1991, pp. 269-296; Wolfgang Bartuschat, *Spinozas Theories des Menschen*, Hamburg: Felix Meiner, 1992, pp. 271-273.

[5]　Étienne Balibar, *Spinoza: From Individuality to Transindividuality*, Delft: Eduron, 1997b; "Potentia multitudinis, quae una veluti mente ducitur", in Marcel Senn and Manfred Walther (ed.), *Ethik, Recht und Politik bei Spinoza*, Zürich: Schulthess, pp. 105-137.

斯(Norbert Elias)所说的"形态"(figuration)。[1] 不过,如果契约要贯穿斯宾诺莎进步政治思想的始终,那么,"契约完全由想象式投射所建立这个事实"必然导致,不能赋予契约的内在重建以一种本体论上的具体化(reifying)能力。

根据文本上的证据,斯宾诺莎从未真正说过国家是一个个体,他只是说,国家是某种"准个体"(almost-individual[quasi],《伦理学》第四部分,命题十八,附释),或"宛若一个个体"(veluti,《政治论》,第二章,第十六节、第二十一节;第三章,第五节;第四章,第一节)。除此之外,至少还有另外五个原因说明,个体性为什么不能用在国家身上。

第一,很难将一种二级综合因果关系应用到政治社会上。在物理上,斯宾诺莎的个体是一种复合物,但它的组成物不可能是简单物体,因为关系存在物依赖于其成分的实在性。个体的组成部分也必定是个体,[149]即处于复合物关系之中的复合物之关系。但这种二级综合因果关系所意指的是,复合个体也是一种居中的存在,只有当更小的真实个体组成它,同时它又构成更大的真实个体时,它才是真实存在的。复合物的每一级,都比之前一级更加复杂,比之后一级更加简单——复合物越大,它就越复杂、越真实、越有力量。

尽管如此,要想准确辨别在自然中能够找到什么类型的个体在人类个体之下和之上,这并不容易。在个体性概念中,斯宾诺莎只明确勾画了人类个体和自然整体,而且即使是后者,也似乎只是

① Diogo Pires Aurélio, *Imaginão e Poder*, Lisbon: Colibri, 2000。关于所有这些角度的详细论述,以及它们各自的缺陷,参 Andre Santos Campos, "The individuality of the State in Spinoza's Political Philosophy", *Archiv für Geschichte der Philosophie* 92(1), 2010b, pp. 1–48 (ISSN[online]1613–0650, ISSN[print] 0003–9101, DOI: 10. 1515/AGPH. 2010. 001/March/2010)。

在比喻的意义上称为个体。没有文字提到一个比人类个体更复杂，同时又由人类个体组成的居中存在物，即使作为人类个体化实在性的要求，作为斯宾诺莎拒绝人类中心论的推论要求，它必须存在。如果认为国家是个体性前进链条上缺失的一环，那么，它必须是由人类诸个体组成的个体——因此，它必定是比人更复杂的个体。然而，这个假设不能成立。

一方面，虽然斯宾诺莎反对人类中心论，但毋庸置疑，人仍然是他哲学探究的主要兴趣。他发展了一种救赎哲学（philosophy of salvation），可以毫无疑问地放到"伦理上的人类中心论"这个范畴下。如果认为国家是一个真实个体，那么，斯宾诺莎所说有关组成自然法之个体的一切东西，都应当将焦点指向国家，而不是人。因此，对斯宾诺莎来说，哲学思考更像一种良治技艺的变量工具，而不像是人类理解中表达的有关自然实在的秩序。换句话说，他的"伦理上的人类中心论"会被化约为一种纯粹的政治自然主义——从斯宾诺莎主要作品的标题来看，这是一个很奇怪的结果。

另一方面，如果国家是一个真实个体，那么，它是通过政治制度的方式存在于时间之中，而反过来，要判断这些制度是否在起作用，只能通过那些占据它们的人类个体的活动来进行。因此，国家中存在的任何理解，都不是由制度产生，而是那些制度中的人类个体所产生——它更多的是一个制度形式下的人类产物，而不是纯粹的制度产物。这导致的结果是，人类个体的身体及相应观念，比国家的现实身体及相应观念更加复杂，[150]因为前者更加可能去理解，更加可能活在永恒之中。不过，斯宾诺莎说，

> 正如某一身体较另一身体更能够同时主动地做成或被动地接受多数事物，则依同样比例，与它联合着的某一心灵也将必定较另一心灵更能够同时认识多数事物"（《伦理学》第二部

分,命题十三,附释;[译注]参中译本,页 57)

如果认为国家是一个真实个体,那它必定在等级上比人类个体处于更高的综合性、复杂性序列上,不管是在身体还是有关身体的观念上。说有这样一种东西,它作为个体处于更高等级的综合性序列上,但却比组成它的东西更少复杂性、更少真实性,这似乎跟斯宾诺莎的个体性理论相矛盾。这种等级上的颠倒,跟自然个体化的进步路径似乎并不兼容,而从讨论人类个体的一开始,斯宾诺莎遵循的就是这种进步路径。

此外,很难在认识论中对一个国家和人类诸个体进行合理比较,因为只有涉及思想和理解的时候,斯宾诺莎才会提到人类诸个体(因此,无论何时,如果要处理理解问题,斯宾诺莎总是使用复数的“我们”)。而且,《伦理学》第五部分的整个内容,几乎都无法应用于人类社会。事实上,很难认为说,政治共同体能够从永恒的角度知晓一切事情,因为它们没有自身的智力投射——它们没有直觉科学。因此,国家的个体性破坏了斯宾诺莎的有效综合因果序列。

第二,国家的个体性必将导致的风险是,把个体性变成一个评定单一事物本体论比重的无用标准,因为它断定任何特定部分都是一个个体,都独立于内在的统一体。自身存在的事物,不同于那些仅仅为他物而存在的事物。通常,这种区分的标准,是由竭力学说提供的:如果单一事物具有竭力的能力,那它必定是一个为了自身而存在的个体本身。因此,在讨论国家个体性问题时,竭力是一个重要的概念。

不过,即使竭力概念是确立个体性毋庸置疑的重要标准,它也无法作为一种决定性标准,因为斯宾诺莎对它的界定是,单个事物的现实本质。即使对于一物的实在性而言,竭力概念可以作为主要标准,事实依然是,反过来并不存在一个竭力的标准。因为斯宾诺莎从未真正提出一个清楚的竭力定义,[151]也因为他只是在《伦理学》第三部分开头讨论了这个概念——那里已然存在一个特定的个体物(人)——因而,他从未真正讨论上一步:在一个看起来主要是单个事物集聚在一起的东西那里,如何找到竭力。斯宾诺莎说,所有事物都有竭力,也都是竭力,但他从没真正解释,在尚不清楚是否已经存在一个真实自然物的地方,如何去寻找竭力。如果拥有竭力是确定个体性的标准,那么,确定竭力的标准是什么? 对于竭力的现实本性,斯宾诺莎仅有只言片语,这给任意辨识单个物体的竭力提供了机会:一些人会认为一群鱼是个体群,因为他们认为它拥有竭力;①另一些人会认为,一群鱼只是鱼的多元性,不具有统一性,因为他们在鱼群中看不到任何集体性的竭力。② 尽管如此,他们也没有人能够解释,为什么能够或不能在那里找到现实的竭力。

确实,竭力是对起作用的现存单一力量的现实肯定。这意味着,要辨识一个国家的竭力,方法之一可能是,弄清在这个国家发挥作用的实存力量。然而,无论何时,当斯宾诺莎提及制度化政治时,他似乎从未称之为力量(power),而是称其为权力(potestas)。不论何时,只要民众的多样性被作为一(one)提到时——通过统治、国家或民族这样的概念——斯宾诺莎都倾向于使用权力,而不是力量。例如,在《政治论》中,有几处提到"国家力量"(potentia imperii),但它们全都非常含糊。此外,它们在文本中都出现得很晚,都是在斯宾诺莎与其形而上学的主要关联已经消失之后。在个体化的政治进程中,力量是那些明确获得认同的个体(人们)产生的真正原因,发生在公众(民众)偶然产生的特殊时刻。因此,只有人类个

---

① Jonathan Bennett, *A Study of Spinoza's Ethics*, Indianapolis: Hackett, 1984, pp. 306-307.

② Steven Barbone, "What Counts as an Individual for Spinoza?", p. 106.

体和民众可以被放入自然力量的恰当说法中,这意味着它们也是竭力领域所讨论的仅有的合法政治概念。竭力不但没有解决国家个体性的问题,反而实际上让这个问题看起来变得更加复杂。

第三,在《伦理学》第一部分的附录,斯宾诺莎明确拒绝了自然的拟人化概念和目的论,尽管他确实将目的和目标赋予人。但这是否意味着,只有人能使用目的论语言,其他单个事物都不行? 斯宾诺莎说,"所谓目的(为着这个目的我们有所作为)"就是一种欲望(《伦理学》第四部分,界说七),而他反过来又将欲望界定为,[152]"人的本质之自身,从人的本质本身必然产生足以保持他自己的东西"(《伦理学》第三部分,命题十九,附释;[译按]这里出处标注似有误,应为《伦理学》第三部分,命题九,附释),即人的竭力。人的真正本质在于,他永远竭力自我肯定,这种自我肯定在他那里的发展,是通过一种致动因,而通过目的和目标可能并不能充分理解这种致动因:

> 因此所谓目的因不是别的,乃即是人的意欲,就意欲被认为是支配事物的原则或原因而言。譬如,当我们说供人居住是这一所房子或那一所房子的目的因,我们的意思只是说,因为一个人想着家庭生活的舒适和便利,有了建筑一所房子的欲望罢了。所以就造一所房子来居住之被认作目的因而言,只是一个特殊的欲望,这个欲望实际上是建筑房子的致动因,至于这个欲望之所以被认作第一因,乃因为人们通常总是不知道他们的欲望的原因。(《伦理学》第四部分,序言;[译注]参中译本,页167-168)

对于自然的因果力量来说,目的和目标的属性只有通过人类欲望才有可能,而不是通过竭力学说——在《伦理学》第三部分的简短概要中,没有哪个地方是用目的论的方式去揭示竭力学说。斯宾诺莎并不认为目的和目标是单一事物的特征,因为这些事物是本性受限的力量——也就是说,目的和目标这些自然的致动因是单独衡量的,在顺序上它们总是在后面(a tergo),而不是在前面(a fronte)。事实上,目的或目标是不充分方式的一个元素,在其中,人试图理解他自己努力的致动因。因此斯宾诺莎称之为欲望:人倾向于获得某种东西,斯宾诺莎通过竭力学说来解释这种倾向,并认为它是由那种东西的特性导致的,因为这个人忽略了发挥作用的自然因果顺序;事实上,人想要某种东西,是由于他心中对那物的意象所导致的情感。因此,实际上的致动因,被颠倒地解释为目的因。在房子的例子中,让人开始动手建造房子的,是"家庭生活的便利"这个意象:目的只不过是由自然因果理解的想象所推动的过程。

在《伦理学》第四部分,斯宾诺莎在界定目的时并没有赋予其本体论比重——他只是将之限定为欲望的理智形态,即目的是由人的竭力发展而来的一种知识的不完善方式。① 这意味着,目的和目标只能恰当地指涉人,因为据现在所知,人是唯一能够通过想

---

① Jonathan Bennett(*A Study of Spinoza's Ethics*,1984,pp. 213-230)首先反驳了斯宾诺莎那里有目的论,但随后这种看法受到了攻击,这导致 Bennett 本人后来转而坚持一种今天大部分学者所接受的一种理论,按照这种理论,在斯宾诺莎的人性概念中能够发现某种目的论:参 Edwin Curley,"On Bennett's Spinoza:The Issue of Teleology",in Edwin Curley and P.-F. Moreau(ed.),*Spinoza:Issues and Directions*,Leiden:Brill,1990,pp. 39-52;Jonathan Bennett,"Spinoza and Teleology:A Reply to Curley",in Edwin Curley and P.-F. Moreau(ed.),*Spinoza:Issues and Directions*,pp. 53-57;Don Garrett,"Teleology in Spinoza and Early Modern Rationalism",in Rocco Gennaro and Charles Huenemann(ed.),*New Essays on the Rationalists*,Oxford:Oxford University Press,1999,pp. 310-335;Richard Manning,"Spinoza,Thoughtful Teleology and the Causal Significance of Content",in John Biro and Olli Koitinen(ed.),*Spinoza:Metaphysical Themes*,New York:Oxford University Press,2002,pp. 182-209;Steven Nadler,*Spinoza's Ethics. An Introduction*,2006,pp. 198-200;Martin Lin,"Teleology and Human Action in Spinoza",2006;Della Rocca,*Spinoza*,New York:Routledge,2008,pp. 78-87。

象理解自然的单个事物。目的和目标既不融入在人类本性中，[153]也不适用于其他单一事物，它们是唯有通过想象式人类个体才能产生的意象，而不是那个普遍竭力学说所说的内在于人。

因此，如果国家是人的政治联合，而国家具有目的和目标，比如自由（《神学－政治论》第二十章，页252）或安全（《政治论》第五章，第二节），那么，这里就没有证据证明其真实的个体性。相反，政治力量的运作，似乎是通过一种想象活动，这个活动遵循那个国家中所有人类努力的动态过程。说国家具有目的和目标，不仅无法赋予其个体性，而且表明，在政治的运作中，应当把优越性归给人，而不是归给权力。目的和目标似乎表明，国家更像是另一个（ad aliud）人类共同体，而不像一个政治统一体本身。

第四，国家政治似乎没有反映出个体性固有的全部关系。如第一章所论，个体就像是拥有各种关系的关系存在物，并构成了更大的关系存在物。个体的各组成部分内部，及其跟外部成分之间，处于持续的情感互动之中，这必然导致，它们总是在跟其他个体相互交流——个体是致力于跟其他个体之间关系的关系存在物。此外，如第三章所说，个体是单个事物，他们的本质并不会传给实存物，也不会保留在他们自身的生存中：为了开始生存，并持续生存下去，他们需要一种自然力量。没有跟其他生存个体之成分的持续交流，个体就无法生存。在某种程度上，个体的本质决定了其本身的不自主性（heteronomy），即，突出的不自主性铭刻于其自身界说之中——斯宾诺莎的个体窗户大开。

如果国家可以被视为一个个体的话，那么，其成分的持续交流，就要跟那些平等的且表面上更不复杂的个体进行，也就是说，跟其他国家和外国人进行。然而，国家的边界根本不像是窗户：个体需要窗户大开，以便自身得到理解，但对国家的理解并不需要边界大开。有开放社会，但也有封闭社会。一个关闭了边境、终止跟外部世界所有联系的政治社会,仍然可以被设想,仍然可以保持为一个政治社会(尽管只是以一种非常短暂的方式),然而,一个关闭了窗户的个体,却根本不再是一个个体。在个体那里,如果没有外源性的再生效果,就不存在成分的代际传递。然而,通过内在的自我消耗,国家可以再生自身,以至好几代。[154]这种完全自足的能力,铭刻在国家的界说中(尽管只是很短暂地),而非受制于人。

如果国家可以短暂地抛弃他人的帮助,而仍能维持自身的生存和繁荣,那么,它就暂时是自权人(《政治论》第三章,第十二节),不依赖于他者,这意味着,它可以达到完全自主,没有铭刻于自身之中的不自主性。由于国家认为自己是独立性可能的唯一生产者,归到国家的内在力量似乎就不像个体生存中获得和持存的东西,而是自然力量的自因。由于斯宾诺莎看起来只是在比喻的意义上称呼自然整体为一个个体,这种政治自主就很难构成真正的个体性。

第五,如果国家是一个真正的个体,那它就会是一个有关系存在物组成的关系存在物,并且会致力于外部关系的交流和组成[更大的关系存在物]。因此,它就也必定会是某个更大个体的一部分。但什么个体是由诸国家个体构成的呢?斯宾诺莎讨论国家,是放在力量形成的渐进过程中。因此,按照因果结合顺序,接下来的个体就必然是一种带着本体论上个体统一性的国际共同体。

然而,斯宾诺莎对国际关系的看法,在根本上似乎从未如此具有世界性。两国之间的关系,就像两个自然状态下的人(《政治论》第三章,第十一节),也就是说,它们天生就相互敌对,彼此害怕,并期望为了利益而彼此联合。受自身利益驱动,它们达成了合作,以图发展和繁荣;形成的联盟越多,它们就变得越强大。但跟人类个体化不同的地方在于,一个被建构的独特权力,无法克服这些联盟出于自身利益导致的不稳定性。如果是这样的话,那就会有一个诸国之国（a State of States），会有一个国际公法的共同根源，这根源反映了法无法超越的世界性功能。但由于国家可以短暂自足，它就能在某个时刻决定，为了自身的利益而断绝跟外部世界的所有联系，由此将国际共同体的统一性变为某种极不稳定的东西。在斯宾诺莎那里，不同国家总是处于一种霍布斯那样的自然状态中。它们从未真正建立起一个更高秩序的政治社会，这社会拥有可强制实施的公共权力。在这个意义上，他主要吸收了马基雅维利的政治现实主义，以及霍布斯对国际关系的看法。

　　然而，对斯宾诺莎来说，国际条约并不仅仅是互不侵犯的承诺而已。它们也是为了力量的共同发展而进行的特殊合作活动。[155]为了自身的稳定和繁荣，国家寻求尽可能最多数量的联盟，寻求巩固和平和对外贸易，这是非常合理的。某种程度上，在一种国际关系上粗野的政治现实主义，与一种旨在实现世界和平的实用理性之间，斯宾诺莎能够加以调和。像霍布斯一样，他接受说，战争幽灵的阴影总是笼罩着国际关系，但同样，跟格劳秀斯一样，他也认为，如果所有国家都能够有效地将对自身利益的追求，转变为一个多民族政治社会的前奏，那国际和平就能够实现。国家总有一个保障，即使脱离了国际关系，它们也不会必然消亡（这跟政治关系中的人类个体不同）。因此，这种国际共同体就总是一个可行、而非必然的聚合。如果在某刻，政治现实主义跟法律世界主义变得不相容，那前者总是会在后者之上。这意味着，诸国之国是某种吸引人的东西，却也是很不可能的东西。如果国家的个体性需要一个国际个体来组成，那它同样是很不可能的。

　　总结来说，国家不可能是一个政治个体。它必定是某种完全不同的东西。当民众的制宪力量开始发挥作用的时候，斯宾诺莎对它的处理方式，让人印象最深的事实是，在他的文本中，没有真正独特的概念可以跟国家完全等同。相反，在一个通过自然法进行人类个体化的普遍设计中,它涉及很多概念。这主要发生在《政治论》中,但在《神学-政治论》中也可以发现,虽然是一种很不成熟的方式:

> 虽然如此,人的处理和警惕大可有助于安全的生活和避免我们的同类对我们的损伤,甚至兽类对我们的损伤。形成一有固定法律的社会,占据一块领土,集中所有的力量于一体,那就是社会体。(《神学-政治论》第三章,页46;[译注]参中译本,页53)

规定社会的固定法律,占据一块领土,集中所有人到--个单一体中——这些都是国家事务的胚胎,分别是国家、民众和统治的事务。这种政治自然法形成的多概念过程,似乎反映了斯宾诺莎将现代民族-国家理论化的方式,现代民族-国家起源于1648年的威斯特伐利亚和约(the Peace of Westphalia):[①][156]以大众为基础(popular-based)的主权国家有固定的领土,只有其国民才能进行运作,其他所有人都排除在外。因此,斯宾诺莎政治思想对威斯特伐利亚式现代国家的遵从,不是将之放入某个单一概念中,而是放入一整套不同概念网络中,这个网络作为一个全球化概念在运转。斯宾诺莎的国家是一种概念之根(conceptual rhizome),它的运作宛若一个个体——没有中心、没有等级的概念网络,推动着斯宾诺莎个体主义的自然进程。例如,《政治论》包含着一种政治个

---

① 威斯特伐利亚和约描述的国际形势,源自两个和约,它们分别结束了三十年战争(Thirty Years War,1648年5月)和八十年战争(Eightty Years War,1648年10月)。这个和约出现于现代首次伟大的外交会议,通过相互承认领土主权,它建构了一种和平共存的国际体系。因此,普遍认为,这个和约是现代民族-国家诞生的标志。

体化的进步理论,但它同样很像是对现代国家的论述:这个国家的构成,是通过自然人类诸个体在集合成民众时获得权力这个现实过程,反过来,如果将民众制度化地组织进一种所谓统治权的单一权力图景中,那国家就会变得稳固、有主权。反之,统治权通过国家(commonwealth)体现,并获得固定的领土,再转过来,国家是主权生效的现实空间,通过国务的方式,而国务的特定环境发展出了具体的法律和习俗,这些法律和习俗区分了局内人和局外人,并使局内人形成一个民族。

在斯宾诺莎的词汇中,没有准确的语词可以充分表达他对国家是什么的看法。斯宾诺莎没有办法给国家命名,这个事实不仅是因为他写作所使用的拉丁文有缺陷,而主要是因为需要考虑,他的国家是各种概念的整体运作。例如,霍布斯写政治著作时既用拉丁文也用英文,对于所称的国家,他就毫无问题地找到了一个恰当的拉丁文词(在《利维坦》的导言中):Civitas。然而,斯宾诺莎不能这样做。

此外,斯宾诺莎认为,现代民族-国家是起作用的那些政治概念构成的网络,这种观念意味着,在斯宾诺莎对国际关系的看法中,政治现实主义必定总是优先于对世界主义的渴望。原因是,威斯特伐利亚式的主权国家可以保证世界和平与国际合作,但不能真的建立起一个单一主权的国家共同体,因为这种主权国家的特征是彼此相互排斥,而不是相互融合。威斯特伐利亚式的民族-国家推动了相互共存,而非同化,因为这种国家的四个基础原则在于,每个国家拥有自决的能力,不同国家在法律上平等,国家内部事务不受干涉,国家之间互不侵犯。从这种现代民族-国家的主要特征中推导出来的所有后果,都能以这种或那种方式在斯宾诺莎对这种政治概念网络的看法中找到。

[157]这样一个网络根本不是具体化的个体。但是,为什么斯

宾诺莎一直使用这种个体性视域下的术语来谈论政治？原因可能有两方面。第一，斯宾诺莎的国家具有统一性，这要求从整体上看待这种全球化的概念网络，以同样的方式，斯宾诺莎称国家为"统治的总体"（《政治论》第三章，第一节），这意味着，如果孤立地看，这个网络中的任何概念都是空洞的，只有跟所有其他概念处于相互作用之时，它才是丰满的。概念网络的这种统一生产通量，在哲学史上可以用个体性的原初特征加以解释：不可分性。实际上，正是在这个同样的意义上，斯宾诺莎才比喻性地称呼自然为一个个体。结果，斯宾诺莎的民族-国家表现为一个契约式的主权国家，其分裂的可能性构成了国家消亡的一个威胁。通过与个体相比较，斯宾诺莎所呈现的国家，是一个具有不可分割性的单元，只有通过一种结构性的权力运作（在其中，微观权力［micro-powers］没有位置），这个国家才会含蓄地开始生效——"准个体"是对国家绝对主权的指称。

　　第二，国家"像一个大脑"（una veluti mente）——更可能是一个人的大脑。在思想的属性上，人脑是人身的主意，同时，它又是观念的永恒生产，是一个正在思考的大脑。因此，国家持续的权力运作，就类似于永恒的观念生产。国家不仅只是集中各种各样的意志（volitions），而且也是自身意志的根源——它被赋予了一种意志（will），在每个政治决断中都可以看出这种意志。国家不是现实的正在思考的大脑，因为从相互合作的个体人之自我理解中产生的，不是精神统一体，而是一个像大脑一样活动的政治组织——其理智观念实际上是群体的政治决断。通过不断执行（ducitur）各种意志（mens）的产物，民众力量（potentia multitudinis）向自身提供了一个统一体（una）形象，这种执行不是靠［民众］自身，而是靠那些占据政治（veluti）职位的人——《政治论》中那句著名的说法，"民众的力量宛若受一个头脑指挥"（Potentia multitudinis, quae Una veluti mente ducitur)［译按：见《政治论》第三章，第二节；中译本，页 24］，这才是它真正的含义。国家的"准个体性"(as-if-individuality)不仅指它的绝对主权，也指它统一的决断。

斯宾诺莎的政治理论不是乌托邦，它并不追求像哲学上的绝对命令那样实现政治中的应当之举。像他之前的马基雅维利一样，斯宾诺莎追求政治事物的有效真理。斯宾诺莎政治作品的写作，是着眼于其所处时代的政治环境，因而，他确实没有继续反思新近出现的民族－国家。他并没有赋予国家一个现实具体的个体性，[158]但可以认为，在某种程度上，他的政治作品是对现代国家原创的、普遍的、含蓄的理论，因此很难说斯宾诺莎是方法论个体主义的追随者。

不管以何种方式刻画国家，应当认为，斯宾诺莎的政治理论是一种内在于人类个体化的动态过程，并表达了对政治事物的一种具体解释模式。这种模式必须表达出在自然力量生产中人的建构性角色，这种生产通过一种想象的统一多样性进行。它必须克服将个体和国家完全对立的这种本体论上过度简化的处理方式。它必须揭示出，斯宾诺莎的国家概念是人（公民和臣民）永久、动态的再联合，还要揭示出，民众－统治－国家－国务－民族在一个活动的概念网络中运作，在这个网络中，如果不能以一种进步的方式联系到其他所有概念的话，就没有任何一个概念能够得到理解。这个网络可以叫任何名称，因为斯宾诺莎从未真的给它起名。它可以叫一个形状，一个全球化概念，一个"准个体"，或者简单地保持无名状态。或者，它也可以恰切地叫一个国家。

第六章　作为自权人

[159]无论何时,只要斯宾诺莎提到政治存在的理由,关键因素就包括安全、任务合作、幸福和自由。《知性改进论》中对追求幸福的设计,包括建立这样的社会,即,能够让人安全地分享他们的至善(《知性改进论》,页 14–15);《神学–政治论》提供了对政治社会的不同辩护,比如安全、协同工作的需要和自由,这跟《伦理学》中的说法完全相同;《政治论》的政治设计,强调相互协作以维持生活和涵养心灵(《政治论》第二章,第十五节),同时要保障和平与安全(《政治论》第五章,第二节)。无论如何,政治存在的这些不同理由,只是以不同方式在政治上处理宽泛的自由概念,这个概念贯穿斯宾诺莎的整个哲学体系。在这个意义上,自然法中个体赋权的旅程,主要是一条追求自由的道路。

由于这条旅程构成了政治社会,因而,斯宾诺莎自然法理论的背景,也是政治自由。但是,在现代政治语境下,自由可以拥有不同的目标和向度。从现代国家中个体公民的角度来看,如果他按照自己的理智行动,那么,尽管受法律统治,他在政治上仍是自由的,也就是说,如果他能遵守客观的制度法(而不是武断的人类力量)——他也以某种方式对制定这些法做出了贡献,他就仍是自由

的。从现代国家与其公民的关系来说,自由可能是国家为了证明
自身存在的合法性而必须不断促进的东西,或者只是为了民众兴
旺而必须确保的一系列条件。相应地,要么国家只是一种政治领
域,从这种领域中能够产生个体自由(政治制度为这种自由的产生
提供最低限度的条件),[160]要么,国家就是教育工具,由此可以
培养公民的美德和自由(政治制度使个体依靠其而获得自由)。早
期现代政治理论对自由的看法,通常是从个体公民的角度看;如果
从国家的角度看,最小自由的说法否决了赋予政治家的任何教化
能力。在这种情形下,斯宾诺莎是真正现代的[思想家]。

但即使是在其现代性的一面中,斯宾诺莎仍然设法重新改造
了政治自由概念。这章的目标是,解释这种重建如何发生,首先从
个体公民的角度,其次从国家的角度。

个人的所有权

从政治个体性的角度说,在单一性的界限内,即在自然权利的
概念基础中,自然法变成了自由的语言表达。在这种语境中,自由
出现在这样的时刻:一种权利的自我指涉与对另一种权利的指涉,
分别代表个人自由领域和超越这一领域的空间这二者之间的断
裂。在斯宾诺莎那里,那样的时刻主要出现在《政治论》中,在用自
权人/他权人这对概念去描述个体间共识与冲突的关系时。就如
现代政治理论中广泛流传的其他许多概念一样,这对概念源自罗
马私法,并被引入公共领域,为的是赋予其一种现代政治向度。从
词源学上讲,这对概念对应地导致了下面两者间的区别:纯粹通过
不受外部限制的行动自由来肯定个人的自然权利,与通过一个人
屈从于另一个人的意志来判定个体自然权利受到压制。因此,对
现代人(比如霍布斯和康德)来说,自权人的用法,基本等同于独立

和自主,而他权人则等同于依赖和不自主。从政治角度看,它们建立的差别,是按照某人意志行动和屈从于他人的力量行动之间的差别,是做公民与做奴隶之间的差别。

很有意思的是,现代政治思想中的自权人/他权人这对概念,跟罗马法中公民和奴隶的区分(Theodore Mommsen and Paul Krueger [ed.], *Digest of Justinian*, I.3.2)意义完全相同。让人对这种关系感兴趣的是,自权人/他权人这对概念在罗马法中并非自由的明显条件,而是一个罗马家庭中法律能力的明确条件(Gaius, *Institutions*, 1904, I, pp. 48-55)。因此,一个未婚的年轻贵族可以是罗马公民,但如果在家庭中他生活在父亲的统治之下,那他就是个他权人——同样,如果一个贵族寡妇没有儿子,只有未婚的女儿,那她自己不是罗马公民,但在家庭中她是自权人。自权人/他权人这对概念的政治相关性,是现代的一个创造,而不像某些学者所认为的那样。①

斯宾诺莎研究者认为,斯宾诺莎对这对概念的用法,跟其他现代政治理论家的用法相同。于是,《政治论》中的自权人就等同于个体权利,只要个体力量能够展现,而不需要直接的外部原因去行动——对个体来说,如果他在法律上是独立的,那他就是自权人②——也就是说,他是一位自然权利的拥有者,对其行动领域的解释,可以在希腊的 autonomos[自主]或 autarkeia[自足]概念下进行。[161]另一方面,他权人则具有完全相反的含义。然而,斯宾诺莎对这对概念的提及,加上他在《伦理学》中对

---

① 参 Quentin Skinner, *Liberty Before Liberalism*, Cambridge: Cambridge University Press, 1998, pp. 40-42; Justin Steinberg, "Spinoza on being *sui juris* and the republican conception of liberty", *History of European Ideas* 34(3), 2008, pp. 242-243。

② 例如,参 Adolf Menzel, "Homo sui juris: Eine Studie zui Staatslehre Spinozas", *Zeitschrift für das Privat und Öffentliche Recht der Gegenwart* 32, 1904, pp. 77-98; Alexandre Matheron, *Individu et communauté chez Spinoza*, 1969, pp. 297-298; Warren Montag, *Bodies, Masses, Power: Spinoza and his Contemporaries*, London: Verso, 1999, p. 83。

自由和个体的界说，都让这些解释很成问题。他在《政治论》中说：

> 只要他能够排除一切暴力，对于遭到的损害能够自主地给予报复，而且，一般地说，还能够按照自己的选择生活，那么，他就是处于自己的权利之下。（《政治论》第二章，第九节；《全集》第三卷，页 280；[译注]参中译本，页 15，有改动）

这段引文表明，要确定一个人是不是自权人，有三个标准：有排除一切暴力的能力；能够对伤害进行报复；能够按自己的选择生活。第一个标准似乎表明了一种自卫策略，目的是抵御任何类型的身体强制，例如下一节所说的那些种类（《政治论》第二章，第十节），它们是他权人的要素——即，把某人捆绑起来，解除对方的武装，剥夺他自卫和逃跑的手段。因此，如果一个人很强大，足以避免外来的身体强制，或者换句话说，如果他的行动不是由外在物理原因导致，一个人就可谓自权人。在这个意义上，自权人与自由同义，因为它的作用是反对强迫：

> 凡是仅仅由自身本性的必然性而存在、其行为仅仅由它自身决定的东西叫做自由。反之，凡一物的存在及其行为均按一定的方式为他物所决定，便叫做必然或受制。（《伦理学》第一部分，界说七；[译注]参中译本，页 4）

斯宾诺莎的自由是自由的必然性，而不是随心所欲，或完全不受外部妨碍。但如果自然力量在个体身上是程度不同的表达，那根据这个界说就很难理解，何以所有个体都能够被认为是一自由之物，因为个体本质上只不过是其"存在及其行为均按一定的方式为他物所决定"的单个事物。依据界说,个体的行为,总是由某种外在的物理原因所引起。用斯宾诺莎的话说,个体似乎天生受制于他物。那么,他们如何能够排除一切外在暴力?

为了证明斯宾诺莎的决定论仍然跟一种自由哲学相容,斯宾诺莎的研究者倾向于这样解释这个界说:它包含两个不同层次的自由,[162]绝对自由和相对自由,根据绝对自由,必然性只能由独一性中产生。这意味着,只有神绝对自由,而根据相对自由,必然性导致的结果是,个体的决定或行动,不能跟他们的做事方式不同,即使他们能够像廊下派那样(Stoically)看待那些他们必须遵从的法律。① 于是,以直观方式理解事物的智者,将成为"接近自由的受制之物",或者说,一"自由之物,但仍受到某种方式的限制"。这个解释不像是对个体自由的论证,因为自由仍然处于物理强制的语境中,跟呈现自权人的方式一样。对斯宾诺莎来说,不管人们用什么方式看待,个体人自身都能够拥有足够的自然力量,足以成为原因,以至于他可以几乎不受外在强制的影响,尤其是因为"天地间没有任何个体事物不会被别的更强而有力的事物所超过"(《伦理学》第四部分,公则)。因此,自权人的第一个标准绝无可能真正实现,除非相对地把它看作跟"相对自由"意思相同。

在一个法定的自由概念下,自权人的第二个标准——能够对伤害进行报复——似乎更加奇怪。一方面,它预设说,一个伤害已经发生,这基本意味着,那个受到伤害的人没有能力排除发生在他身上的外部暴力,因此,他首先不是一个自权人。当然,除

---

① Martial Gueroult, *Spinoza*: *I-Dieu* (*Éthique I*), pp. 77 – 79; Jon Wetlesen, *The Sage and the Way*: *Spinoza's Ethics of Freedom*, pp. 10 – 28; Steven Nadler, *Spinoza's* Ethics. *An Introduction*, pp. 230 – 238.

非在第二个标准这里,作为自权人取决于必然作为他权人的在先状态,这会导致,自由将依赖于束缚的存在——这是非常弱的自由概念,因为它只代表着不存在束缚。另一方面,在《伦理学》中,斯宾诺莎将复仇定义为:"我们被相互的恨所激动而欲伤害那基于同样的情绪曾经伤害过我们的人的欲望。"(《伦理学》第四部分,附录界说 37;[译按]中译本这部分界说在第三部分,页161)复仇需要恨的情绪。但是,相互的恨如何能成为自由概念的关键因素?它又如何与斯宾诺莎的理论协调?按照斯宾诺莎的理论,最明智的人是最自由的人,正是因为他的理智能够阻止情绪削弱其自然力量。更重要的是,恨的情绪如何跟一种非专断的法律体系相协调?这种体系对自权人的理解,主要是在现代政治思想中。① 在这种语境下,作为自权人似乎与自由相分离,而不是表达了自由。

作为自权人的第三个标准——按自己的选择生活——表现了对个体身份的肯定,或者说,表现了使特定个体成为某个独特、唯一之人的那组特征。[163]在这个标准中,斯宾诺莎用了 ingeni-um[天赋]一词,整个文艺复兴(Renaissance)时期非常普遍地用这个词来描绘一种个人技巧和天赋,或者某人的具体个人品格。一个人根据自己的天赋按照自己的选择生活,不仅是不受其他人意见和命令的影响,而主要是能够完全按照何者有助于或妨碍他的存在而去判断什么好、什么坏(《伦理学》第四部分,命题三十七,附释二;《伦理学》第四部分,命题七十)。② 这会导致,由于按照自己

---

① 关于这个论证,参 Susan James, "Freedom, Slavery, and the Passions", in Olli Koisti-nen (ed.), *The Cambridge Companion to Spinoza's* Ethics, Cambridge:Cambridge University Press, 2009, p. 235。

② 对于斯宾诺莎 ingenium 概念的理解,参 Pierre François Moreau. *Spinoza:L'expérience et l'éternité*, pp. 295-404。

的选择生活而被认为是自由的那些人,将只按照自己的意见去判定外部事物是内在的好或坏——这是一种激进的相对主义,根据这种相对主义,每个个体都会认为,他自己的身体复杂性是所有外部关系的唯一模式。由于竭力是持续的自我肯定,按照自己的选择生活必然导致的结果是,最终所有个体都力图将他们的个人模式强加到其他人身上。这本身就已经很成问题,因为看起来,它很难推动合作的进行。而如果将天赋这个自我绝对性的借口放入情感模仿的语境中,那它就会变得更加成问题。对斯宾诺莎来说,大部分人只是通过模仿其他人的情感而生活,因而,他们所实际相信是他们自己意志或选择的东西,不过是在复制他们对其他人天赋的想象而已。在这种情况下,按照自己的选择生活就会成为,按照对其他人所做选择的无意识想象而生活。这听起来更像是依赖,而不是独立。

总的说来,自权人的这些标准,没有一个能真正抛弃某种程度的依赖和不自主。此外,它们跟自由这个概念的关系,看起来很成问题:因为斯宾诺莎伦理学中的人类自由,意指按照充分的理智去生活,而政治关系中的依赖和服从,则主要通过想象和情绪的方式发生,因此,这两个主题之间似乎存在一种概念上的张力。那么,如何区分自权人与他权人?自权人如何在任何情况下都能够成为人类自由的正当表达?斯宾诺莎进一步发展了这种观念:

只要能正确运用理性,思想便完全处于自己的权利之下。确实,因为人的力量应当按照意志的坚强而不是按照身体的健壮来衡量,所以,凡是最有理性和最受理性指导的人,也就是最充分掌握自己权利的人。因此,只要是在理性指导下生活的人,我便称他为完全自由的人,因为,在那种情况下,他的

行动完全取决于可以单独从他自己的本性加以理解的诸种原
因，即使这些原因必然决定他采取行动。(《政治论》第二章，
第十一节；《全集》第三卷，页 280；[译注]参中译本，页 16，有
改动)

[164]斯宾诺莎在这里说得很清楚，在自然法的政治领域，思
想远比身体重要。思想属性并没有对广延属性的自主性——否则
就会违背属性的平行理论——而是一种视角的移位，由之出发可
以衡量关系的构成。《伦理学》对受限之物的处理，采取的是某种
物理主义(physicalism)的角度，这在斯宾诺莎对个体的界说中有
很好的说明。但作为自权人是衡量自然授权的一种品质，对它的
处理，应当从思想的角度出发：它首先是一个评估自然权利之程度
的心理学概念，只有在次要意义上，它才是一个物理概念，决定着
身体可不可以做什么。思想才是自权人的主题，而不是身体：思想
的理解力决定着他是不是自权人，并构成了个体自然权利的核心。
结果，一个更强的新标准战胜了之前那三个作为自权人的标准，这
个新标准并非真的跟之前的对立，而是吸收了它们，并支配了它
们：它将作为自权人与理智的支配联系在一起。

按照一种朝向充分观念不断进步的旅程，斯宾诺莎区分了不
同程度的理解力：想象、理性和直观知识。如果作为自权人跟某
种理解有关，那它也必定通过不同程度表达出来。这很可能也解
释了为什么斯宾诺莎会说，那些"最充分"掌握自己权利的人，是
那些"最受理性指导"的人。如果一些人比另一些人更受充分观
念的指导，那同样，也会有一些人比另一些人更多地掌握自己的
权利。① 正是在作为自权人与理性指导的这个连接点上，斯宾诺

---

① 也就是说，比别人更多地掌握自己的权利，同样也是自权人。

莎安放了人类自由:个体如果受理性指导,那就是完全自由的——只有当两者都表示充分的理解方式时,作为自权人才等同于自由。

那么,一个人如何受理性指导?通过"他的行动完全取决于可以单独从他自己的本性加以理解的诸种原因,即使这些原因必然决定他采取行动"——这是对自权人的描述:它是衡量人类力量的一个程度,是自由的法定条件。实际上,它也跟斯宾诺莎的德性概念(《伦理学》第四部分,界说八)和充分原因概念(《伦理学》第三部分,界说一)完全一致。所谓充分原因,就是"通过它可以清楚明晰认知其结果"的原因(《伦理学》第三部分,界说一)——换句话说,从理解的角度考虑的原因。在自然力量的语境中,可用以衡量德性、自由和作为自权人的尺度,跟下述两者间的关系相关:更高等级的原因和更高等级的充分理解。[165]主动和被动之间的区别,不能化约为引起和被引起之间的不同,而主要是指对原因的充分理解和不充分理解之间的差别。

然而,一个主动的个体,不是作为原因,同时又用排他的自我指涉去认识自身原因的人。否则的话,他就会是一个孤立的原子,而不是一个关系存在物。即使是最主动的人,也需要一个"他者"的在场——只有把自身原因理解为一种需要外部指涉的自我指涉,他才能存在。因此,在这个意义上可以认为,这个主动个体是自权人,但他并非一个完全自主或独立的个体,即使他能够充分地作为原因——他毋宁是一个"正在形成的原因",正在去认识他作为其中一部分的那个因果关系的真正本性。充分原因并不排斥"他者"的存在,而是这样的原因:在其中,据说"他者"的存在必然内在于这个原因的本性之中。结果,德性、自由、行动和作为自权人,必然暗含着不同个体之间的关系——它们所限定的,不是因果关系中独立的自我指涉,而是人类个体在作为原因和对他们自身原因之内在性的理解之间的关联。对于个体而言，如果他认为自己是因果关系的主动参与者，这种因果关系让他成为一个结果——也就是说，如果他理解像第三章中描写的那种主动的被动性和活动——那么，他就是有德性的、自由的，或者说，是个自权人。

通过联结因果决定论和认识论，斯宾诺莎似乎确实成了新型的现代廊下派。对于能否在一个必然的宿命论世界找到道德自由这个问题，廊下派的回答中包括了理性理解决定论的要求，根据这个回答，德性就是自觉地赞同事物的自然秩序，而邪恶要么是完全没有这种自觉，要么是持有不赞同那种自然秩序的信念。尽管如此，在作为自权人这个语境中，斯宾诺莎的"新廊下派"背离了传统廊下派，①因为理性指导对自然个体力量很重要，这不仅是为了要知道，是什么导致产生一种有意识达成协议的个体，而且更主要的是要理解，对于什么导致个体产生的这种知识，要使其更具因果性，最有效的方式是什么。认识论上的不同阶段必然导致不同的道德阶段，或者说，导致不同程度的个体自然力量表达。在自然法中，这意味着对道义论的超越，而这种超越是廊下派绝对无法达到的。

[166]因此，正如因果关系中存在不同程度的知识一样，作为自权人也同样有着不同的程度。在这个意义上，即使是想象（尽管它有不充分性）也能参与到成为自权人中。确实，即使是偶然的想

---

① 关于斯宾诺莎的廊下派色彩（Stoicalness），参 Andreas Graeser, "Stoische Philosophie bei Spinoza", *Revue Internationale de Philosophie*, 45, 1991, pp. 336-346; Alexandre Matheron, "Le moment stoïcien de l'Éthique de Spinoza", in P. F. Moreau(ed.), *Le Stoïcisme aux XVIe et XVIIe siècles*, Caen: Presses Universitaires de Caen, 1994a, pp. 302-316; Firmin Debrabander, *Spinoza and the Stoics: Power, Politics and the Passions*, London: Continuum, 2007。

象,也能产生人类合作的某些层面,这些层面使得个体可以"排除外在暴力",或者"报复所受到的伤害"。在政治领域,想象可以产生某些结果,它们类似于理智将会产生的那些结果(是合理的[reasonable]结果,而不是理性的[rational]结果),同样,自权人/他权人这对概念也将包含不同程度,在其中,不充分性可以像充分性那样产生出一些东西。斯宾诺莎说,要确定个体是不是他权人,有四个标准(《政治论》第二章,第十节),其中两个描述的是身体强制,剩下两个描述的是受恐惧和希望的束缚。因而,恐惧和希望能够产生的那些普遍因素(如果是合理的,虽然不是理性的),同样也能构成最低程度的自权性(sui juris-ness)。

作为自权人与作为他权人之间的关系,不是"这个或那个"("全部或一无所有")的关系,而是一种不同程度的关系。某些程度的他权人,尤其是涉及政治生产的希望激情,确实看起来是一种最小程度的自权人。如果某一个体包含并有助于产生其他人的自然权利,也就是说,如果他是原因,他就是自由的;如果他的自然权利只是为他者所包含和产生,亦即,如果他只是结果(caused),他就是受束缚的。对这些程度的衡量,依据的是斯宾诺莎的三种知识:最有激情的人最受束缚,最理性的人最自由。因此,一个受恐惧束缚的人,比受希望束缚的人更多地是他权人;一个受希望束缚的人,比受理性指导的人更少地是自权人。自权人/他权人这对概念不是相互对比,而是一个渐进的标尺,用来衡量一个个体天生拥有多大力量。

处在别人的自然权利之下,并不意味着要牺牲自己的自然权利。相反,由于政治形成于一种相互交织的彼此服从之中,为了让个体拥有自身的权利,他在某一时刻必须处于别人的自然权利下。事实上,这是他和其他人的自然权利最初诞生的基本方式。由于作为自权人似乎总是必然导致某种特定层面的不自主,就不能简单地在康德式的自主性或独立性这个意义上来解释它。① 但在个体自然力量那里,不自主包含不同的程度,因而,按照对不自主的理解方式,自权人概念将之分成了不同程度。

[167]因此,如果个体拥有自身的权利,如果他天生拥有力量,不论他如何去发展他的自然力量,那他就是自权人。他生来力量越强,将来越会成为自权人。他在认识自身原因时拥有的理解越充分,就越自由。结果,作为自权人并不真的等同于自由(freedom),而毋宁是等同于解放(liberation)。斯宾诺莎的自然法不再只是一个积极个体化的设计,也是一个理论上的救赎论(theoretical soteriology)。此外,它表明,在斯宾诺莎那里,不存在跟个体相对自由对立的绝对神圣自由,而是一种无限的自然自由,这种自由也通过那些奇特的不同程度产生自身,从这些程度的角度看,它们构成了有关解放的一整套内在设计。

政治中的自由与自由政治

如果个体作为自权人的主要功能,是衡量个体原因与更高层

---

① 关于这点,参 Douglas Den Uyl, "Autonomous Autonomy: Spinoza on Autonomy, Perfectionism, and Politics", *Social Philosophy and Polity* 20, 2003, pp. 30-69;相反的看法,参 Matthew J. Kisner, *Spinoza on Human Freedom: Reason, Autonomy and the Good Life*, New York: Cambridge University Press, 2011。Sui juris 通常译为"做自己的主宰"(Robert Duff, *Spinoza's Political and Ethical Philosophy*, 1903; Errol E. Harris, *Salvation from Despair*, 1973; Spinoza, *A Spinoza Reader: The Ethics and Other Works*, ed. and trans. Edwin Curley, Princeton: Princeton University Press, 1994; *Complete Works*, trans. Samuel Shirley, ed. Michael L. Morgan, Indianapolis: Hackett, 2002)。然而,由于连最明智的人也总是受到某些激情的影响,并且总是其他个体生产的实在结果,这种自我主宰跟康德派所谓的用理智控制激情或因果关系毫不相干。Sui juris 指的不是去主宰或控制,而是一个人明白,原因的他律性如何在实际中发挥作用——它是某人自身的充分力量。

面的理解之间的关系,那么,到底在什么意义上政治对他来说很重要?如果认为,个体单纯通过遵守法律就能实现自由,成为自权人,因为他理解这样做是出于自己的利益,那么,他的自由首先是认识论的自由,其次才是政治的自由。在这个意义上,《伦理学》第五部分描述的智者就会是自权人,不管他是生活在最残酷的僭政之下,还是最和睦的民主制下。爱比克泰德(Epictetus)的著名悖论——最自由的人是明智的奴隶,还是无知的主人——由此在斯宾诺莎这里得到了解决,他会选择前者:被捕入狱的苏格拉底(Socrates)总比一个暴躁的政治家更是自权人。

这种对作为自权人的解释仍然不完整,原因有几个方面。首先,将作为自权人化约为因果关系中的理性准则,会从斯宾诺莎哲学中去除可以归给自由的政治价值,而这不但跟《神学-政治论》的基本观点相冲突(这个观点论证说,缺少了哲学思考的自由,会威胁所有国家的和平与繁荣),也跟《政治论》的说法相矛盾(《政治论》宣称,个体组成社会,也是为了涵养他们的心灵)。第二,在早期现代政治思想中,仅仅具有法律对个人生存之效用的知识,并不足以让人相信一个人是自由的——同样必要的是,这些法律不是随意制定的,而且,那些将要遵守法律的人,能够以某种方式参与这些法律的制定过程。第三,因为在《政治论》中,斯宾诺莎使用自权人/他权人这对概念指的不仅是个体,也包括政治社会。反过来不能简单地将其放到一个认识论框架,[168]而非一个政治框架中。因此,作为自权人不能简单地等同于充分原因,而必须具有某种政治相关的向度,这一向度要求也要从国家与其公民的关系这个角度去处理自由。

不用说,不能简单地说国家是通过想象、理性或直观知识去理解事物,因为严格来说,国家没有自己的头脑,没有具体化的个体性。不过,斯宾诺莎坚持说(至少在《政治论》中),"它们宛若受一个头脑指挥"。这意味着,即使它们没有自己的头脑,但它们实际所做、所达到的,是某种类似(堪比)人类头脑所做的东西。在这一点上,可以按照不同程度去衡量政治社会,这些程度对应着人类头脑不同的理解水平。

显然,这并不暗示,可以用理解的不同水平去衡量不同的政治社会,这种不同水平的理解是其统治者知晓并用以指导自己想法的——很像马基雅维利,斯宾诺莎也相信,统治者的哲学和科学智慧,跟建立一个成功的政治社会无关,这就解释了为什么斯宾诺莎看起来非常反对柏拉图的哲人王理想(《政治论》第一章,第一节)。事实上,评价政治决断,不能以它们的真假为标准,而应按照它们的有效性,这是政治事物的"真理"。无论对斯宾诺莎还是马基雅维利来说,有效性无他,就是政治力量能够尽其所能[让臣民]最大限度地服从,以保持自身活力的能力,亦即政治生产力。

相反,更容易跟人类理解方式进行比较的,是下述两者之间的联系:统一的政治意志这个形象,与这个形象所做决断的社会效应。在这种情形中,这些政治决断越有效果——即这些决断得到遵守,并相信是出于一种政治意志——imperium[统治]就将获得越多的权力,这反过来(因为 imperium 的界定,就是依据民众力量)需要民众中的那些个体更多地授权,再反过来又会通过更加有效的决断去强化那个想象的政治意志,如此循环。这创造了一个圆环(cycle),在其中,站在政治决断效力的角度,权力的大小伴随着民众力量的大小。这个政治圆环越能够推进包容和共识,而不是排外和冲突,就有越多的效力,也就是说,如果它能越多地表达一个现实的公共领域,在此,个体实际上更多地授权。换句话说,政治合理性(reasonableness)越多,效力越大。于是,由于政治决断或大或小地表达了一种公众的产物,[169]这些决断或多或少是依据理智(因为理性是公共意见的头脑产物),即使那些统治机构的在位者根本不是受到充分观念的指导。基本上,从国家的角度看,这就是政治自权性(sui juris-ness)的主要意义:在公众的产物和强化中,体制所做出决断的政治有效性。

即使不同于认识论意义上的作为自权人,这种新的国家自权性仍然拥有某些特征类似于个体的那些理解方式,也就是这个事实:它可以得到不同程度的表达,它的实际结果也可以为基于公共地位的理性所认可。对于个体的认识论自权性来说,如果它越充分、越理性,那么它就会越大;同样,国家的政治自权性如果越合理,也就会越大。

当然,不同于个体,如果关闭边境、完全断绝与外部联系,国家仍能在某种程度上维持自身。一个国家关闭国境,跟其他共同体完全没有外交或商业联系,这个事实并不会必然导致它立刻消亡,或者导致它完全无法被理解(《政治论》第三章,第十二节),这不同于作为窗户大开的关系存在物的个体。实际上,国家为何根本不符合斯宾诺莎的个体性定义,这是主要原因之一。不同代际的人可以在一个封闭社会中彼此追随,甚至不需要社会的外部更新。在这个意义上,或许可以说,一个国家作为自权人,等同于康德意义上的独立性或自主性。然而,即使没能将政治共同体插入其个体性概念中,斯宾诺莎仍然继续用个体性的术语来处理它们。因此,作为自权人语境中的独立状态,也必须拒绝康德式的自主性:如果国家的自权性意味着在民众生产过程中政治决断的效果,那么,能够促进生产的政治共识越多,国家就将越是自权人。越是作为自权人,国家就越不会是自足和自我更新的——因为这种[自足的]国家在国际上总是表现得很排外,并总是会感到这样的威胁,即所有其他国家都可能反对它——而会是这样一种国家:跟其他国家能够有效达成共识,消除战争威胁,致力于相互合作的关系。

如果最大的授权(并因此是最高的权力)发生在和平中,即在一种"来自精神力量的德性"中,[170]因为"服从就是依照国家共同法令的要求行事的恒常意志"(《政治论》第五章,第四节;[译注]参中译本,页43,有改动),那么,它只能存在于一种国际上的包容关系中,而不是排外关系中,因为"发动战争的权利属于各个国家,但是,确立和平的权利却不属于单独一个国家,而至少需要两个国家"(《政治论》第三章,第十三节;[译注]参中译本,页32,有改动)。确实,一个国家越是致力于国际合作关系,它拥有的单方面宣布战争(带有某种胜利可能性的战争)的力量就越小——由于它必须"顺从诸盟约国家的共同意志"(《政治论》第三章,第十六节),它显得更像一个他权人,而不是实际上的自权人。结果,当一个国家是自足的、自我更新的时候,它可以被看作自权人;同样,在国际和平的条件下,一个国家的制宪力量会更大,并会不断增加,而国际和平的真正实现,只有考虑到其他统治权力的时候才行,也就是说,当这个国家在某种程度上是他权人的时候。就像作为自权人的个体一样,不同程度的他权人状态与不同程度的自权人状态之间,似乎也存在兼容性,尤其是因为两个国家如果"愿意互相给予援助"(《政治论》第三章,第十二节),那它们会更有力量,对自然法更富有表现力。换句话说,它们越是把对方的政治决断考虑在内,就越自由。因此,越是自权人的国家,越不会完全自我依赖,而是会决定在某种程度上依赖其他国家,为的是变得更加强大。

这种不同程度的自权人状态,可以运行于任何特定类型的制度结构中,即任何类型的政体中。对一个国家来说,要成为有效的自权人,并不必采取一种特别的政体形式。相反,自权性可以归于君主制、贵族制和民主制等。看起来,《政治论》真正想做的是,提供适合这些不同政治权力结构的具体条件,以便让它们尽其可能地成为最高程度的自权人。例如,君主制可以成为有效的授权体制,只要它不断唤起公民的希望情感,由此增强他们遵守制度法令的持续意愿;或者它也可能是个体授权有缺陷的方式,如果它不断地引发恐惧来压迫个体的话,在这种状况中,毋宁应该称它为一种僭政(这种制度更少自主权,比立宪君主制更短命)。

　　斯宾诺莎提到了三种古典政体形式:君主制、贵族制和民主制。他指出,这些是历史上仅有的几种可行的政体(《政治论》第一章,第三节),尽管实际上,在《神学－政治论》中斯宾诺莎还花了几页的篇幅描述了神权政治(theocracy)。这必然致使[171]斯宾诺莎相信,即使是在各种更大类型政体内部,国家的自权也在以不同程度发挥作用,有时,国家自权的那些不同程度,采用了一套特定的术语。例如,君主政体可能是一种霍布斯式的君主制,一种希伯来的神权政治,或者是一种斯宾诺莎式的立宪君主制——每一种都将代表君主制国家自权的不同程度。《政治论》着力设计的东西,是诸种国家自权的最强大结构,它适用于那三种更大型的政体形式。

　　但这尚非最后的结论。在一些共同体中,情感的相互作用会引发更多遵守政治决断的意愿,也就是说,在这样的共同体中,国内和平是普遍的主动行为(《政治论》第五章,第四节)。确实,从这种共同体中可以发现作为自权人的最高程度。由于"人最不能忍受的是,为其同等的人服役,以及为同等的人所统治"(《神学－政治论》第五章,页73;[译注]参中译本,页82,有改动),在统治者和臣民之间,总是有一种断裂,在统治和服从之间,总是有一种不对称,除非公民们相信,遵守法律就是遵循他们自己的意志。国家对其公民的关系越是显得高高在上(transcendent-like),人们就越会相信,他们是在遵从另一个人的意志,而不是他们自己的意志,这会导致他们很少是出于自愿去遵守法律。换句话说,政治效力主要依赖这种个人的普遍化信念,即公民在某种程度上参与做出政治决断。

因此,很容易描述斯宾诺莎把政治效力等同于公民授权的这个建议。第一步,把那种具有原初政治建构性的恐惧情感,转变为更强、更持久的希望情感,也就是说,让每个个体公民更少地成为他权人。第二步,削弱或完全消除统治者与臣民之间一种虚构的本体论断裂这种图景,方法是让每个公民相信,当遵守政治决断的时候,他是在遵守自己的意志,而不是其他人的意志。因而,最有效的政治决断,是因公民自愿遵守而变成强制性的法律,也就是说,制定法律的过程在政治上内在于这些决断之中。效力取决于民众的制宪力量,民众的力量越小,制度的政治决断效果越小。因此,最有效的政治体制,是那些依靠民众不断增加授权的体制。于是,对斯宾诺莎来说,民主制是最有效、最强大的政体形式(《神学-政治论》第五章,页73-74)。

如果每种政体都确实拥有数种程度的国家自权,那么,同样真实的是,这三种古典政体形式在它们自身中也构成了不同程度的国家自权。[172]构成一个国家民众的所有个体,都参与着做出政治决断的过程,因而,效力变得更加可靠,政治共识变得更加可能。于是,原则上,民主制比君主制更容易表达一种更高程度的国家自权。然而,由于每种政体类型同样可以完全自己表达自权人的不同程度,君主制、贵族制和民主制之间的区分就不那么泾渭分明。可能有一种代议制民主,在这种民主制中,[民众]对实际决断过程的参与非常有限,只受到相互恐惧的驱动(一种民主制的国家他权);可能有一种立宪君主制,在其中,[民众]参与更多地出于自愿,并主要受希望所驱动(一种君主制的国家自权)——在这样一种情形中,君主制会比民主制更加自权。但一般来说,如果两者拥有相同的内在情感支撑强度,那么,民主制就可以比君主制达到更多的政治效果,这就是为什么民主制更加自权:①它将是国家的"最自然"形式,是"与个人自由最相合的政体"(《神学－政治论》第十六章,页 202;[译注]参中译本,页 219)。用早期现代哲学语境下具有颠覆性的话来说,自权民主制将会是实际的绝对自然状态。

斯宾诺莎将政体划分为古典的三联图,跟他在《伦理学》中将不同理解类型划分为一幅三联图一样,这不是巧合:两者都以代表作为自权人不断进步的层次而告终,无论国家还是个人。在某种程度上,这两幅三联图可以彼此独立,因为智者在一个他权国家也可以多少掌握自己的权利,但即使有这个事实,斯宾诺莎作为自权人的概念似乎依赖两者的结合。个体自然法是一个授权过程,包含对充分理解方式的寻找,没有民众、统治及最终的国家,根本无法理解它——在这种情形中,个体自权人不能简单地完全抛弃社会环境,在社会环境中,理解可能变得更加充分。因此,斯宾诺莎追随了马基雅维利(《论李维》,前揭,1996,页 129－130)对罗马的看法,根据这种看法,只有在一种自由的政治经验中,才有可能成为一个不同于奴隶的完全自由人。所以,即使从个体自由的角度看,作为自权人也不仅是分为三个认识论程度,而是分成更多,因为这些程度必须放入特定政治情境中,而这种情境也分成不同程度(政体),这些程度同样也分为不同程度(更有效或不那么有效的政体)。

[173]因此,斯宾诺莎制造个体自由的计划变得复杂了。个体

---

① Lewis S. Feuer("Spinoza's Thought and Modern Perplexities: Its American Career", in Barry S. Kogan [ed.], *Spinoza: A Tercentenary Perspective*, Cincinnati: Hebrew Union College, 1979, pp. 36－79)和 Raia Prokhovnik(*Spinoza and Republicanism*, Basingstoke: Palgrave MacMillan, 2004, pp. 177－181)认为,实际上,斯宾诺莎偏爱贵族制更甚于民主制。不过,《政治论》对民主制的简短处理(没有完成)并不足以支撑这种看法,它忽略的一个事实是,斯宾诺莎将整个政治建构的过程,设定在一个动态网络之内,这个网络更接近于我们所称的民主制的东西。

的自权性取决于理解的程度,通过这种理解,每个个体得以了解法,并与之发生关联。但是,对个体自权性的衡量,是在作为自权人(它也有三种不同程度)的情境中,因此看起来,个体自权性最终是在一个有着很大程度的复杂标尺中加以衡量的。一个依靠直观方式获得知识的智者可能是自权人,但举个例子,如果生活在一种僭政中,或者是宪政民主制下的一个奴隶,那么,他并不能像他可能的那样自由。同样,如果生活在一种高效的君主制中,那他似乎会比生活在一种残酷的贵族制中更加自由。由于个体自权性是一种政治处境中的认识论解放,这个智者——例如监狱中的苏格拉底——就不能像他所可能的那样掌握自己的权利。相反,在开放的宪政民主制下,一个完全受激情指导的人也并不如人们最初设想的那样无法掌握自己的权利。在爱比克泰德的悖论中,明智的奴隶与无知的主人都同时既是自权人,又是他权人,虽然是在不同程度上,且是从不同角度看——他们都无法像他们可能的那样自由,但也都不会受限到无法存在下去。从作为自权人的积极方面来看,他们两者中都有某种充分的东西,要么是明智的奴隶身上跟知识的亲密关系(理性),要么是无知主人的公共行为(合理性)。

　　从国家与其公民的关系来说,由于国家旨在变得更多产、更高效,它会推动共识[的形成]。但它推动的不是理性,而是合理性。国家无法教导公民如何变得理性,这不仅是因为国家自身就是由想象过程建立的一个网络,而且还因为,除了公民制造出的东西之外,它什么也不是。它对合理性的推动,在于确立了一套政策,用以改善臣民授权的社会条件。即使所有(或某些)执掌国务的人完全用理智指导自己,国家也始终无法定义一种理性人的具体样式,也无法把它作为规范强加于公民身上。法律根本不具有说教的目的。

　　国家提供和保证个体变成自权人的政治条件,由此,它有助于公民的私人品德。这是斯宾诺莎国家理性(reason of state)概念的全部内容:在政治中,想象和情感的力量相互影响,这种相互影响会带来共识和冲突之间的永恒紧张,国家理智纯粹就是平抑这种紧张的效力,而不是一种典型马基雅维利式维持权力的策略技巧,或者一种伦理导向的政治行动。[174]直接讲,这是它能推动自由的方式。然而,由于最高程度的个体自权性在政治上必须处境化,而且哲学思考的自由依赖于一种和平、高效的环境设置,因而可以说,国家间接推进了理智的发展,因为它不仅是一种条件,也是个体理解正常发展的一种必要手段,原因在于它产生出了培育认识论自权性的那些环境。

看起来,在某种程度上,政治中的自由依赖于某种自由政治。积极个体化的设计与个体授权的设计相一致,它反过来又被引入政治制度的建构之中,[人们]之所以相信需要这些制度,仅仅是因为它们重新产生出使个体授权设计得以进行的那些环境。如果这个设计是一个持续的个体解放过程,那么,在任何时间都没有人能够像他可能的那样掌握自己的权利,正如(作为结果)没有国家能够像它可能的那样成为自权国家,除非存在某些方式,能使两者都变得更加强大,拥有更多自由,并使自权性的评价标尺得到公开。因此,斯宾诺莎的自然法革命是内在的重建,它摧毁了一种"全部或一无所有"的推理方式:自然法主要是一个持续、灵活的过程,是为了表达最高程度的自然。自权性标尺只是一个辅助工具,目的是衡量个体自然法的表达,从最底层,在最残酷的僭政下只通过想象获取知识的暴怒之人,到最高层在最开放的民主制下生活、凭直观方式获取知识的最明智之人。生活在最自由的民主制中的最明智之人——这是神的人类化表达,是自然法在政治中的主要效果。

结　　论

　　一开始,斯宾诺莎的自然法表现为这样的领域:个体将自身投射到存在中,这基本上要求先从其必然本体论的角度去理解自然法。进而,自然的自因(causa sui)、个体性、自然法,似乎全都具有一个共同特征:它们在生产上都是程序性的。斯宾诺莎形而上学的真正根基,因此也是其自然法理论的真正根基是这样一种观念:自然性相当于一种持续的翻新(make-over)。因此他政治旅程的起点,只能从对自然法的界说开始,因为这些界说为接下来的内容设定了基调:政治的概念相当于一种制造某种共识标准的动态生产。

　　斯宾诺莎的自然法不是对人类行为(私下的或公开的)应当如何设定一种道德上确定的基本原则,而是反映着那专对人类个体意义重大的自然生产力。尽管因果生产力是斯宾诺莎的主题,但在主要关心人类个体如何在跟他人的关系中成为自身之所是的时候,他仅仅提到自然法是这种生产力的表现。在这个意义上,自然法是沟通斯宾诺莎必然本体论与一种人类个体化的制造方案之间的桥梁——它适用于一个更宽泛的自然性和个体性概念,但它在自然性和个体性的研究中是可以牺牲的,如果这二者都拒斥那个人类个体化的制造方案的话。斯宾诺莎的自然法理论并不如某些学者所说,延伸到了个体主义之外,①相反,它发展于一种全新的个体主义概念之中。

如果个体主义理所当然地是现代性的本质特征,那么只能认为,斯宾诺莎是一位真正的现代哲学家,[176]如果认为他重新(再)建造了个体主义的话。事实上,斯宾诺莎对人类积极个体化的设计,似乎完全不符合政治理论家在早期现代性中发现的各种不同说法。首先他认为,个体是诸关系中的关系存在,这跟流传最广的现代版本相冲突,按后者的说法,个体是原子式的,在组成任何后来的整体之前,它就已经是实质性存在(笛卡尔的分解-综合方法)。其次,不能简单地称他是"方法论上的个体主义"的一个代表,按照这种"方法论上的个体主义",社会关系和社会群体被解释为个体各自行为的结合和组织方式,缺乏任何非个人的自我指涉。斯宾诺莎的个体不仅通过一种特定方式投射进入存在,而且它本身就已经是一种方法——只有通过作为和构成所谓的多样性,个体才能完全成为个体,因而,人类诸个体必然要同时去建立彼此之间的关系。方法论上的个体主义似乎预设说,具有意向状态(intentional states)的实存个体,先于它们现实的社会关系,既然如此,斯宾诺莎的个体就不满足这个条件。第三,个体性的核心在于,它是自然因果关系的唯一表达,因而,这个事实——个体是关系存在物,在起初就跟具有共同本性的其他个体发生关联——必然导致,对人的肯定并不取决于对那些技能的独占,即,为了安抚持续的消费要求而在自由市场进行交换的技能。为了这种独占进行的争斗,反映了一种不顾他人的自私个人主义,它将个人利益混同于绝对自主性,这跟斯宾诺莎的个体概念相矛盾。因此,也不能

---

① Antonio Negri, *Spinoza et nous*, Paris: Galilée, 2010, pp. 15-30.

认为斯宾诺莎是一种"占有式个体主义"(possessive individualism)的支持者。[①]

相反,在现代性中,斯宾诺莎的自然法理论揭示了一种全新的个体主义类型。这种个体主义宣称,只有在一种人类竭力的策略设计中,才能正确理解社会和政治的联合,尽管它也承认,在这种联合之前,或超出这种联合,都不可能理解人。这种个体主义强调人的多样性,而不是强化统一性,它既没有把人都融入一个整体,也不认为他们处于一种孤立的离散状态。这种个体主义承认,共识和冲突都是建构关系必不可少的组成部分,在这种关系中,自然的最高表达推动着政治共识的达成,以平衡这些力量之间的相互对立。最后,在这种个体主义中,个体仍然是一个开放的概念,[177]虽然其独特性存在边界,但对于其边界可以有什么变化,它并没有特别限定。斯宾诺莎认为,个体是一个广阔的关系存在,它可以无限拓展自身的边界,也就是说,在一个自由和制造自身的持续过程中,个体可以越来越多地去表达自然的因果关系。这是他自然法理论的目的,是他个体主义革命的主体。

在这种安排中,可以说,斯宾诺莎引入了一种个体主义版本的激进启蒙运动。当然,不同于雅各布和伊斯拉尔所认为的那样,斯宾诺莎滋养的这种激进主义,在历史上并不占统治地位,占据历史主流的,是从霍布斯到康德的这条线,在其中,原子(几乎庸俗化的)个体主义跟国家主权相对称。确实,斯宾诺莎并不属于这个主流的(占统治地位的)启蒙运动。[②] 但这并不意味着可以将斯宾诺

---

① C. B. Macpherson. *The Political Theory of Possessive Individualism*, Oxford: Clarendon Press, 1962.

② 关于反对激进启蒙论题的论证,参 Laurent Bove, "Boulainvilliers lecteur de Spinoza: analyse politique et forme paradoxale de la radicalité dans la première moitié du XVIIIe siècle", in Catherine Secrétan, Tristan Dagron and Laurent Bove(转下页注)

莎完全排除在启蒙运动之外,并将之视为一种现代性(只从后现代角度理解的现代性)的替代者。① 实际上,斯宾诺莎确实是一位现代哲学家,因为在概念上,他似乎无法认为自己是其他样子;同样,他很激进,因为他动摇了主流思想路线的基础,包括常识感觉和哲学体系之类。然而,只有在他拓展了对我们当今思考有重要意义且有帮助的那种哲学视域这一点上,才可以认为他是现代性的替代者,除此之外,他只是现代性的激进内在重建者。尽管如此,从其自然法理论产生的这种新个体主义,看起来确实是那些宽广视域的其中之一。于是,斯宾诺莎的自然法理论既是一种现代的内在重建,又是走向后现代的可行替代品。

乍看起来,“个体是一种关系存在,能够无限扩展自身的界限”这种观点,似乎跟现代主权民族-国家的概念相冲突,这正是一些学者(尤其是那些追随奈格里对斯宾诺莎政治思想之诠释的学者)所持的看法。根据这种诠释,斯宾诺莎的政治方案坚持,在一种不可能是零和博弈的情感互动中,人越是能联合起来形成合力(《政治论》第二章,第十三节),就能在自然中越有力量,而且这种力量的无限累积绝不会过度(《伦理学》第四部分,命题六十一),因为它形成了共识,并且是合理的。因此,普遍扩张是力量的现实策略,它不能有任何界线,否则,它会被认为超过了那些界线,就会跟公共欲望不会过度这个说法相矛盾。[178]这种看法认为,现代民族-国家的运作,是施加于这种不断扩张的制宪力量之上的限制——在力量和权力的对立中——因而,在民众力量与国家权威

(接上页注)(ed.), *Qu'est-ce que les Lumières "radicales"*? Paris: Amsterdam, 2007, pp. 373-388; Antoine Lilti, "Comment écrit-on l'histoire intellectuelle des Lumières? Spinozisme, radicalism et philosophie", *Annales HSS* 64(1), 2009, pp. 171-206; Antonio Negri, *Spinoza et nous*, pp. 30-35。

① Antonio Negri, *Spinoza et nous*, pp. 33-37.

之间存在一种不对称性，最终导致需要克服后者。

然而，这种解读没能看出，斯宾诺莎带来的挑战，不仅是针对有关制宪力量的现代看法，而且也针对现代政治个体主义和后现代的民族-国家危机。不能认为斯宾诺莎支持现代国家的具体个体性——他支持的毋宁是作为一种概念网络的国家组织，运作于制造人类个体性的设计之中——这个事实必然导致，斯宾诺莎也重建了现代民族-国家的概念。由于它被放入了自然法理论中，如果想在斯宾诺莎作品中找到一种关于现代国家的普遍理论，那就必须也把它看作现代性的可能替代物。

斯宾诺莎的民族-国家是人类个体化的一个结果，而不是抑制人类个体化的超验障碍。如果运行得当，它会成为个体攀登自由之梯（斯宾诺莎所谓成为自权人）的本质因素——它可能有益于人类力量的进一步积累，因为它有助于保存民众力量——这反过来需要调整国家结构（因为它会无限增长），而这种调整反过来又可能有助于力量的进一步积累，如此等等。要使这种扩张概念能够有效应用于斯宾诺莎的民族国家概念，不能简单混淆在《政治论》中一闪而现的那三重结构。相反，《政治论》描述的民主制，并没有彻底探讨一个国家实行民主制的动力和成就。力量的无限扩张，要求个体能够不断努力去表达自然的最高程度，无论是认识论上的，还是政治上的——因此，只要国家能参与（并在某种程度上有助于）这种积累，它也同样会对新的人类授权和个体化经验开放。力量并不必然要超越权力，如果认为后者灵活可变、能够适应民众力量变化的话（不管是在民众扩张时开放其机构和程序，还是在民众收缩时关闭它们）——斯宾诺莎的国家仍然跟个体授权相关，因为它是一幅变换的统一体图景，而不是一个真正实质性的统一结构。

在逻辑上或时间上，力量并不先于权力（虽然它可能在本体论上如此)。制造民众的旅程[179]——它基本上是积累的起点,通过个体在制造自身过程中的多样性——需要建立政治制度,因为民众要克服自身解体的幽灵,真正产生公共决断,这是唯一途径。国家制度可以帮助民众增长,如果这些制度合适的话;或者,如果制度停滞不前、不可改变的话,它们可能变成授权的障碍。理解斯宾诺莎民族-国家的关键,是把它看作这样一种政治向度:为了始终有用,它需要适应民众的授权。在《政治论》中,他从民主制中排除了某些阶层的人类个体,比如某些工匠和妇女(《政治论》第十一章,第三、四节),而这之所以只能作为在某一点上反对斯宾诺莎政治设计的论证,原因就在于此。如果国家确实能够适应民众不断变化的授权,那么就可以理解,最终某种政治组织会通过积累很多力量产生出来,以至于为了不断扩张,它需要妇女的参与,而不是把他们排除在外。对于理解自权性标尺来说,这种适应性必不可少:否则,如果它不存在,即使是在一个智者(那些靠直观方式获取知识的人)组成的社会中,妇女的参与也总是会比男人更少,因为在政治语境中,妇女永远不会达到自权性的最高程度。①

　　这给现代民族-国家提出了一个挑战,因为它支持这样的看

---

① 可以理解,斯宾诺莎在哲学中对女人的不公正,成为一个困扰其很多女性研究者的主题:其中一些,比如 Gullan-Whur (*Within Reason: A Life of Spinoza*, New York: St. Martin's Press, 2000, pp. 180-184) 和 Susan James ("Democracy and the good life in Spinoza's philosophy", in Charlie Huenemann (ed.), *Interpreting Spinoza: Critical Essays*, New York: Cambridge University Press, 2008, pp. 223-241),追随 Alexandre Matheron (*Anthropologie et politique au XVIIᵉ siècle [études sur Spinoza]*, Paris: Vrin, 1986, pp. 189-208) 的看法,即认为妇女无可挽回地被排除在民主制之外,虽然没有排除在智者共同体之外;另一些人像 Giuseppa Saccaro Battisti ("Democracy in Spinoza's unfinished *Tractatus Politicus*", *Journal of the History of Ideas* 38(4), 1977, pp. 623-634) 或 Moira Gatens and Genevieve Lloyd (*Collective Imaginings: Spinoza, Past and Present*, London: Routledge, 1999, pp. 129-132) 似乎认为,斯宾诺莎的民主制仍然是个尚未完成的方案。

法；如果新的人类授权方式和网络每天不断出现的话，那国家就要么适应，要么灭亡；如果国家适应了，那是因为它仍然可以有效推动这些新的授权方式；如果它变成了一个停滞不前的障碍，限制而不是助长新的力量积累，那么，它最终更会走向消亡。于是，当代宪政必须回应这个挑战，这挑战被放在对法的形式主义与一个不动的、被构成的（官僚）权威的混淆之中。斯宾诺莎是否能激发某种形式的全球宪政，这仍可质疑，但至少，他提出了一种新型的个体主义，看起来，这种个体主义适合今天的全球关系，而民族－国家面临着适应或消亡的需要，就不能忽略它。总体来说，无论谁想从斯宾诺莎哲学中引申出支持国家明确消亡的看法，那就必须做好准备，要么将它扭曲得面目全非，要么就全部放弃它。

　　有关人类个体化，斯宾诺莎政治学最重要的地方，在于标明了这个看法：人相当于与他人一起人性化（humanization-with-others）。实际上，在这个领域，自然法变得可以衡量，政治变成了自然法对于人类个体的实现领域。[180]在这个与他人一起的自身制造过程中，自然法变成了一种救赎理论，因为它确立了个体解放的不同程度。自然的最高表达是那些个体，即他们是跟他人建立最多关系的最多关系。政治语境有可能——取决于其组织的类型——培育出人类个体之间越来越多的关系。但即使在这个量的基础上，要最终确认自然法是一种人类解放的救赎学说，也需要一种方式，据此，个体理解了他们建立起来的这些关系。如果他们只是通过想象理解这些关系，那他们跟他人的共－在（co-presence）就只是共存（coexistence）。如果他们理性地理解这些关系，共－在就变成了和谐相处（《伦理学》第四部分，命题三十五；《政治论》第三章，第十节；第五章，第五节）。如果他们从直观方式理解这些关系，从永恒的角度去理解，那么，共－在就成了神一般的（godliness）。

　　自然法的展开就像一幅地图,描绘了一条通向人类自由和拯救的道路。跟随着斯宾诺莎,拯救不再依靠一个来世,而是发生在现实世界。他取代了神学的"不在此世之神"(worldless God),不是用一个"无神之世"(Godless world),①而是用一个"在世之神"(in-world God)或"神中之世"(in-God world)。人在神之中的拯救,发生在这个世界,就好像人在世界上的拯救发生在神之中一样。在不同的程度上,它是对的。不过,解放并不发生在另一个世界,而是在这个世界的他者那里,把他人考虑在内。最终,这是斯宾诺莎对自然法的主要变革。

---

①　斯宾诺莎的无神论问题,跟 Pierre Bayle 对其哲学的首次批评同样古老,也跟雅各比(Jacobi)与摩西·门德尔松(Moses Mendelssohn)之间有关泛神论(Pantheismusstreit)的争论同样古老。如果认为有神论必须依赖某种崇拜(Steven Nadler, *Spinoza's* Ethics. *An Introduction*, 2006, pp.112-121),那斯宾诺莎似乎确实是位无神论者。不过,如果要轻易接受说,在一种被理解为神之哲学(在其中,个体救赎是主题之一)的自然哲学中出现了无神论,这确实有些奇怪。

索　引

图书在版编目(CIP)数据

斯宾诺莎的自然法革命 /（葡）坎普斯著；张清江译.
--上海：华东师范大学出版社，2021
ISBN 978-7-5760-2312-1

Ⅰ.①斯… Ⅱ.①坎… ②张… Ⅲ.①斯宾诺莎(Spinoza,
Benoit de 1632—1677)—哲学思想—研究 Ⅳ.①B563.1

中国版本图书馆 CIP 数据核字(2021)第 269908 号

华东师范大学出版社六点分社
企划人 倪为国

本书著作权、版式和装帧设计受世界版权公约和中华人民共和国著作权法保护

经典与解释·启蒙研究丛编
斯宾诺莎的自然法革命

著　　者　[葡]坎普斯 著
译　　者　张清江
校　　者　林志猛
责任编辑　王　旭
责任校对　徐海晴
封面设计　吴元瑛

出版发行　华东师范大学出版社
社　　址　上海市中山北路 3663 号　邮编　200062
网　　址　www.ecnupress.com.cn
电　　话　021－60821666　行政传真　021－62572105
客服电话　021－62865537　门市(邮购)电话　021－62869887
地　　址　上海市中山北路 3663 号华东师范大学校内先锋路口
网　　店　http://hdsdcbs.tmall.com

印 刷 者　上海盛隆印务有限公司
开　　本　890×1240　1/32
插　　页　2
印　　张　8.25
字　　数　166 千字
版　　次　2022 年 1 月第 1 版
印　　次　2022 年 1 月第 1 次
书　　号　ISBN 978-7-5760-2312-1
定　　价　58.00 元

出版人　王　焰

上海市版权局著作权合同登记　图字：09 - 2014 - 1050 号